historia

IMPERIALISMO Y LIBERACIÓN

una introducción a la historia
contemporánea
de América Latina

por

PABLO GONZÁLEZ CASANOVA

siglo
veintiuno
editores

siglo veintiuno editores, s.a. de c.v.
CERRO DEL AGUA 248, DELEGACIÓN COYOACÁN. 04310 MÉXICO, D.F.

siglo veintiuno de españa editores, s.a.
CALLE PLAZA 5, 28043 MADRID, ESPAÑA

siglo veintiuno argentina editores

siglo veintiuno editores de colombia, s.a.
CALLE 55 NÚM. 16-44, BOGOTÁ, D.E., COLOMBIA

edición al cuidado de carmen valcarce
portada de anhelo hernández

primera edición, 1979
segunda edición, corregida, 1979
novena edición, 1991
© siglo xxi editores, s.a. de c.v.
isbn 968-23-0063-0

la presente obra se publica por acuerdo especial con el
instituto de investigaciones sociales de la universidad
nacional autónoma de méxico

ÍNDICE

PALABRAS PRELIMINARES

Originalmente escrito como una introducción al libro *América Latina: historia de medio siglo (1925-1975)*, el texto que hoy publicamos fue adquiriendo un grosor y un carácter propios, que llevaron a imprimirlo en libro aparte. El tema central de que se ocupa —la dominación de América Latina por el imperialismo y las luchas de liberación hasta el socialismo— es eje que unifica la historia de todos nuestros países desde fines del siglo XIX hasta hoy. Constituye por eso el marco de cualquier historia nacional y resulta además el centro de todas aquellas luchas conjuntas o parciales, regionales o nacionales, que tienen carácter de experiencias comunes y escapan a lo meramente nacional, o porque no se dan en un solo país, o por un solo pueblo, o porque se convierten en ejemplo y legado de muchos pueblos. A ese tipo de luchas se refiere el libro, e intenta describirlas en sus variaciones o períodos principales, desde los inicios del imperialismo, por 1880, hasta nuestros días. El libro comprende así un período más amplio al de la historia reciente, y de lo nacional se limita a escoger acciones conjuntas y ejemplares, latinoamericanas por su unidad de acción o por su alcance. Como cualquier intento de síntesis, esta historia encierra opciones de elección y eliminación que no son necesariamente las mejores, e invita por ello a realizar otras con otros criterios. Para el caso, aparte de los señalados arriba, el autor optó por resumir de un lado —brevemente— el sistema de dominación y su historia, y de otro el del proceso de liberación y de las luchas liberadoras. Si en el primero, el sujeto principal es el imperialismo en sus relaciones con las clases dominantes, en el segundo el mismo tema se aborda desde una perspectiva muy distinta, tomando como actor principal —a menudo incipiente— a la clase obrera y al proletariado industrial, aunque sin restar importancia a los movimientos de las masas y los pueblos, democráticos, nacionales y sociales. En ambas síntesis se procuró determinar, respectivamente, los períodos más característicos: en una los de la evolución del imperialismo y en otra los de la liberación. Así los esfuerzos de síntesis buscaron determinar unidades de tiempo con características comunes en cuanto a estructuras y relaciones o luchas sociales predominantes. Pero se dio mayor importancia y espacio a la historia de la liberación, y en ella se alternaron los esfuerzos de síntesis sobre las grandes etapas liberadoras con la descripción de los hechos más notables, esto es, con una descripción más detallada en la cual se procuró distinguir aquellos que lograron constituir una historia acumulativa, progresiva, de fuerzas crecientes, y otros que presentaban un carácter más aislado, más episódico, con rupturas y repeticiones propias de una historia cíclica, de algún modo distinta de aquella realmente integrada a la conciencia y la voluntad de las masas y los pueblos en las luchas sucesivas.

Síntesis de grandes etapas, síntesis de los más profundos e influyentes movimientos liberadores, y síntesis de algunos de los episodios históricos que alcanzaron relieve en toda la historia latinoamericana, y constituyen ejemplos que tienden a repetirse con variantes, fueron tres formas de abordar la narración de una historia riquísima; y si todas ameritan nuevos esfuerzos, y presentan posibilidades historiográficas y políticas aquí inéditas, sin duda las que más se prestan al enriquecimiento del texto, o las que muestran de manera más evidente esas otras posibilidades de tratamiento y ampliación, son los grandes episodios latinoamericanos. Sobre unas y otras habrá de intentarse un esfuerzo permanente de recuperación histórica, y el propio autor espera contribuir a ella, consciente de la posibilidad de enriquecer el libro con episodios notables que hoy todavía no relata. De todos modos, el lector puede desde ahora aumentar notablemente el conocimiento que le proporcione este texto con la lectura del libro intitulado *América Latina: historia de medio siglo 1925-1975* que se publica en la misma editorial. Es un libro extraordinario, escrito por algunos de los mejores historiadores y sociólogos latinoamericanos de nuestro tiempo, y esfuerzo pionero sobre la historia actual de cada una de las naciones latinoamericanas. El autor debe a sus autores un conocimiento precioso que muchos otros podrán encontrar leyendo aquella obra. En cuanto al texto presente fue revisado y criticado por algunos de ellos, lo que motivó correcciones y ampliaciones a que dieron lugar también otros lectores y críticos amigos. Julio Le Riverend, René Zavaleta, Agustín Cueva, Enrique Florescano, Alejandra Moreno, Carlos Monsiváis, Carlos Pereyra, José Aricó y el propio Arnaldo Orfila Reynal, se tomaron el trabajo de leer la primera versión y de señalar errores de matiz, lagunas, interpretaciones que ameritaban corrección o revisión. Por supuesto la nueva espera nuevas críticas de ellos y de muchos otros, que ayuden a escribir una síntesis más exacta y comprensiva, que nos permita mejorar un conocimiento útil y necesario, en el que nunca tendremos una interpretación coincidente por más que de distintos modos, con formas de pensar y posiciones ideológicas y políticas también distintas, todos vivamos como problema principal —intelectual y político— el de la liberación de América Latina.

...la suma total de todos nuestros errores más graves no dan a nuestros enemigos ni la más mínima razón, ni siquiera vagas excusas.

LUIS CARDOZA Y ARAGÓN, "Tecúnhumanismo", 1974

En la política lo real es lo que no se ve.

JOSÉ MARTÍ

AMÉRICA LATINA: UNA INTRODUCCIÓN A LA HISTORIA CONTEMPORÁNEA

La historia contemporánea de América Latina abarca aproximadamente de 1880 a nuestros días. Corresponde a un proceso de ascenso y crisis del imperialismo y del sistema capitalista mundial. En las antiguas potencias coloniales y en Estados Unidos se desarrolla un nuevo tipo de empresas, conocidas como el capital monopólico, que ejercen gran influencia en los aparatos del estado y combinan las antiguas formas de expansión colonial con otras nuevas. Las conquistas de los pueblos más débiles y menos desarrollados se realizan con modernas técnicas militares; la imposición de gobernadores, nombrados directamente por las metrópolis, se complementa con la sujeción de los pueblos a través de sus propias clases gobernantes; el comercio colonial, que monopoliza territorios enteros, se junta con el llamado "libre comercio", y entre ambos imponen bajos precios a las mercancías primarias y altos precios a las industriales; los créditos usurarios se mezclan con inversiones de máximo rendimiento al estilo colonial; la "conquista espiritual" utiliza a la vez, las "misiones evangélicas" y el saber científico y tecnológico, los medios de comunicación tradicional y las nuevas artes de la propaganda.

A esa historia se enfrenta otra de luchas de resistencia y liberación, en que las masas pugnan por no ser sometidas ni explotadas, o por romper los lazos que las atan. Las luchas de las masas se expresan en formas directas e indirectas, violentas y políticas. Sus movimientos, a menudo locales, semejan a los más antiguos de indios contra conquistadores. Otros, de campesinos

[11]

y obreros, se enfrentan en los centros de trabajo a la extorsión y dominación variada de haciendas, manufacturas y compañías.

Las acciones directas de indios y trabajadores chocan siempre con las fuerzas represivas del estado, con los ejércitos nacionales y extranjeros, y son generalmente destruidas y dominadas por las clases gobernantes y las potencias hegemónicas. Las formaciones originales de masas se ven obligadas a rehacerse para librar luchas indirectas o políticas, con intermediarios y jefes a los que no controlan. Las alianzas que escapan al control de las masas parecen fatales, sin alternativa. Implican avances y derrotas en la lucha contra la expansión territorial del imperialismo y el latifundio, contra la explotación de los trabajadores, y la falta de los más elementales derechos. En ocasiones los resultados llegan a ser adversos y los daños aún mayores que los del antiguo colonialismo. La búsqueda de la independencia es brutalmente impedida o aprovechada por las oligarquías y las burguesías que dirigen al pueblo contra el dominio extranjero y acaban imponiendo el propio. La lucha por la justicia social es sitemáticamente arrebatada a las masas por las organizaciones y líderes de una nueva burguesía. Las oligarquías "señoriales", de remoto y reciente origen plebeyo, terminan renovando vínculos y tratos con el imperialismo. Sus impulsos populares son efímeros. Las organizaciones de las clases medias suelen resistir un poco más pero también se alteran. Muchos de sus miembros olvidan y traicionan los ímpetus originales que los movieron a sumarse a las masas. Pasan a formar parte de las clases gobernantes. Antiguos líderes nacionales y populares se trasforman en nuevos caciques, caudillos, dictadores, patrones, socios y empleados elegantes de las grandes compañías. Las masas plantean entonces su genuino y último tipo de alianza, que les es también con frecuencia arrebatado. Se trata de la alianza de los trabajadores, encabezados por las organizaciones de la clase obrera. Potencialmente es ésta la más poderosa alianza para resolver a la vez la cuestión nacional frente al imperialismo y la cuestión social frente al capitalismo. Con las organizaciones obreras se espera que marchará todo el pueblo. Pero aparece un nuevo tipo de desprendimientos entre las propias clases trabajadoras. Surgen organizaciones mediadoras, intermedias, apoyadas por las clases dominantes contra las asociaciones radicales e independientes de los trabajadores. Los trabajadores organizados y los sectores más combativos de las clases medias se orientan poco a poco hacia posiciones de luchas parciales, pasajeras. El propósito de su política práctica es inferior a sus mitos. Más que una independencia nacional real y una justicia social efectiva, extensa, cotidiana, sus proyectos se limitan, durante muchos años, a obtener mayores derechos y prestaciones para las organizaciones afiliadas, para sus miembros, parientes y líderes. Acaban dando la espalda a la inmensa mayoría del pueblo. Dejan de presionar por la Independencia Nacional y la Justicia Social, e incluso contribuyen a actuar en su contra. A medida que satisfacen sus ambiciones y necesidades vitales, los líderes y organizaciones que logran imponer algunos derechos y reformas pasan de los enfrentamientos y victorias parciales contra el imperialismo y las antiguas oligarquías, a nuevos conformismos, olvidos y traiciones frente a la gran masa que los respaldó y confió en ellos. Del mito de la liberación y la revolución hacen un arte de la presión. Con movilizaciones populares alcanzan beneficios propios, individuales, o limitados a las vanguardias sociales agremiadas y sus aliegados. Terminan así por fortalecer a las formaciones militares y políticas de la oligarquía, agregándoles otras de tipo social. Los recién llegados —con sus corporaciones y sus clientelas— se convierten en parte de la estructura del estado. El neocolonialismo y el gobierno de las viejas y nuevas oligarquías, de los monopolios y las compañías multinacionales, de criollos, mestizos, ingleses o norteamericanos, parecen tener la capacidad de reproducirse hasta el infinito, mediante revoluciones y revueltas populares que en el mejor de los casos sólo permiten la adopción de nuevos miembros y el beneficio de algunos sectores de las clases trabajadoras y las capas medias. Fuera de los recién llegados quedan dos terceras partes o más de una población que con su miseria y sometimiento aleja a sus parientes prósperos, los atemoriza y los empuja al desdén de su pasado.

Las formaciones militares, políticas y sociales del neocolonialismo sólo se resquebrajan en las grandes crisis y en los lugares más deprimidos, ahí donde se empobrecen los que ya habían llegado, y donde los que quieren llegar luchan por una solución global y una alianza popular que tome efectivamente el poder convirtiendo el movimiento de liberación en movimiento por el socialismo. Todo lo cual supone una conciencia, una organización y una práctica arraigadas profundamente entre las masas, salidas de ellas hasta hacer de la rara palabra demagógica un hecho político y revolucionario que domina ciudades, campos, países y tribunas internacionales en una especie de sorpresa histórica.

I. ASCENSO Y CRISIS DEL IMPERIALISMO

El actor principal de la integración de América Latina al imperialismo fue Estados Unidos, en particular sus hombres de negocios, sus gobernantes, sus aventureros y piratas. El actor principal de la liberación fueron las masas de América Latina, que entraron en escena como tribus, cimarrones, pueblos, plebe de las ciudades, fraternidades de artesanos, partidos, sindicatos, ligas campesinas, asociaciones estudiantiles, asociaciones de inquilinos o usuarios, órganos de poder popular, "montoneras" y guerrillas, con líderes, héroes e intelectuales, de "letras armadas" y desarmadas. Las coyunturas y quiebres en que los actores principales cambiaron su manera de ser y luchar no siempre coincidieron. El imperialismo y las masas tuvieron una historia común de cambios significativos en el carácter de sus luchas, y también una historia propia en la claridad y organización de sus respectivas clases.

La intervención del imperialismo norteamericano en América Latina presentó variantes sustanciales por lo menos en tres períodos. Uno de 1880 a 1933, otro de 1934 a 1959, y otro más que abarca aproximadamente de 1960 a nuestros días. Este último tal vez termine hacia 1973.

El primer período (1880-1933) se caracterizó por la política de expansión marítima y de ocupación militar que sostuvo el gobierno de Estados Unidos.

Hacia 1880 se había iniciado en el mundo la época del imperialismo con el advenimiento del capital monopólico. Desde los años setenta del siglo XIX había empezado la producción en masa de turbinas y motores de combustión interna, que daban grandes posibilidades al desarrollo de la industria y exigían la explotación de nuevas fuentes energéticas. En 1870 John D. Rockefeller fundó la Standard Oil Company de New Jersey. En enero de 1882 la convirtió en el primer gran "trust" norteamericano. En 1880 la producción industrial de Estados Unidos igualó a la de Inglaterra. En 1880 fue asesinado el presidente James Garfield, que se oponía a la anexión de nuevos territorios. Poco después el gobierno norteamericano adoptó la ideología expansionista del experto naval Alfred Maham sobre "invasiones estratégicas". Dio impulso a la armada, llamada [en inglés] "the Navy.", y a sus nuevas tropas de invasión: los *marines*. En 1889 el gobierno norteamericano organizó en Washington la Primera Conferencia Panamericana, con la mira de lograr el sometimiento diplomático de los países latinoamericanos. No tuvo éxito; la fuerza naval conseguía aún victorias más efectivas para el imperialismo.

En 1894 la producción industrial de Estados Unidos logró duplicar la de Inglaterra. En 1896 William Jennings Bryan hizo su campaña a la presidencia con argumentos "antimperialistas". Estuvo muy lejos de alcanzar la victoria. Los grandes monopolios industriales mostraron su predominio político en un país de cuya economía ya se habían adueñado. En 1898 el gobierno de Estados Unidos se apoderó de gran parte del antiguo imperio español. Poco después Mark Twain dijo que la bandera de Estados Unidos debía cambiar: las barras se pintarían de negro y las estrellas serían sustituidas por calaveras con tibias. La indignación en América Latina, en Estados Unidos y el mundo fue muy grande. Por supuesto siguió la política del imperialismo. Continuó la política de intervenciones coloniales y neocoloniales. República Dominicana, Cuba, Honduras, Nicaragua, Panamá y Puerto Rico fueron objeto de todo tipo de intervenciones. El gobierno norteamericano contribuyó también a crear repúblicas enteras a costa de las existentes, como la de Panamá —a la que despojó de la zona del Canal en 1903— tras haber simulado simpatía por su independencia de Colombia. Mediatizó repúblicas como la de Cuba y se apropió de colonias como la de Puerto Rico. Su expansión territorial coincidió con la de sus grandes empresas y monopolios, que participaron en el nuevo desarrollo del comercio mundial, de los ferrocarriles, las minas, el petróleo, la electricidad, las plantaciones y las finanzas. En la región del Caribe los conglomerados norteamericanos no sólo se apropiaron de grandes extensiones de tierra, sino que impusieron el monocultivo para un mercado de trabajo colonial y un mercado imperial de mercancías.

El estado norteamericano protegió a los monopolios norteamericanos. Ya lo diría Smedley D. Butler, un antiguo *marine,* cuando hubo alcanzado el grado de mayor general. "Yo ayudé —escribió Butler— a hacer que México, y específicamente Tampico, fuera un lugar seguro para los intereses petroleros norteamericanos.

Yo ayudé a hacer de Haití y Cuba lugares decentes para que los 'boys' del National City Bank pudieran captar ingresos... Yo ayudé a purificar a Nicaragua para la casa internacional bancaria Brown Brothers. Yo llevé la luz a la República Dominicana en 1916 en bien de los intereses azucareros norteamericanos. Yo ayudé en 1913 a hacer que Honduras estuviera 'bien' para las compañías fruteras norteamericanas." El auxilio fue enorme. En algún momento —cuenta Whitaker refiriéndose al primer čuarto del siglo— "los oficiales norteamericanos dirigían las políticas financieras de once de las veinte repúblicas latinoamericanas, y en seis los ajustes bancarios estaban respaldados por las tropas norteamericanas acuarteladas en el propio país".

En 1905 dio principio en el mundo y en América Latina una época de intermitentes procesos revolucionarios, similar —a decir de Hobsbawm— a la iniciada en 1776 en los propios Estados Unidos. Esta "segunda edad revolucionaria"[1] afectó de distintas formas a la política intervencionista del imperialismo, en particular del norteamericano.

Desde 1904 Teodoro Roosevelt añadió un corolario a la doctrina Monroe (cuyo lema es "América para los americanos"). En el corolario Roosevelt asumió como responsabilidad del gobierno norteamericano ser "el policía del Caribe". Su política en favor de "una gran armada y una penetración abierta" tendió a dominar los movimientos populares de resistencia usando las acciones armadas con gran cinismo. Más tarde ocurrió un cambio político e ideológico por el que Estados Unidos pretendió sustituir "el uso de las balas por el uso de los dólares": a la "política del gran garrote" del primer Roosevelt, el presidente William Howard Taft agregó la llamada "Diplomacia del Dólar" que buscó regular el endeudamiento obligatorio de los países lati-

[1] Eric Hobsbawm, "The crisis of capitalism in historical perspective", en *Socialist Revolution*, octubre-diciembre de 1976.

noamericanos y la compra de las burguesías y las burocracias "cipayas". Poco después Woodrow Wilson diseñó la retórica entusiasta de una expansión "panamericanista", "democrática" y "moral". Como presidente Wilson fue paradigma de incongruencias verbales. Freud descubrió en él a un enfermo mental —víctima de su "falta de sinceridad" y de sus "trampas"—, a un Adonis político que sólo se fijaba en sus "nobles intenciones" y "huía de la realidad". Otros muchos fueron sin embargo como él. Ya lo había escrito el gran poeta norteamericano Whitman: "La deshonestidad de la clase que forman nuestros hombres de negocios no es menos grande de lo que se supone, sino al contrario, infinitamente más grande". En realidad, Wilson rindió más servicios a los negociantes que a la democracia y la paz. Superó todos los records en la corrupción, la intervención y la retórica imperialistas. "Voy a enseñarles a los latinoamericanos a elegir hombres buenos" —proclamó en una de sus múltiples baladronadas humanitarias.

De Teodoro Roosevelt a Woodrow Wilson se acrecentó el sometimiento de las oligarquías latinoamericanas al poder imperial: "La serpiente del mago, en la fábula —como dijo el propio Whitman—, se comió a todas las demás serpientes; ganar dinero es nuestra serpiente mágica, que se ha quedado sola dueña de la plaza."

Frente a las otras potencias, Estados Unidos alcanzó una mayor dominación de América Latina. En la guerra y la posguerra pudo establecer claros acuerdos con Inglaterra y Francia sobre áreas de influencia en el Nuevo Mundo. Vencida Alemania, dejó ésta de ser un enemigo peligroso. Todo parecía asegurar la hegemonía yanqui. Y sin embargo Wilson aumentó cada vez más su ya profusa demagogia. Ello no fue un fenómeno casual. En parte obedeció al papel que jugara el presidente de Estados Unidos en la guerra y la paz mundiales. Pero también se debió al nuevo tipo de resistencias que comenzaron a surgir desde principios de siglo entre los pueblos coloniales y dependientes. América Latina se conmovió con la primera revolución antimperialista del Nuevo Mundo, que sacudió a México de 1910 a 1917, y después con el triunfo de la revolución bolchevique, que convirtió la sexta parte de la tierra en un país socialista. La política del imperialismo, al enfrentarse a peligrosos movimientos de masas, recurrió a nuevas dosis de represión y demagogia. Wilson sintió la necesidad de encubrir la política intervencionista de Estados Unidos. De ahí las declaraciones de fe pacifista, panamericana y democrática que suenan tan atractivas cuando se las separa de la realidad circundante. Al mismo tiempo, Wilson continuó la invasión norteamericana de territorios latinoamericanos. Y la misma política siguieron sus sucesores. Nicaragua fue invadida de 1912 a 1925, y después, de 1926 a 1933. Haití, de 1915 a 1934. República Dominicana, de 1916 a 1924. México en 1914 y 1916. Las invasiones e intervenciones norteamericanas persistieron con intensidad hasta finales de los años veinte. En casi todo fueron iguales a las anteriores. La única novedad consistió en la importancia que cobraron algunas formas de mediación y negociación frente a los embates populares que las clases gobernantes no lograban destruir, y frente a la amenaza de un movimiento comunista incipiente en los círculos obreros y entre los trabajadores agrícolas.

El poderío innegable del imperialismo norteamericano en América Latina y la fuerza enorme que aún conservaban las antiguas oligarquías latinoamericanas no les ocultó un problema de sobrevivencia, instintiva y política. El imperialismo y las oligarquías usaron nuevas tácticas. Reconocieron situaciones de hecho: a veces los líderes nacionalistas y laboristas lograron imponerse por la fuerza y representar un mal menor. Las clases dominantes continuaron empleando la represión —en ocasiones hasta el aniquilamiento físico de sus opositores—, siempre combinada con la corrupción de jefes y cuadros. Pero acentuaron una política de concesiones y captación de nuevas fuerzas ahí donde materialmente les resultaba imposible triunfar sobre ellas, y en espera de aplicarles los métodos tradicionales a la primera oportunidad.

El imperialismo y las oligarquías se vieron obligados cada vez más a ese nuevo tipo de negociación provisoria y parcial con pueblos y trabajadores insurgentes a quienes en un momento dado no podían derrotar por las armas, la corrupción y la traición simples y llanas. De los líderes y organizaciones populares apoyaron a los más dispuestos a negociar y mediar, y éstos por su parte conservaron la fuerza que representaban obteniendo algunas concesiones para las masas, a reserva de aplicar contra ellas los mismos procedimientos represivos cuando sus demandas eran inaceptables. El nuevo estilo cobró mayor relieve después de la primera guerra mundial, y fue indicio de un reformismo social y una política de masas que se desarrollaron plenamente tras la crisis de 1929-33, sobre todo en aquellos países donde la clase obrera, por su cuantía o su organización, alcanzó un mayor peso y mostró una combatividad peligrosa, sólo contenida con una múltiple política de represiones, negociaciones y concesiones.

El segundo período de la historia del imperialismo norteamericano en América Latina (1934-1959) presentó una característica esencial: el gobierno de Estados Unidos buscó consolidar su poderío mediante una penetración pacífica, de integración económica y de coordinación de las fuerzas políticas y militares dentro de un sistema "panamericano". El cambio coincidió con los orígenes y el desarrollo del capitalismo monopolista de estado. La necesidad de enfrentar los graves efectos de la crisis de 1929-33 llevó a una mayor intervención del estado en la inversión, la producción y los gastos sociales. Esa política permitió una leve recuperación de la economía y la estabilidad y, además, acrecentó las bases sociales y democráticas de las clases go-

bernantes en los países donde la fuerza de la clase
obrera organizada y de las capas medias pudo imponer los cambios necesarios para no seguir sufriendo toda
la dureza de la crisis y no ser militarmente sometida.
De otra parte la nueva política social, con su ideología democrática, aumentó en los círculos gobernantes
de Estados Unidos, Inglaterra y Francia la posibilidad de establecer una alianza con la Unión Soviética a
efecto de contratacar a las potencias imperialistas del
Eje quienes —con un excedente menor— habían construido un estado y una ideología fascistas de respaldo
a su propio capital monopólico.

En el ámbito "interamericano" la política de penetración pacífica se expresó con una nueva ideología,
llamada por Franklin Delano Roosevelt de "buena vecindad". Se complementó, durante la segunda guerra
mundial, con otra política llamada de "defensa hemisférica" ante el fascismo, y se consolidó al iniciar el imperialismo la "guerra fría" y desatar la lucha contra el
"comunismo internacional".

Las políticas e ideologías de "buena vecindad" y
"defensa hemisférica" forjaron los cimientos de la penetración pacífica, mediante acuerdos del gobierno norteamericano con los latinoamericanos. Aunque esos
acuerdos no excluyeron de ninguna manera el uso de la
fuerza y de la acción armada contra los países latinoamericanos que se opusiesen a los objetivos de Estados
Unidos, la intervención encubierta ("disguised") tendió
a sustituir a la intervención abierta y, en todo caso, durante la segunda guerra mundial, y poco después, se
realizaron una serie de intervenciones imperialistas con
el pretexto de la lucha contra el nazifascismo.

En los foros internacionales Estados Unidos aceptó
el principio latinoamericano de la "no intervención".
En la práctica impuso exigencias de "solidaridad hemisférica", sobre todo desde 1936 y durante la guerra
(1939-1945). En general cambió la intervención mili-

tar por la penetración pacífica en el terreno militar y económico.

Como la primera guerra mundial, la segunda adelantó el dominio norteamericano en América Latina. Sólo en los países del cono sur el imperialismo inglés logró mantener, durante un tiempo cierta preponderancia. Estados Unidos aumentó considerablemente las inversiones y el comercio en la región, llegando a ser su primer proveedor y su primer comprador. Las operaciones económicas se complementaron desde 1940 con el envío de "misiones militares", primer paso para la integración de un ejército interamericano y dependiente.

En el mismo período de 1933-59, las clases gobernantes de América Latina se hallaron en la necesidad de enriquecer la variedad de sus recursos políticos y económicos. Donde les fue posible, mantuvieron el mismo tipo de estructuras represivas asociadas al desarrollo de su propio capital y del capital monopólico. Pero como continuasen los embates de esa "segunda época revolucionaria" iniciada en 1905, en algunos casos se vieron obligadas —por la fuerza y por la "razón"— a perder el poder político e incluso una parte de sus empresas.

La mediana y la pequeña burguesía de las ciudades latinoamericanas volvieron a unirse a los movimientos de masas y a presionar con ellas para obtener una serie de medidas sociales, sindicales, nacionales y, en contadas ocasiones, agrarias. Este proceso histórico les permitió a sus dirigentes alejar a las masas de las organizaciones de la clase obrera. Hubo países donde los movimientos nacionalistas y reformistas conquistaron el gobierno, o parte del gobierno hasta entonces detentado por las oligarquías terratenientes y la gran burguesía tradicional. Las clases dominantes por su parte, y de muy mal grado, tuvieron que entenderse con los nuevos líderes nacionalistas y reformistas, y lo hicieron en dos formas principales, una predominante —con las excepciones de México y más tarde de Bolivia—, en la que conservaron los latifundios agrícolas y ganaderos, y otra general por la que lograron mantener grandes áreas de la economía industrial y los servicios en forma de empresas privadas. Todo ello a cambio de algunos derechos económicos y sociales a las clases medias y a los trabajadores organizados.

El proceso imprimió nuevos rasgos al desarrollo de la burguesía en América Latina. En los países donde la mediana y la pequeña burguesía, o ésta y los movimientos de masas, lograron unir de algún modo sus fuerzas, se acentuó el desarrollo del capitalismo de estado. Los nuevos bloques nacionalistas, con el apoyo de la burguesía industrial y de los movimientos populares que encabezaban, llegaron a alterar el tipo tradicional de división internacional del trabajo impuesto hasta entonces por los monopolios a los países coloniales y semicoloniales. Algunos gobiernos, más o menos antimperialistas, reformistas y populares se empeñaron en aplicar una política llamada después de "sustitución de importaciones" cuyo objetivo era alcanzar una industrialización a la que el imperialismo se había sistemáticamente opuesto.

La política de industrialización y "sustitución de importaciones" correspondió al desarrollo de un capitalismo de estado que en sus orígenes creó incluso a costa de algunas compañías monopólicas, de sus intereses creados o sus proyectos de expansión inmediata. Un nacionalismo a la vez real y retórico fue la versión ideológica del desarrollo del capitalismo de estado en las zonas periféricas. El imperialismo debió tolerarlo cuando sus dirigentes lograron vencer todos los obstáculos para construir bloques suficientemente poderosos, sólo vulnerables mediante una intervención militar, poco conveniente en vísperas de la segunda guerra mundial o en el curso de la misma.

La expropiación del petróleo en México (1938) o el plan de "Volta Redonda" en Brasil (1940), junto con varias medidas que afectaban a algunas compañías monopólicas, no provocaron, en todos sus extremos, las habituales reacciones del imperialismo. El gobierno de Estados Unidos tomó en cuenta su situación mundial antifascista, y la correlación de fuerzas internas, con vigorosas presiones democráticas, laborales, sociales y antifascista y la correlación de fuerzas internas, con ello, abandonó la defensa elemental de las grandes compañías afectadas y la sustituyó por otra que representaba los intereses a más largo plazo del capital monopólico. También el gobierno y los monopolios norteamericanos aprovecharon las dificultades del comercio entre Europa y América Latina para aumentar su hegemonía en la región, y utilizaron el desarrollo del capitalismo en América Latina para acrecentar las ventas de bienes de capital destinados a la industrialización, sentando las bases de la posterior dependencia tecnológica.

Al terminar la segunda guerra mundial continuó —aunque ya con freno— el impulso de esa política imperialista más "sofisticada". Estados Unidos inició un contrataque simultáneo, destinado a minar o destruir los "movimientos nacionalistas" tolerados en la etapa anterior, mientras se aprestaba a perseguir a las organizaciones y fuerzas comunistas legalizadas durante la alianza contra el Eje nazifascista.

En marzo de 1946 Churchill reconoció a Estados Unidos como líder del flamante mundo occidental. Ya era la gran potencia del mundo capitalista. Un año después el presidente de Estados Unidos propuso, a través de la doctrina Truman, una política de "ayuda mutua" en defensa del "mundo libre". El reciente aliado contra el fascismo —la URSS— se convertía en el enemigo principal. Todo fue hablar del mundo occidental, libre, cristiano. La "guerra fría" y el anticomunismo buscaron justificar las medidas políticas, económicas y militares que, a nivel mundial e interno, acabarían con las formas democráticas alcanzadas en la guerra. El imperialismo norteamericano mantuvo su retórica democrática, dándole un significado distinto, antitotalitario en general y anticomunista en particular. Con sus sojuzgados vecinos pretendió construir un mundo democrático y antitotalitario. En realidad institucionalizó el nuevo poder. Desde 1947, el gobierno de Estados Unidos determinó que toda ayuda económica y militar sólo se justificaba por la amenaza del "comunismo internacional". En 1948 promovió la fundación de la Organización de Estados Americanos (OEA), que inició la legalización de la dependencia con una retórica de "no intervención" y "democracia" sostenida por jefes de estado como Trujillo y Somoza, ejemplos de intervencionismo y dictadura, y por otros cuyas ilusiones de desarrollo y democracia en el marco interamericano se enriquecieron mediante convenios bilaterales y multilaterales de sometimiento.

Algunas de las antiguas formas de intervención se mantuvieron como medidas excepcionales, "justificables" por la defensa del "mundo libre". Pero la intervención asociada tendió a crecer en todos sentidos, empezando por el militar y el económico y sin descuidar el movimiento obrero. En 1951, por la Mutual Security Act, el gobierno de Estados Unidos determinó acordar su ayuda económica y militar a los países latinoamericanos sólo si los ejércitos participaban en la elaboración de planes de "defensa hemisférica" a base de misiones norteamericano-latinoamericanas. También en 1951 fundó la ORIT (Organización Interamericana Regional del Trabajo), una central que agrupó a los "sindicatos libres" de Canadá, Estados Unidos y América Latina, en lucha "por un interamericanismo progresista y creador" y por "mejorar las condiciones laborales y el *standard* de vida" de los trabajadores representados.

La administración Truman se caracterizó —según un profesor de la Universidad de Florida— "por apoyar con creciente agresividad un programa que alentara al capital privado de Estados Unidos a realizar inversiones en América Latina". El "punto IV" de Truman, sobre ayuda económica y técnica, fue parte de ese programa. Más o menos desde 1950 el imperialismo pasó a una nueva ofensiva. El cambio más significativo ocurrió en el seno de la propia empresa monopólica y de allí se difundió al resto del estado imperialista, alterando y sometiendo a las empresas y a los aparatos estatales de los países dependientes. La empresa multinacional se desarrolló en forma sistemática y "sistémica", deliberada y global. Los monopolios iniciaron la exportación de plantas industriales a los países dependientes donde la mano de obra era más barata. Ampliaron así sus experiencias de guerra en materia de desarrollo industrial periférico y les dieron un nuevo giro. Las empresas multinacionales establecieron redes de financiamiento, redes de producción de artículos primarios e industriales, y redes de mercados y servicios que funcionaron bajo un mismo mando o gerencia en el interior de Estados Unidos y en los países dependientes. Utilizaron, además, los sistemas de computación y de simulación para que los inmensos combinados "maximizaran" sus utilidades y rindieran beneficios "óptimos".

Las empresas multinacionales —nueva y ampliada versión del capital monopólico— iniciaron la integración del poder económico, técnico y político entre sus propios cuadros. Las artes combinatorias conocidas como "teoría de los juegos", "análisis de sistemas", "modelos de simulación", "inteligencia artificial", determinaron "marcos teóricos", "variables significativas", "indicadores válidos", formulaciones y representaciones matemáticas, que permitieron jugar con el mundo en las computadoras y simular alternativas posibles, en busca de la "óptima" para el capital monopólico multinacional y el estado imperialista. Matemáticos, técnicos, economistas, politólogos, sociólogos, gerentes, políticos y militares formaron un haz, encabezado por gerentes-políticos y tecnócratas, tan poderosos a veces que llegaron a creerse superiores a los grandes propietarios y tan prepotentes en sus juegos fingidos y reales que determinaron llegado el "fin de las ideologías", como lo anunció el sociólogo Bell, un apologista del sistema. Todos ellos fueron los nuevos empleados, políticos e ideólogos de un capital que invirtió copiosamente en ciencia y tecnología.

Las empresas trasnacionales y la banca impusieron al gobierno de Estados Unidos una nueva política de "préstamos atados" y de donativos a los "países en desarrollo". Los gobiernos de América Latina se comprometieron a comprar los productos norteamericanos con el crédito que les abría el gobierno norteamericano. Los donativos tuvieron un fin parecido: deshacerse de productos norteamericanos que no encontraban mercado. Los préstamos fueron costosos y crecientes, los donativos, siempre reducidos y onerosos en términos de dinero y gratitud.

El capital monopólico impuso en los años cincuenta la ideología "desarrollista" por la cual pretendió alcanzar los objetivos de un desarrollo social mediante las inversiones extranjeras y la ayuda técnica. Entre las inversiones extranjeras exaltó principalmente a las privadas. Gerentes, políticos, diplomáticos y publicistas desataron una gran campaña en favor de la "libre empresa", las "inversiones norteamericanas" y la "asistencia técnica". Préstamos, inversiones privadas, donativos, ayuda técnica, convenios militares, OEA, ORIT, "amenaza continental", "defensa interamericana", "mundo libre anticomunista", "desarrollo", formaron una sola política del imperialismo. Fueron la forma más moderna de la conquista pacífica.

La "sustitución de importaciones" de las burguesías latinoamericanas empezó a caer en manos del propio capital norteamericano. Las grandes empresas de Estados Unidos se adueñaron de las latinoamericanas, asociaron bajo su mando a los antiguos propietarios, los expulsaron o los emplearon. Al mismo tiempo dieron curso a nuevas líneas de expansión industrial, particularmente a la automotriz, a la electrónica y a la de plásticos. Los objetos de moda —automóviles, radios, refrigeradores— jugaron un papel similar al desempeñado en sus orígenes por los ferrocarriles, el petróleo y los productos tropicales. Aumentaron los negocios y modificaron el paisaje. Dieron un nuevo aspecto a las ciudades de América Latina al proliferar casi al mismo tiempo que sus grandes suburbios marginados y miserables y sus barrios de clases medias o altas.

El capitalismo de estado latinoamericano sufrió un proceso similar al de las empresas privadas, de integración a los monopolios norteamericanos. Los gobiernos que habían incrementado la acción del "sector público de la economía" resistieron distintos embates. Fueron derrocados o sujetados a la nueva política imperialista. Al gobierno democrático y nacionalista, surgido en Bolivia de un gran movimiento popular, lo empezaron a integrar y corromper desde 1952 a base de préstamos e inversiones económicas. Al de Guatemala lo derrocaron en 1954, mediante una invasión armada. Los dirigentes de esos países habían sido acusados de enfermos de nacionalismo y de comunismo. A Getúlio Vargas lo empujaron al suicidio (1954), a Perón lo llevaron al exilio (1955). A ambos los acusaron de fascistas. Después apoyaron a los regímenes militares y civiles que con sistemas puramente represivos, o también parlamentarios y de partidos, realizaron los ajustes indispensables para el desarrollo creciente del capital monopólico asociado. Unas veces los políticos del imperialismo actuaron en defensa de la "civilización" cristiana y otras de la "democracia", la "modernización" y el "desarrollo".

Durante todo este período Estados Unidos realizó una penetración cultural sin precedente en la historia de Iberoamérica. Los valores de la "civilización norteamericana" se difundieron e "internalizaron" mucho más allá de los meros "slogans". Los aparatos públicos y privados del estado norteamericano potenciaron en formá sistemática un fenómeno de penetración cultural que hasta entonces había ocurrido de manera más espontánea y limitada. Las zonas ya afectadas de la geografía y la conciencia latinoamericanas se convirtieron en importantes bases de lanzamiento de una política de penetración destinada a influir en los marcos teóricos y las escalas de valores de élites y masas, a alterar y enajenar sus estilos "naturales" de pensar y querer. Toda la penetración cultural anterior cobró nuevas y vigorosas características.

A fines del siglo XIX y principios del XX la civilización norteamericana sólo había influido en una parte mínima de la burguesía exportadora y en algunos ideólogos que empezaron a exaltar, desde entonces, el sentido práctico, la capacidad técnica, de organización, producción e higiene de un vecino al que aún veían con las reservas de la tradición europea: española, francesa e incluso inglesa.

En tiempos de Teodoro Roosevelt el racismo angloamericano constituyó un pequeño cenáculo, limitado a acomplejar a una parte de la oligarquía al tiempo que redoblaba sus antiguos prejuicios con argumentos "científicos". La cultura de la opresión terrateniente o aldeana continuó siendo el instrumento ideológico principal para controlar a siervos, aparceros y trabajadores indios o negros. Los "businessmen" y los "managers" apenas empezaron a influir con sus nuevos valores en el comportamiento de algunos empleados de las clases medias. En general ejercieron su propia dominación utilizando los infiernos y paraísos para peones, las intimidaciones y premios para trabajadores de cuello blanco de una oligarquía soberbia y fanática.

En la época de Wilson la dominación cultural estableció nuevos vínculos. Presentó a los imperialistas y burgueses como hombres morales, sin tacha. En los centros de trabajo se difundió la imagen de un patrono moral y eficaz que estaba en el derecho de librar una "guerra justa" contra obreros y clases medias, cada vez más inconformes. El imperialismo y la oligarquía actualizaron la cultura de la trampa. Combinaron la corrupción y el chantaje de los líderes sindicales y populares con las primeras campañas de la gran prensa, basadas en hechos reales y ficticios, en denuncias parcialmente ciertas o totalmente falsas, destinadas a someter o acabar con los líderes populares. La cultura de la trampa se convirtió en una política de masas. Se difundió entre las organizaciones del pueblo, buscando sembrar el escepticismo, hacerlas renegar del sindicato, el partido o el líder para seguirlas dominando como antes. La nueva cultura "estandarizó" sus principales recursos. Se combinó con una propaganda tenaz contra los líderes insobornables y más hábiles, a quienes persiguió usando los más recientes símbolos de la lucha contra "anarquistas" y "comunistas", y los más antiguos contra los endemoniados. Pero aunque se advirtió la influencia norteamericana en la lucha sindical y política, siguieron prevaleciendo en ella los valores de la cultura criolla.

Durante los años veinte, Estados Unidos forjó el perfil de todo un estilo de vida y lucha. Los años veinte en Estados Unidos fueron algo más que la edad del jazz. Fueron los años del Ku Klux Klan, con millones de simpatizantes; del racismo; de la "prohibición"; del fracaso de Wilson y su vaticinio de un mundo feliz norteamericanizado; del miedo a la Revolución de octubre; del repudio a cualquier forma de radicalismo; de la reacción contra huelgas y sindicatos; del "angloconformismo" a la ley, el orden, la corrección plutocrática; de la respetabilidad de la clase media y el elogio sobreentendido al "rancher"; del fomento de la educación científica y tecnológica en las universidades. Durante esos años apareció la producción en masa, nació la múltiple industria de la radio, el cine y la gran prensa, en medio de "la decisión general de divertirse". Y emergió toda una cultura realmente norteamericana de lo artificial y lo irreal con la masa feliz como fin de la historia desde Roma hasta los "westerns". Hollywood inventó a partir de entonces un lenguaje del entretenimiento, un púlpito de masas divertidas, a las que empezó a catequizar con el entusiasmo de las imágenes del triunfo de los buenos normales, universalmente identificables y americanizados. Las películas de Douglas Fairbanks hicieron de Estados Unidos la meca de lo maravilloso de la historia. Y aunque también fue la época de Charlie Chaplin, Buster Keaton, Harold Lloyd —con su sentido satírico de la vida real— y el despertar de la gran novela norteamericana —con su inglés riquísimo y su pensamiento fuerte—, durante esos años triunfó sobre todo una cultura artificial, distinta a la europea en la "estandarización" del conformismo realista o fantástico. Los "monitos" o tiras cómicas invitaron con sus chistes a la resignación, la seriedad y la conducta del americano medio.

De toda esa eclosión cultural norteamericana sólo una parte pasó entonces a América Latina. A través del fonógrafo, la radio y el cinematógrafo, algunas modas de presentarse y divertirse al estilo de Nueva York o Hollywood adquirieron por vez primera cierta popularidad urbana y cubrieron una nueva página de la historia de la cultura dependiente. Las mujeres de las grandes ciudades de América Latina empezaron a usar vestidos y cabello cortos, fumaron cigarrillos en público y aceptaron bailar "fox-trot", "jazz" o "shimmy". Los automóviles se volvieron admirables. Hollywood creó "comportamientos cinemáticos". La RCA Víctor produjo radioescuchas. La gran prensa reconoció y analizó la importancia mundial de los presidentes, boxeadores y aviadores norteamericanos. La eclosión cultural del coloso del norte empezó a influir también a través de los ideólogos, los políticos, los educadores. "The sleeping Indian" fue un triunfo de la antropología cultural del siglo XX sobre la racista del XIX. Los antropólogos, los educadores y publicistas elaboraron el artificio de una inferioridad cultural nata. Redujeron el problema de las mayorías populares y de las minorías raciales a un largo y complejo proceso educativo, más difícil de resolver conforme estuvieran más explotadas, como era el caso de los indígenas. El racismo vergonzante se combinó con el humanitarismo cultural: América Latina dormía por una cuestión de raza o cultura. Y resultaba sumamente difícil despertarla. En todo caso su despertar se hizo coincidir desde entonces con la posibilidad de trasmitir los valores de Norteamérica. En el juego, los deportes, la diversión, la educación primaria y técnica, los valores norteamericanos empezaron a ser un punto de referencia. Pero todo ello sólo preparó una penetración mucho más amplia y profunda, basada en el modo de entender el mundo y la vida que se impuso en Estados Unidos desde los años veinte y que pasó a América Latina de 1935 a 1960.

Durante la segunda guerra mundial y la posguerra la conquista espiritual angloamericana aprovechó todos sus triunfos anteriores. Desde entonces comenzó a romper muchas resistencias de la más vieja cultura criolla, llegando a competir en el campo mismo de la conciencia de las masas. En élites y masas, los aparatos culturales del imperio difundieron y adaptaron la imagen de un mundo inexistente, con sociedades, naciones y relaciones internacionales de una realidad falseada. E hicieron de ellas la forma natural de pensar, querer, reír y censurar. Una de las obras más representativas de entonces fue la película "panamericanista" de Walt Disney: "¡Saludos amigos!" En ella el Pato Donald representó a Norteamérica, y un loro con sombrero mexicano a Latinoamérica. La alegría del subdesarrollo y de la colaboración panamericana se expresó con "inocencia" y agresividad. Llegó a constituir un triunfo político aplastante de Estados Unidos. El nacionalismo latinoamericano se volvió "típico" y torpe. La lucha de clases "se volvió una verdad sospechosa". El imperialismo se escribió entre comillas. Se convirtió en un concepto extravagante, obsoleto y de mal gusto, sobre un fenómeno inexistente. En cada país de América Latina se forjó una "nación" paralela a la realidad, y una "sociedad" que no tenía nada que ver con ella. El *Reader's Digest*, *Visión*, la AP (Associated Press), la nota roja de los periódicos, las películas en tecnicolor y después las imágenes de televisión construyeron la ortodoxia del ser y el no ser, de lo bueno y lo malo, de un pueblo convertido en público. Se vendió "el Eldorado de la sociedad de consumo" y del "bienestar adquirible". La política se convirtió en espectáculo de masas, en "show". La cólera cívica "se sublimó en sadismo de nota roja". La historia de la rebelión popular se presentó como "noticia de criminales que linchan". El pueblo fue filmado peleando por razones personales, o cantando. Se exaltó a Occidente como si fuese un producto norteamericano. Los héroes se convirtieron en "cow boys" y en políticos neoyorkinos. Y el cine mexicano colaboró en reproducir y adaptar las imágenes de esa conciencia falsa, cuyo objetivo era despolitizar a las masas creando en ellas una espesa nube de lugares comunes panamericanos o "latinos" con lógica de consumidores conformistas. "Lo que el viento se llevó" en el cine norteamericano y "Nosotros los pobres" en el mexicano fueron dos obras maestras en pintar las penas y las alegrías de "los pobres buenos" y "los ricos infelices", o lejanos. La ontología de Hollywood se convirtió en el sentido común de gran parte de las clases medias de América Latina e hizo de ellas un venero de colaboradores preparados y una amplia base social para el "desarrollo asociado". Entre 1940 y 1960 ocurrió la segunda conquista espiritual de las masas de América Latina, limitada natural y prácticamente a un "X porciento" de los usuarios de radiotransistores, cinematógrafos y otros "mass-media". Desde la conquista de América por los españoles y portugueses ninguna cultura penetró tanto al sur del río Bravo como la norteamericana de la gran empresa.

Al terminar la década de los cincuentas el imperialismo norteamericano llegó al apogeo de su hegemonía en América Latina y el mundo. La crisis de sobreproducción de 1948-49 —que afectó más a Estados Unidos que a otros países capitalistas— había sido controlada con la guerra de Corea. El empobrecimiento de las masas rurales surtía de mano de obra barata a los centros industriales de Estados Unidos y América Latina. El aprovisionamiento de materias primas y fuentes de energía, obtenidas a bajos precios por Estados Unidos, se había convertido en un fenómeno tan natural como el aumento sostenido en los precios de sus productos industriales exportados a América Latina. En el interior de los países, las ciudades sede de los monopolios habían fortalecido una tijera de precios desfavorables a las poblaciones rurales y equivalente a la del sistema internacional: en las metrópolis lo que antes valía diez se compraba en cien y lo que antes valía cien se vendía en diez. La necesidad del endeudamiento externo se había convertido en un sistema ampliado de reproducción financiera y tecnológica de la dependencia. Parecía trabajar por sí sola, sin responsable aparente, hombre ejército o potencia. La idea de un desarrollo "autosostenido" campeaba entre los publicistas y tecnócratas de las clases dominantes. El desarrollismo "unidimensional" subyugaba a amplios sectores de la población. La clase media había crecido en la mayoría de los países como "prueba" del desarrollo. Los problemas obreros y campesinos eran vistos como naturales y de lenta solución. El nacionalismo antimperialista estaba en plena decadencia. La revolución socialista era contemplada como un fenómeno lejano y extremadamente improbable, sobre todo desde que en 1959 empezó la coexistencia pacífica y la Unión Soviética y Estados Unidos pusieron fin a la "guerra fría". Derrotados una y otra vez los nacionalistas, y apaciguados los "agitadores comunistas", las clases dominantes y sus ideólogos se disponían a vivir tranquilos, en América Latina, la parte que les correspondía del "milenio americano". La inmensa mayoría de sus opositores pensaba en luchas a larguísimo plazo. En esas condiciones ocurrió un hecho que desafió la estabilidad del imperialismo y otro que alteró la historia de América. De 1957 a 1958 en el mundo capitalista estalló una nueva crisis económica por la que casi 10 millones de hombres llegaron a quedar sin empleo. En 1959 triunfó la Revolución cubana y en 1961 Cuba se declaró república socialista. La crisis fue controlada. La revolución fue incontenible. El gobierno de Estados Unidos realizó cuanto esfuerzo estuvo a su alcance para corromper primero y derrocar después al gobierno revolucionario que había logrado la segunda independencia. Sus esfuerzos resultaron inútiles y sus fracasos tuvieron una resonancia mundial. Al resistir una y otra vez las ofensivas imperialistas, el gobierno revolucionario de Cuba obtuvo un apoyo creciente de su propio pueblo y de los países socialistas, en particular el de la Unión Soviética. La política del imperialismo en América Latina debió cambiar en todos los ámbitos de la concesión y de la represión. Estados Unidos aceptó la existencia de un estado latinoamericano independiente al que le era imposible doblegar o vencer. El extraño fenómeno ocurrió a partir de 1959.

El tercer período del imperialismo norteamericano en América Latina va de 1960 a nuestros días, con un posible quiebre en 1973. El período se caracteriza por un replanteamiento de la acción contrarrevolucionaria de las clases dominantes en todos los campos: ideológico, político, cultural, militar y económico. Las nuevas tendencias son particularmente contradictorias, pues a nivel mundial, y aproximadamente hasta 1973, el imperialismo norteamericano sigue ocupando una posición hegemónica dentro del capitalismo, mientras en América Latina tiende a descansar cada vez más en un sistema represivo, al que los gobiernos de Kennedy y

Johnson no habían querido llegar, conscientes del peligro que para la "estabilidad" implica renunciar a los "procedimientos constitucionales", liquidar a "los gobiernos democráticos" y apoyarse sólo en las tiranías, que "minan" la "fe del pueblo en el mañana" del sistema establecido.

De 1960 a 1973 la primera potencia del mundo capitalista perdió a Cuba en su propia zona de dominio y se enfrentó a un movimiento creciente de insurgencia que revistió las más variadas formas políticas, ideológicas y militares. En ese período el gobierno de Estados Unidos padeció dos importantes fracasos en América Latina: uno, en la aplicación de una política de reformas contrarrevolucionarias con las que intentó aminorar las presiones populares y crear una base social de apoyo a costa de las burguesías y oligarquías rurales de América Latina; otro, debido al éxito creciente de Cuba, no sólo ante las agresiones militares y policiales del Departamento de Estado, la CIA y las burguesías asociadas, sino en la construcción del socialismo. El desarrollo económico, cultural y político de Cuba fue espectacular. Ambos fenómenos —el fracaso de las reformas contrarrevolucionarias y el éxito de la Revolución cubana— estremecieron a los pueblos políticos latinoamericanos: les hicieron perder muchas falsas ilusiones y creer "peligrosamente" en el "modelo" o "ejemplo" socialista. Al mismo tiempo, el gobierno de Estados Unidos obtuvo dos victorias, una en la integración creciente de los monopolios, los cuales se beneficiaron de varios proyectos financieros y de "integración regional", y otra en la "contrainsurgencia", que logró derrotar a la mayoría de los movimientos guerrilleros y derrocar a varios gobiernos democráticos antimperialistas. Las dos victorias fueron pírricas. Al fracasar la política de concesiones limitadas y de reformas contrarrevolucionarias aumentaron los "desequilibrios" internos y externos, esto es, la explotación y el empobrecimiento de las naciones latinoamericanas y de las tres cuartas partes de su población. Al fracasar la búsqueda ilusoria y demagógica de bases sociales, se amplió la política del terror. En medio de la crisis social sólo crecieron los negocios, las propiedades y las utilidades de las grandes y eficaces compañías. La idea de la "eficacia" de las multinacionales se volvió obsesiva y campeó con orgullo en medio del caos de los gobiernos y los pueblos.

A principios de la década de los sesentas la administración Kennedy planteó la nueva estrategia del imperialismo en América Latina. Esa nueva estrategia se basó en una percepción distinta del "enemigo" al que deberían enfrentarse las fuerzas militares y policiales interamericanas. El enemigo ya no eran los "agitadores extranjeros" o los partidos con "ideas extrañas", antes "alentados" por la URSS para una revolución trascontinental. El imperialismo había descubierto que las revoluciones no se exportan. Su enemigo ya era el pueblo. Así lo veía y lo decía oficialmente, en documentos militares, policiales y técnicos.

Estados Unidos no dejó de considerar a la Unión Soviética y a los países socialistas como enemigos principales, estratégicos. Pero reorganizó a las fuerzas armadas de América Latina y a una parte significativa del ejército metropolitano para enfrentar al "enemigo interno", esto es, a los campesinos, los trabajadores y las clases medias de América Latina, rebeldes frente al sistema imperante. El gobierno de Kennedy hizo suya la teoría militar del general Maxwell Taylor, hasta entonces postergada. Según había venido sosteniendo Taylor, desde el fin de la segunda guerra mundial, más que el peligro de una guerra atómica o intercontinental existía el de una guerra insurreccional a la cual debía oponerse una guerra de "contrainsurgencia". El "enemigo interno" cobró una importancia primordial.

El gobierno Kennedy complementó la nueva perspectiva con dos medidas de variado alcance. Una, la Acción Cívica y otra, la Alianza para el Progreso. Por la

Acción Cívica Kennedy buscó que los ejércitos latinoamericanos, a más de entrenarse en la lucha militar antiguerrillera, aprendieran a realizar una serie de obras sociales para ganarse a la población y aislar a las guerrillas de sus pueblos. Si los guerrilleros se movían en el pueblo "como el pez en el agua" era necesario quitarles el agua, y los primeros en quitársela debían ser los soldados.

La nueva política para el ejército interamericano se empezó a aplicar formando grupos de expertos, fundando escuelas de entrenamiento, efectuando prácticas en pequeña y gran escala. Y vendiendo helicópteros, aviones y armas más útiles para esa guerra contra el pueblo propio que para la convencional contra otros pueblos.

El reto ideológico de Cuba era sin embargo demasiado grande como para conformarse con tales medidas. La administración Kennedy se creyó capaz de competir con el socialismo en el campo del desarrollo económico y social. Prometió resolver los problemas de habitación, alimentación, salud, educación y trabajo. Difundió la ilusión de que las grandes mayorías de América Latina alcanzarían la totalidad de esos objetivos dentro del "mundo libre" dominado por los monopolios. Los técnicos del imperialismo pronto empezaron a hablar de "milagros", y no fue una casualidad la elección de un vocablo tan ajeno al empirismo y al pragmatismo de la cultura tecnocrática. De algún modo la palabra "milagro" reveló incertidumbre y ficción.

La Alianza para el Progreso constituyó el proyecto social más ambicioso del imperialismo. También el más demagógico. Estados Unidos afirmó que solucionaría los problemas sociales alentando la "empresa privada". Al efecto ofreció asignar desde el primer año 1 000 millones de dólares a los gobiernos latinoamericanos "aliados" en una empresa común. La Alianza suponía para los gobiernos latinoamericanos el compromiso de acometer reformas fiscales que redistribuyeran el ingreso de manera equitativa y reformas agrarias que volvieran propietarios a los campesinos sin tierra. Estados Unidos se comprometía por su parte a estabilizar los precios de exportación, a eliminar la inflación monetaria y a facilitar una cantidad alzada de préstamos y donativos.

Un año después de la reunión de Punta del Este, donde los gobiernos interamericanos suscribieron la Alianza, los gobernantes comenzaron a advertir sus malogrados esfuerzos en todos y cada uno de los renglones propuestos. En 1969 el presidente Nixon se vio al fin forzado a reconocer públicamente el fracaso de la Alianza para el Progreso. Los préstamos propuestos —de por sí insuficientes— no se habían hecho efectivos, las reformas fiscales y agrarias tampoco; la relación de intercambio resultó cada vez más desfavorable a los países latinoamericanos; la inflación y la devaluación aumentaron a ritmo galopante. Los problemas sociales, lejos de disminuir, se acrecentaron. La Alianza sólo sirvió, efectivamente, a nuevos procesos de concentración del capital monopólico y al ocultamiento de aprestos militares y prácticas de guerra interna. George Cabot Lodge llegó a escribir: "el efecto total de la Alianza ha consistido en hacer más sólido el *statu quo,* en apoyar a la oligarquía, y en aumentar los obstáculos al cambio".

La retórica liberal y antiintervencionista de Kennedy fue puesta en evidencia por su propio gobierno, y por el de Johnson, su sucesor. Al mes de lanzada la Alianza, vino Bahía de Cochinos, la invasión fallida a Cuba. Nixon ya no pudo hablar más de la Alianza. Debía reconocer lo que todo el mundo sabía, y le fue preciso limitar sus recursos retóricos a los engaños de guerra.

En la década de los sesentas, en resumidas cuentas, proliferaron las intervenciones y las invasiones, y las dictaduras militares sustituyeron a varios gobiernos civiles. Cuando John F. Kennedy era candidato proclamó en San Antonio Texas: "Hace siete años existían quince hombres fuertes que dominaban a sus países en América Latina. Hoy sólo hay cinco. Dentro de tres años no habrá ninguno." De 1960 —en que pronunció esas palabras— a 1964 se dio una de las mayores incidencias de golpes de estado en la historia de América Latina. Kennedy y Johnson se vieron obligados a justificar las intervenciones y agresiones contra Cuba, Santo Domingo y otros países con las "doctrinas" que llevaron sus nombres y con la de Thomas Mann, un auxiliar eficacísimo.

La verdadera doctrina Kennedy no fue reformista. Fue intervencionista. Postuló, como preferible a la intervención unilateral, la intervención colectiva. Pero en 1961 su autor declaró que "en caso de que fallaran las naciones del continente en cumplir sus compromisos de lucha contra la penetración comunista, el gobierno de Estados Unidos no dudaría en enfrentar sus obligaciones primarias que son —dijo— la seguridad de nuestra nación".

Johnson complementó la doctrina Kennedy con otra que sostuvo el derecho de Estados Unidos a intervenir en cualquier país de América Latina si sus gobiernos perdían "el control de la situación". Johnson aclaró estar dispuesto a todo menos a permitir una segunda Cuba.

Y Thomas Mann, antiguo secretario del Departamento de Estado para América Latina, sostuvo en 1962 —en pleno gobierno demócrata— que Estados Unidos no haría una diferencia automática entre "democracias representativas" y gobiernos surgidos de golpes militares. Su "doctrina" contradecía la Alianza para el Progreso —supuestamente democrática— y renovaba las garantías siempre ofrecidas a los dictadores del imperialismo.

En 1962 el Congreso de Estados Unidos aprobó la enmienda Hickenlooper, que suspendía toda "ayuda" en caso de expropiación sin compensación adecuada. En 1965 el propio Congreso de Estados Unidos aprobó la resolución 560 por la cual proclamó el derecho de Estados Unidos a emplear sus fuerzas armadas en cualquier país del continente. La imposibilidad de la reforma y la lucha contra la revolución fueron, en la práctica, un hecho de sentido común para el capital monopólico y las burguesías latinoamericanas. Sus gobiernos abandonaron las ilusiones y la retórica y se prepararon cada vez más para el único camino que parecía quedarles, el de la represión.

Las amenazas de Kennedy, cumplidas en Cuba hasta donde le fue posible; las de Johnson, cumplidas en Santo Domingo, las de Thomas Mann —cumplidas en Brasil, Argentina, Salvador, República Dominicana y otros países que instauraron una nueva generación de dictadores militares—, no sólo buscaron proteger la "seguridad de Estados Unidos" sino sus propiedades y las de sus clases gobernantes. Todo ello con la aprobación del Congreso. Y de pronto no hubo nada más que ofrecer. Los ofrecimientos incumplidos ya no permitían otros nuevos. La democracia incumplida, el desarrollo incumplido, las reformas incumplidas ya no permitían a los voceros de las clases gobernantes seguir hablando de democracia con desarrollo, de reformas con libertad. El campo de la demagogia se redujo a su mínima expresión: asegurar que los dictadores iban a hacer milagros. Pronto terminaría también esa demagogia, o se sostendría con desgano, de manera rutinaria. Los norteamericanos en América Latina llegaron a estar "tan preocupados de su imagen que a veces parecían tontos". Prefirieron parecer poderosos.

La administración republicana, de Nixon a Ford, se vio en la necesidad de abandonar una hipocresía en crisis. Kissinger fue el exponente más desinhibido de esa hora de la verdad cuando el poder se presenta con un cinismo necesario y una teatralidad desfachatada, sostenida en serio, con capacidad de violencia evidente. Al lado de otros voceros del imperialismo, Kissinger sostuvo una "política de poder" cuyos antecedentes no sólo se encuentran en la "real politik" alemana, sinò en el pensamiento anglosajón, hobbesiano, hondamente arraigado en las clases gobernantes de Inglaterra y Estados Unidos desde los tiempos de Ricardo III hasta los de Teodoro Roosevelt. Con Nixon y Kissinger, el cinismo fue expresión de la derrota imperialista en Vietnam y bravata brutal ante la pérdida de hegemonía en América Latina y el mundo. Compensó derrota y desprestigió con intimidación y terror.

La política oficial de amenazas y actos de intervención abierta (sólo encubierta con fines de engaño al "enemigo") se vio complementada por la denuncia de esa misma política ante el Congreso de Estados Unidos y a través de los más diversos medios de difusión, sin que las líneas generales del terror se alteraran. Pruebas no faltaron y fueron parte de la lucha contra el imperialismo, y parte de un imperialismo descubierto que seguía gobernando sin que pudiesen detenerlo quienes lo criticaban.

A partir de 1970, y en particular desde 1973, en la mayoría de los países latinoamericanos se desató la "guerra fría intercontinental", entró en auge la política de desmantelamiento de las instituciones democráticas y se acentuó la "institucionalización de gobiernos basados en el terror". El terror entró en plena acción como una especie de ejército de reserva de la demagogia.

De 1950 a 1972 el Departamento de la Defensa de Estados Unidos había formado a 61 032 oficiales y soldados latinoamericanos. Y a lo largo de toda la posguerra, la Agencia Central de Inteligencia se había convertido en un poderoso organismo norteamericano encargado de todo tipo de acciones criminales del gobierno reconocidas por el mismo: soborno de líderes, chantaje, asesinatos políticos, "simulación revolucionaria", "provocación revolucionaria", acciones todas destinadas a destruir los movimientos nacionalistas, reformistas y revolucionarios, y a derrocar gobiernos que no aceptaran los términos de la dependencia y la explotación imperial. La CIA llegó a emplear a 11 000 miembros de su personal en las llamadas "operaciones encubiertas" o "clandestinas", encaminadas "a influir directamente en la política de los gobiernos extranjeros, o a determinar el tiempo de su duración".

Las políticas "desestabilizadoras" —utilizadas con anterioridad de manera más o menos aleatoria— se convirtieron desde los años cincuenta, y sobre todo a partir de los sesenta, en el arte de la respuesta imperialista a la crisis. El imperialismo utilizó las contradicciones internas de los países dependientes de África, Asia y América Latina para amedrentar, debilitar y derrocar a los gobiernos que presentaban distintos tipos de resistencia a su dominación, o que buscaban caminos legales y pacíficos de liberación dentro de proyectos nacionalistas o socialistas. En ocasiones también empleó esas políticas de "desestabilización" contra gobiernos amigos a quienes deseaba imponer nuevas y crecientes concesiones: la entrega de una parte de las empresas públicas y de las riquezas nacionales; el aumento de facilidades de un "mercado libre" a la penetración de los monopolios; la aceptación de precios de compra y venta abatidos y alzados al arbitrio.

La acción encubierta y "desestabilizadora" no sólo se dirigió contra gobiernos nacionalistas o de vocación vagamente socialista, ni sólo contra gobiernos amigos a los que se pretendía someter y extorsionar todavía más. La "desestabilización" llegó a ser una política de "contrarrevolución preventiva", destinada a adelantar una situación revolucionaria, a suplantar a los protagonistas revolucionarios, a enfrentar entre sí a los dirigentes y grupos de las "dos revoluciones" —democrática-burguesa y socialista— que encierra cualquier proceso revolucionario, todo ello a fin de que las acciones de las masas no pudieran ser dirigidas ni por los líderes de la pequeña burguesía ni por los del proletariado, sino por el partido armado del imperialismo, por los agentes encubiertos de la CIA, disimulados con ropajes y lenguajes ultrarrevolucionarios.

La reacción había aprendido "marxismo-leninismo" y lo empleaba con sus "think-tanks", sus modelos de simulación, sus sociólogos y politólogos funcionalistas o anarcoestructuralistas, sus soldados de uniformes varios, sus agentes de derecha, centro e "izquierda", sus diplomáticos, técnicos y mercenarios, sus funcionarios subordinados y sobornados. Todos representaban en los más distintos escenarios el teatro de las equivocaciones, en medio de una guerra, económica, psicológica, política y diplomática. La lógica "desestabilizadora" parecía basarse en un sencillo precepto: "El pueblo hace la contrarrevolución. Nosotros sólo lo ayudamos." Así razonaron William Colby —jefe de la CIA— y muchos otros funcionarios del imperialismo al defenderse de los cargos de intervención: no habían sido ellos, había sido el pueblo, habían sido las "fuerzas democráticas", o los militares "latinoamericanos".

La mayor integración y asociación de las burguesías metropolitanas y periféricas entre sí contribuyó a vencer cualquier resistencia de los antiguos aparatos políticos de dominación, populistas o seudodemocráticos. La creciente "ilegitimidad" de los gobiernos; su incapacidad manifiesta de satisfacer las demandas mínimas de empleo, educación, servicios, niveles de vida; su responsabilidad en el múltiple tributo impuesto por la hiperinflación, las devaluaciones monetarias, las altas tasas de interés y utilidades y el congelamiento de salarios, le sirvieron al imperialismo para presionar a esos mismos gobiernos con la insatisfacción popular, aliándolos a sus designios de sometimiento aún mayor de la población insatisfecha, o sustituyéndolos con otros dispuestos a institucionalizar la fuerza en un esquema más agresivamente antipopular y más sistemáticamente contrarrevolucionario.

La "desestabilización" del gobierno de la Unidad Popular en Chile (1970-73) fue utilizada contra un proyecto revolucionario de cambio pacífico. En 1971, la "desestabilización" sirvió también para derrocar al gobierno nacionalista de Juan José Torres en Bolivia. Después fue usada para derrocar, cambiar o doblegar a regímenes que conservaban cierta base popular, como el de Isabel Perón en Argentina, el de Velasco Alvarado en Perú e incluso el de México durante la elección de López Portillo. Y también se usó contra gobiernos con proyectos populares: como los de Guyana o Jamaica.

El establecimiento de un neofascismo sin bases sociales y sin ideologías milenarias se manifestó con toda claridad en Chile y Uruguay, donde la democracia parlamentaria había alcanzado los más altos niveles de América Latina. Las instituciones legales, constitucionales y de tipo democrático fueron barridas en esos y otros países, y llevadas a un punto de ruptura en los demás. Ya lo dijo un político colombiano: "Cada país está siendo ocupado por su propio ejército." Y le faltó añadir: "debidamente entrenado en las escuelas norteamericanas".

El imperialismo exigió crecientes concesiones económicas y financieras a gobiernos cada vez más endeudados. "Privatizó", "desnacionalizó", "dolarizó" a las antiguas economías nacionales. Y si no llegó a tomar las aduanas como en los años veinte, cobró sus presas de una manera más sutil, imponiendo la política financiera del Fondo Monetario Internacional en todos los países endeudados. La hiperinflación, combinada con la congelación de salarios, fue todo un nuevo esquema de tributos coloniales en gran escala; constituyó un colonialismo financiero mucho más vigoroso, general y "abstracto" que cualquier otro. Semejante sistema de extorsión se basó en la represión y el terror generales.

Desde mediados de la década de los sesentas y sobre todo en los setentas el imperialismo desató una campaña creciente contra el conjunto de los pueblos latinoamericanos, e incluso contra sus gobiernos y clases medias. Los acusó de irresponsables, desordenados, ineficaces, dispendiosos, corrompidos, primarios, crueles e incluso despóticos. Puso a sus propios colaboradores en el banquillo de los acusados, como si así pudiera exonerarse de culpa y dirigir las cóleras del pueblo sólo contra ellos. A los líderes reformistas, y a las clases medias liberales y conservadoras, los sobornó, los desmoralizó, los preparó a una mayor entrega. También entonces, el imperialismo se dispuso a implantar un proyecto de apropiación directa de los recursos naturales y se aprestó a una conquista de los territorios latinoamericanos para el caso de que fallaran los ejércitos de ocupación a cargo de los generales nativos.

La intervención militar del propio ejército metropolitano y la conquista directa de recursos y territorios, fueron claramente concebidos y públicamente preconizados por los ideólogos del Pentágono y del gobierno norteamericano. La vieja amenaza de Teodoro Roosevelt se había convertido en la realidad estratégica del aparato de dominación imperialista: "Todo Estado —había dicho Roosevelt en 1904— cuyo pueblo se conduzca bien puede contar con nuestra cordial amistad. Lo que desea este país es que reine en los países vecinos la estabilidad, el buen orden y la prosperidad: eso es todo. Si una nación demuestra que sabe actuar de una manera razonable y decente, si mantiene el orden y cumple con sus obligaciones, no debe temer la intervención de los Estados Unidos. Pero si se repiten las crisis y hay un vacío de poder que se traduzca en un relajamiento general de los lazos de la sociedad civilizada esos países pueden, en América y en otras partes, necesitar como último recurso la intervención de una nación civilizada, y, en el hemisferio occidental, la adhesión de Estados Unidos a la doctrina Monroe puede empujarlo, en esos casos flagrantes de falla e impericia, a ejercer muy a su pesar, un poder de policía internacional."

Es posible que hacia 1973 se haya iniciado un nuevo

período del imperialismo. Sus perfiles históricos no se definen aún con claridad, pero resulta evidente que la liberación de Vietnam constituyó una de las más grandes derrotas de todos los imperialismos. El norteamericano extremó su soberbia. Comprometió sus fuerzas, su inteligencia, su tecnología militar y su prestigio moral y político como líder del mundo occidental. Al huir vencido, tras un gran despliegue de crueldad y recursos, se debilitó considerablemente. La crisis financiera lo obligó a abandonar muchas bases militares extracontinentales, mientras Alemania y Japón revaluaron sus monedas y exigieron nuevos términos en el control del mercado. América Latina comprendió que sería objeto de crecientes presiones y violencias. Pronto confirmó sus sospechas. A unos meses del triunfo del pueblo de Vietnam cayó en Chile el gobierno de la Unidad Popular. Estados Unidos reforzó la sujeción de América Latina, y le hizo pagar los costos de sus derrotas militares y financieras en otras partes del mundo.

Hacia 1975 la crisis se ahondó en la mayoría de los gobiernos dependientes y se hizo cada vez más visible. El "milagro brasileño" se convirtió en antimilagro. Chile sufrió una crisis económica, moral y política, que el gobierno fascista no pudo seguir atribuyendo indefinidamente a los supuestos desmanes de la Unidad Popular. Otros gobiernos fascistas como los de Uruguay, Argentina, Bolivia, se mostraron incapaces de ofrecer nada: ni democracia, ni desarrollo, ni garantías. Los países donde aún subsistían regímenes constitucionales, o vestigios inconcretos de una vida democrática, se vieron amenazados por el "desarrollo cero", la represión, la "desestabilización" y el golpe de estado concreto. Sus gobernantes temblaron ante las presiones simultáneas del Fondo Monetario Internacional y de las masas.

De 1974 a 1975 el mundo capitalista sufrió una crisis económica que por su profundidad y extensión superó todas las ocurridas desde los años treinta. El gobierno norteamericano se sacudió con la crisis. Los gobiernos constitucionales y las propias dictaduras fascistas de América Latina se resquebrajaron por la crisis. Todo anunció —aunque vagamente— la posibilidad de que algún día el imperialismo apelara a su "último recurso": a su propio ejército, para inaugurar una nueva etapa de invasiones a América Latina o incluso para declarar una "guerra interna" en Estados Unidos. Ambas posibilidades se percibieron como hechos todavía remotos e improbables; pero no por ello menos amenazadores. La crisis condujo al imperialismo a una catástrofe lenta. Las fuerzas antifascistas de Estados Unidos, y una parte de las propias clases gobernantes y de sus sectores liberales, presionaron por una política cargada de la inevitable contradicción entre las luchas democráticas y las luchas demagógicas. Ello implicó la necesidad de acometer una compleja y también prolongada lucha política e ideológica, que con todas sus debilidades y obstáculos resultó ser un punto de partida profundamente popular.

Tras el acceso de Carter a la presidencia de Estados Unidos el terror entró en crisis. Carter pretendió volver a la retórica en crisis. Sus posibilidades de aplicar una política contraria a las tiranías de América Latina fueron sin embargo reducidas. El imperialismo y las clases dominantes de América Latina carecían en general de los recursos necesarios para combinar la represión y la concesión. Habían perdido la posibilidad de manejar excedentes con fines sociales. Habían perdido "legitimidad" y capacidad política. Se habían endurecido como en un proceso casi biológico. Sólo parecía quedarles el recurso al terror, como fenómeno natural. Y el pueblo y la clase obrera de Estados Unidos aún no tenían la fuerza necesaria para apoderarse de las compañías trasnacionales y establecer un estado directamente a su servicio. "La trasformación socialista de los Estados Unidos no se plantea como una cuestión inmediata... Para las fuerzas socialistas norteamericanas, todavía débiles, rehusar cualquier falso optimismo es una cuestión crucial para prepararse a una larga lucha mediante la cual el socialismo se convierta en una posibilidad real en los Estados Unidos." [2] El "sistema" está en crisis sin que las clases dominadas de Estados Unidos puedan mostrar su "grandeza y su vitalidad".

En todo el Nuevo Mundo se planteó la necesidad de una lucha política e ideológica variada contra las formas cada vez más represivas del imperialismo. El poderío del imperio sólo permitió una lucha inmediata muy amplia contra el fascismo metropolitano y neocolonial. La trasformación socialista de América Latina, en todo caso, se miró como un proceso lento, largo, imprecisable en sus posibilidades reales y en sus sorpresas. Incluso los más denodados combatientes consideraron más cercana la posibilidad del socialismo en otros continentes. Todo ello ocurrió cuando los Estados Unidos de Norteamérica ya habían dejado de ser la potencia hegemónica en el mundo capitalista tras su derrota en Vietnam, el inicio de la crisis del dólar, el alza del petróleo, la intensificación de la inflación y el desempleo, la rebelión de África, la aparición de un poderoso movimiento llamado "eurocomunismo", capaz de generar un gran "desorden de masas" y nuevas fuerzas revolucionarias en la propia Europa, tan temibles para el imperialismo que según el comentario apesadumbrado de Kissinger podrían cristalizar hacia 1980 en una Europa socialista.

La creciente fuerza represiva del imperialismo en América Latina pareció así corresponder a la pérdida de su hegemonía en el mundo.

---

[2] David Plotke, "Politics and class forces in the United States", en *Socialism in the world*, Cavtat, 1977, núm. 1, p. 29.

LA LIBERACIÓN

En cualquier parte, la historia de las masas es mucho más rica y compleja que la de las clases gobernantes. Encierra más combinaciones posibles, más recursos inesperados, que derivan de sus movimientos espontáneos y de su vinculación varia con las partes a veces pequeñísimas de la masa organizada.

Las organizaciones de las masas son definitivas para el curso de su historia, pero no determinan sus grandes movimientos. Los orientan, los conducen. No son la masa. La masa tiene vida propia y a veces "viene sola".

En los países coloniales y dependientes la historia de las masas encierra una lucha de naciones y otra de clases, con varios y variantes actores que se juntan, unen y dividen, en los movimientos de liberación nacional. La historia de los movimientos de liberación nacional es por ello una buena introducción a la historia de las masas y al estudio de las varias etapas en que muestran un estilo común de lides, alianzas, ideologías; una composición parecida de clases y organizaciones dirigentes de la lucha nacional y la lucha social.

En América Latina la historia de las masas corresponde por lo menos a cinco etapas significativas. La primera va de 1880 a 1905, la segunda de 1905 a 1920, la tercera de 1920 a 1935, la cuarta de 1935 a 1959 y la quinta de 1959 a nuestros días. Es posible que hacia 1973 se haya iniciado otra etapa más.

I. PRIMERA ETAPA: 1880-1905

Con el imperialismo principió una nueva época en la

historia de la lucha de las masas. La clase obrera moderna apareció por vez primera en el fondo de la escena política. Sin embargo otros fueron quienes dirigieron a las masas. De 1880 a 1905 los movimientos de liberación nacional estuvieron predominantemente dirigidos por líderes y caudillos populares con una ideología liberal. Era un tiempo en que las organizaciones obreras parecían incapaces de asumir como propia la batalla contra el colonialismo y el imperialismo. Los trabajadores formaban grupos generalmente reducidos, con ideas aún muy imprecisas sobre la relación entre la lucha contra las clases dominantes y la lucha contra el imperialismo. La clase obrera moderna estaba en proceso de gestación. Su debilidad en el conjunto de los trabajadores era notoria. La mayoría de los trabajadores continuaba sometida a relaciones serviles o próximas a la esclavitud. Los trabajadores "libres", asalariados y organizados vivían como aparte del resto. En los países del Plata y en algunas regiones industriales de Brasil, como São Paulo, el aislamiento se daba sobre todo por la nacionalidad y la lengua: los había italianos, alemanes, servocroatas. En las empresas imperialistas que operaban en México y otras partes de América Latina donde había población indígena y negra, los trabajadores calificados y permanentes eran en buen número extranjeros. Se les separaba del resto mediante salarios y tratos especiales. Dondequiera que había diferencias raciales éstas eran utilizadas por las clases dominantes para dividir a los trabajadores. Además, los enclaves mineros y las plantaciones aislaban geográficamente a núcleos cuantiosos de trabajadores.

Durante las dos primeras décadas del imperialismo, la clase obrera apenas promovía sus primeros esfuerzos para, organizarse, para superar la etapa de las confraternidades y sociedades de ayuda mutua. Fundaba por entonces sus primeros sindicatos y partidos políticos.

El desarrollo desigual de América Latina y de cada país latinoamericano se reflejaba en el desarrollo des-

igual de las organizaciones obreras. Las más avanzadas
habían empezado a actuar desde los años setenta, e
incluso habían sostenido algunas ideas socialistas que
correspondían a un socialismo en general reformista y
parecido al europeo. En las últimas décadas del siglo XIX empezó a proliferar cada vez más el anarquismo con sus ideas y tácticas de "acción inmediata".

El desarrollo ideológico y político de los trabajadores
no les permitió plantear el problema de la lucha por
el poder como una lucha a la vez anticolonial, antimperialista y anticapitalista. La mayoría no se imaginaba
siquiera el problema de la lucha por el poder, o lo
evocaba como un fenómeno muy remoto. Los trabajadores más avanzados sólo luchaban por ciertos derechos mínimos, por mejorar sus condiciones laborales,
sus pobres niveles de vida, sus salarios. Pugnaban por
reducir la jornada de trabajo de 16 a 12 horas, por el
descanso dominical, por el derecho a celebrar el primero de mayo.

Los ideólogos y líderes del movimiento obrero estu-
diaban las nuevas corrientes socialistas y anarquistas, y
algunas de sus organizaciones tenían contactos más o
menos constantes con los movimientos europeos. A los
socialistas latinoamericanos les resultaba casi imposible
superar los planteamientos evolucionistas predominantes en el socialismo europeo de su tiempo. A los anarquistas les pasaba algo semejante: no podían idear
tácticas de lucha distintas a las de los anarquistas europeos. Por una razón u otra ni los socialistas ni los anarquistas suscitaban el problema del poder. Los socialistas postulaban la necesidad de una lucha sindical y
parlamentaria, y veían muy lejano el día en que la clase obrera entrara a gobernar palacio. Los anarquistas
no se planteaban el problema de tomar el poder, sino
de acabar, a la primera ocasión posible, con todo poder.
Y esa ocasión, ilusa también, se veía remota. En ningún caso ni los socialistas ni los anarquistas pensaban
en la lucha contra el imperialismo y el colonialismo

como algo que ellos fueran capaces de dirigir. Objetivamente no lo eran. Y subjetivamente, por mil razones, no podían serlo.

En esas circunstancias el liderazgo casi indiscutido de los movimientos de liberación nacional quedó en manos de la pequeña burguesía revolucionaria de entonces y de algunos caudillos más o menos próximos a las antiguas oligarquías que resistían la penetración del imperialismo de una manera muy vulnerable, muy efímera.

Realmente era la "belle époque" del imperialismo. Las oligarquías latinoamericanas mostraban una mezcla de admiración y recelo, admiración frente al desarrollo de las grandes empresas imperiales y recelo ante las acometidas de que hacían víctimas a algunos de los jefes de estado, sobre todo los que estaban más próximos a Estados Unidos y que gobernaban en países pequeños. A una frecuente invitación para emular las proezas anglosajonas, los ideólogos de las oligarquías añadían un nacionalismo y un antimperialismo conservadores, expresado con ideas positivistas e hispanistas; pero en general las oligarquías siempre encontraron puntos de avenimiento con el imperialismo salvo casos especiales, cuando las intervenciones de las grandes potencias no les permitían preservar su "soberanía", su poder y sus propiedades. E incluso en esos casos, fuera de las luchas que acometían algunos jefes de estado directamente agredidos, el resto, y quienes los sucedían, pronto llegaban a acuerdos y concesiones que les garantizaran mantener un *modus vivendi* bajo el imperialismo. Todo era cuestión de la correlación de fuerzas en cada país y circunstancia.

Las relaciones entre los negocios de la oligarquía y la expansión imperialista se volvieron cada vez más estrechas. El positivismo y el liberalismo proporcionaron los elementos ideológicos tendientes a justificar las concesiones de minas, pozos petroleros, tierras tropicales, exenciones aduaneras, ferrocarriles.

En nombre de la ciencia y la evolución se hicieron las concesiones. En nombre de la libertad se eliminaron las antiguas protecciones a la industria, por lo demás anticuada, artesanal. En nombre del libre comercio se acabó con las tierras nacionales y comunales. Las oligarquías aprendieron a comerciar con el imperialismo y a asociarse en algunas de sus empresas a costa de los artesanos, de los trabajadores y de los pueblos de indios. Realizaron a lo largo de toda América una nueva conquista. Fue la época de la guerra contra el yaqui y el maya en México, de la guerra del desierto en la Argentina, de la "pacificación" de la Araucanía, en Chile. Y la del empobrecimiento de artesanos ya empobrecidos y de trabajadores reclutados para un trabajo colonial en haciendas, plantaciones, minas y fábricas.

La nueva conquista y comercialización de las tierras de indios proporcionó millones de hectáreas a los dueños de haciendas, compañías petroleras y plantaciones. Les permitió una explotación creciente de toda la población sin tierras que se veía forzada a trabajar para ellos. Así compañías y hacendados se unieron contra la fuerza de trabajo "liberada". Al mismo tiempo los propietarios nacionales procuraron conservar lo más posible en el reparto, participar en la expansión del comercio mundial y defender el monopolio de los aparatos administrativos y represivos del estado. Cuando el imperialismo trataba de arrebatarles bienes y privilegios se le enfrentaban apelando a sus subordinados y secuaces hasta que derrotados negociaban en condiciones de debilidad, buscando recuperar o retener lo máximo posible.

En las luchas de resistencia y oposición al imperialismo, no dejó de haber hombres y movimientos que combatieron heroicamente por sus pueblos, dispuestos a perder su vida en la lucha de resistencia o liberación. Algunos actuaron con ideas generosas, valerosas, expresadas con un lenguaje romántico y heroico en el que creyeron. Entre ellos hubo hijos del pueblo trabajador, de las incipientes clases medias, de la propia oligarquía. Su significado principal consistió en dejar una lección de lucha por el pueblo y por el poder. Los movimientos de resistencia de los campesinos, en particular de los indígenas, abarcaron casi toda América Latina. Realizada la segunda conquista de la tierra por los gobiernos liberales, por las "compañías deslindadoras" y las empresas concesionarias, estallaron una gran cantidad de movimientos indígenas de liberación. En el campo proliferaron las agitaciones, los bandidos sociales y las guerrillas. En 1879 estalló en Sierra Gorda, al norte de México, la segunda revolución socialista y agraria ocurrida en ese país, diez años después de otra dirigida por anarquistas y socialistas en un amplio territorio cercano a la capital. La rebelión de Sierra Gorda fue un movimiento excepcional por haberse propuesto sus dirigentes establecer un estado de los trabajadores, hecho entonces inusitado. En 1879 el ministro de Guerra de la Argentina declaró que "era necesario ir a buscar directamente al indio a su guarida para someterlo o expulsarlo". Se inició la guerra de fronteras en el sur y también en el Chaco, Formosa, Misiones. Hacia 1881 la campaña había terminado con el sometimiento de 14 000 indios y la incorporación de 40 millones de hectáreas a la gran propiedad ganadera de fines especulativos. El indio resistió y se rebeló hasta ser casi aniquilado. Un proceso parecido ocurrió en todo el continente. En Estados Unidos hacia 1880 terminó la resistencia armada de los sioux y de los apaches. En 1880-82 se rebelaron en Chile los mapuches, más que por decisión propia por las provocaciones que justificaron la "pacificación de la Araucania", antecedente de una colonización de alemanes, suizos y franceses. En 1885 las tribus del Yaqui, en el noroeste de México, iniciaron una rebelión que duró hasta principios del siglo XX. Tuvieron al frente a un gran jefe llamado Cajeme. Cajeme había luchado en las filas

liberales contra la intervención francesa y después combatió para defender a su pueblo contra don Ramón
Corral aliado a la Richardson Construction Company.
Cajeme fue aprehendido y paseado por las villas de
indios antes de ser asesinado. También durante el gobierno de Porfirio Díaz (1906-1910), los mayas de la
península de Yucatán realizaron una larga resistencia
e innumerables levantamientos contra la expansión de
los hacendados-comerciantes del henequén. Los indios
mayas llegaron a mantener un territorio libre, con su
propia capital, llamada Chan Santa Cruz. En 1891 y
1892, en el otro extremo de México, los mayos —parientes de los yaquis— se rebelaron contra el gobierno
del estado y contra la compañía minera de Santa Ro-
salía. Privados de sus tierras fueron obligados a traba-
jos forzados. Su rebelión representó la del minero y el
indio. En 1870, en Brasil, empezaron impresionantes
movimientos mesiánicos que se renovaron hasta muy
entrado el siglo xx. Esos movimientos expresaron la esperanza de encontrar el paraíso terrenal; sus guías eran
héroes religiosos. De 1890 a 1897 Antonio Conselheiro,
llamado "San Antonio" o "el Buen Jesús", movilizó
a más de 5 000 campesinos pobres y fundó con ellos la
ciudad de Canudos en un desierto árido y lejano. La
lucha contra los terratenientes y contra la flamante
República de Brasil —considerada obra del Anticristo
e identificada en realidad con la expansión de un capitalismo dependiente y voraz— terminó en una guerra
con el ejército de línea. Los defensores de la Ciudad
Santa resistieron durante un tiempo mayor del esperado, luchando heroicamente. "La última [expedición
militar] consiguió arrasar la Ciudad Santa y matar
a sus últimos defensores. Antonio Conselheiro. Habría
muerto algunos días antes del desastre, a consecuencia
de una enfermedad." [1] En Bolivia, tras la guerra del

---

[1] Maria Isaura Pereira de Queiroz, *Historia y etnología de
los movimientos mesiánicos*, México, Siglo XXI, 1969, p. 103.

Pacífico (1879-1880), se consolidó el imperialismo con sus ferrocarriles, bancos, industrias extractivas. La burguesía latifundista inició una desenfrenada usurpación de las tierras indígenas. En 1899, un indio de nombre Pablo Zárate Willka, conocido en la historia como "El temible Willka", encabezó un movimiento de liberación de vastas proporciones y llegó a tomar la ciudad de Oruro. Willka se proponía la restitución de las tierras, y se le acusó de promover el exterminio de las minorías dominantes y el establecimiento de un gobierno indígena. La oligarquía desató la guerra federal, aniquiló la resistencia y se apropió de más tierras. Así contribuyó —como los demás gobiernos del continente— a la expansión imperialista y la acumulación primitiva de capitales.

El movimiento de liberación nacional más importante de la época fue el que libraron entonces los pueblos de Cuba y Puerto Rico, primero por su independencia de España y después contra el imperialismo norteamericano que sometió a Cuba y colonizó abiertamente a Puerto Rico. José Martí fue el líder y el ideólogo más notable de esas luchas, a tal grado que los dirigentes del Moncada, encabezados por Fidel Castro, lo reconocieron años más tarde como "el autor intelectual de la Revolución cubana". La obra de Martí —uno de los escritores más brillantes de la lengua castellana— quedó como un legado de la cultura anticolonialista y antimperialista. Su vida fue ejemplo de moral revolucionaria. Martí buscó todos los recursos intelectuales, políticos y militares a su alcance para lograr la liberación. El modo de pensar y actuar martiano se convirtió en parte de la cultura revolucionaria de Cuba y fue antecedente moral del socialismo isleño. En el ámbito más amplio de América Latina, Martí planteó a fondo un problema también moral a la pequeña burguesía revolucionaria latinoamericana, el de su compromiso intelectual y práctico con las luchas de liberación y con las luchas del pueblo.

1. Cuatro episodios de la primera etapa liberadora

De todas las luchas de los pueblos en esta etapa liberadora, la más conocida es la de Martí. Pero hay otras
también influyentes y actuales, aunque borradas de la
memoria oficial y relegadas a un recuerdo disperso.
Muchos episodios de la liberación se repitieron hasta
hoy, con naturales variantes. En la primera etapa de
luchas contra el imperialismo (1880-1905), ya se plantearon problemas y surgieron protagonistas que no eran
del todo distintos a los de etapas sucesivas. Su posición
social, sus herencias, sus experiencias fueron trasmitidas
de unos ambientes históricos a otros por una memoria
vaga que aplicó las soluciones habituales. Pocos episodios del pueblo merecieron la atención del historiador
o fueron invocados en análisis políticos que revelaran
puntos de comparación entre lo ocurrido y lo actual
para separar las experiencias de los hábitos. En general
los principales episodios de la primera etapa de la liberación no se vincularon a la historia sucesiva de las
masas de manera consciente y directa, como otros episodios más cercanos. Fueron a la vez imagen de una
historia que se repitió por hábito, sin recordar experiencias y sin confrontarlas en nuevos contextos con
distintos individuos y organizaciones, y recuerdos que
parecían corresponder a una época que nada tenía que
ver con las posteriores. El caso de Martí resultó excepcional, como lucha ideológica permanentemente puesta
al día en sus valores políticos y en sus experiencias
prácticas.

En los nuevos combates, rara vez las masas se supieron herederas de aquellos valores y experiencias. La
heterogeneidad extraordinaria de las luchas de liberación, el aislamiento en que se dieron unas de otras, la
pérdida de memoria escrita y consciente sobre las mismas, el surgimiento de organizaciones con distintos componentes e ideologías, forzosamente incidieron en el
carácter también heterogéneo, aislado, olvidado u os

curamente recordado de muchos episodios de la liberación. Y sin embargo éstos constituyeron una parte muy significativa de la realidad política que se repitió como hábito, como descubrimiento de lo descubierto, sin orgullo de luchas pasadas ni acumulación de experiencias. De ese modo se dio una historia cíclica, no acumulativa, paralela a la de etapas sucesivas y progresivas, o revolucionarias. Por ello los episodios sueltos de las luchas exigieron siempre ser recuperados, y sólo pudieron serlo cuando existieron las condiciones de una curiosidad revolucionaria deseosa de iluminar esa historia compleja, a la vez lineal, por etapas, y cíclica, por episodios.

Entre los episodios de la primera etapa de las luchas de liberación, cuatro parecen ser particularmente representativos de las grandes experiencias populares de entonces: las insurrecciones socialistas ocurridas en México de 1879 a 1883; el proyecto de un país independiente a que aspiró en Chile José Manuel Balmaceda de 1886 a 1891; la rebelión indígena dirigida en Bolivia por Zárate Willka, y la propia lucha revolucionaria de Martí. Otras historias, tal vez tan representativas como éstas, quedan aquí olvidadas.

2. Las "insurrecciones socialistas" en México· (1879-1883)

De 1879 a 1883, en una vasta zona conocida como la Huasteca y Sierra Gorda, en el centro y el noroeste de México, estallaron una serie de "insurrecciones socialistas". Esas insurrecciones fueron culminación de un vasto movimiento de resistencia contra los despojos de tierra que sufrieron los campesinos y las comunidades indígenas, desde que Porfirio Díaz se levantó en Tuxtepec e inició su larga dictadura.

En 1875 Porfirio Díaz inauguró toda una época de dominación de los latifundistas y el capital monopólico.

Encabezó un gobierno militar surgido del gran movimiento juarista contra la antigua oligarquía y contra el colonialismo francés. Su dictadura fue resultado del fracaso del proyecto liberal y democrático de Juárez, al que Díaz liquidó en alianza con los hacendados y las compañías extranjeras. Díaz inició un proceso de acumulación primitiva de capital, en que las grandes expropiaciones de tierras campesinas se combinaron con nuevas inversiones en ferrocarriles, minas, plantaciones y haciendas comerciales, origen de un desarrollo dependiente cuya brutalidad se quiso ocultar con el "avance de la civilización" y el establecimiento de un "orden" férreo hasta entonces desconocido. El fin de la "anarquía" y el nuevo "progreso nacional" se lograron a costa de las masas campesinas, de los artesanos, de los trabajadores y de todas las libertades políticas alcanzadas al triunfo de la República liberal, y aplicadas ya desde entonces en forma muy contradictoria. Ocho rebeliones militares, ocurridas de 1877 a 1880, y después otras tres que estallaron en 1889, 1890 y 1893, más una cauda constante de "bandidos sociales", rebeliones de indios y guerrillas que se extendieron hasta finales del siglo, junto con algunas huelgas en los inicios de la dictadura, fueron las respuestas de la población trabajadora, campesina e indígena, y el último recurso a que apelaron las fuerzas liberales que vieron frustradas sus esperanzas democráticas, o sus ambiciones. La derrota de los insurrectos constituyó la consolidación de un estado que sólo sería puesto en jaque al empezar el siglo xx.

La gran insurrección socialista de la Huasteca y Sierra Gorda empezó en San Luis Potosí en 1877.[2] Los indios, encabezados por dos líderes, un gobernador de su raza y un cura de pueblo, trataron de defenderse

[2] Leticia Mayola Reyna Aoyama, *Movimientos campesinos en México durante el siglo xix,* México, Escuela Nacional de Antropología e Historia, 1973, Gastón García Cantú, *El socialismo en el siglo xix en México,* México, ERA, 1969.

de la voracidad de los hacendados apelando a los recursos legales de que disponían, y de ahí pasaron a recuperar las tierras por la fuerza. El cura, Mauricio Zavala, acabó refugiándose en Xililitla, una zona montañosa, tras haber emprendido algunas acciones armadas; cinco años después reapareció, por cuenta propia, en la revolución socialista. El gobernador indio, de nombre Juan Santiago, todavía intentó resolver los problemas por la vía legal e incluso emprendió dos viajes a la ciudad de México para pedirle a Porfirio Díaz la devolución de las tierras. Al regreso del segundo viaje fingió un ardid que parecía imitar los de la clase gobernante. El indio Juan Santiago logró que un abogado le redactara un "Aviso público" supuestamente firmado por Porfirio Díaz en que el presidente de la República lo investía de los poderes necesários para recuperar las tierras. Con mal español y un notorio desdoblamiento de personalidad, el "Aviso" apócrifo hacía hablar unas veces a don Porfirio y otras a Juan Santiago, unas veces expresaba la razón de estado y otras la del pueblo. Decía el texto: "El Ciudadano Dn. Porfirio Díaz Presidente de los Estados Unidos Mexicanos, en uso de las facultades de que me hallo investido, tengo el honor [sic] de nombrar como en nombre [sic] de los Supremos Poderes de la Nación, le doy el nombramiento [sic] a Juan Santiago, nombrado por su pueblo Gobernador [sic] del pueblo de Tamazunchale, le encargo la comisión para que pase a su pueblo a arreglar los linderos que le pertenecen a San Juan Tamazunchale... así como doy orden a este ciudadano que llegue al punto que reconozca cómodo [sic] para que dé providencia de reunir su gente, que tiene de su parte, que es la indiada [sic] para que si se opone (el hacendado) a las disposiciones de esta providencia se da [sic] a respetar empuñando sus armas en mano, y hacerles la guerra [sic] si dieren lugar a ello los dueños que se dicen 'Dueños de Haciendas'..."

El 16 de julio Juan Santiago empezó a hacerse respetar por los hacendados y autoridades locales a nombre del presidente de la República y al efecto levantó más de ochocientos hombres: pero combinando de nuevo su espíritu político y rebelde les escribió a las autoridades locales para decirles que estaba dispuesto a hacer la paz "sin ceder en sus derechos". No hubo arreglo posible. Pronto llegó un general enviado por la Secretaría de Guerra a pacificar a los "bárbaros". Al enterarse de la fuerza y disposición conciliadora del jefe insurrecto, el general, llamado Ugalde, le propuso que firmaran un convenio de paz, al tiempo que hacía un gran despliegue militar. Juan Santiago explicó al general las razones de su rebeldía —que eran las de su pueblo—, y le hizo ver cómo habían buscado la "justicia" y las "luces" de los abogados, cómo habían gastado tiempo y dinero para recuperar sus propiedades y cómo en fin se habían levantado en armas sólo en último extremo. Juan Santiago puso particular empeño en mostrar que a su pueblo le asistía la justicia y que no se movía por capricho o por espíritu de rebeldía. "Es insufrible —decía— esa especie de esclavitud en que se nos tiene, ese desprecio con que se nos mira, sin que una vez siquiera se haya procurado nuestro mejoramiento... Reducidos a la condición de bestias de carga, no conocemos los beneficios de vivir en sociedad; no tenemos representante en el cuerpo municipal..." Juan Santiago defendió a su pueblo del falso cargo de "bárbaro", e incluso explicó la "barbarie" por el sometimiento en que se le tenía. "La clase que se titula de razón" —afirmaba— hace pesar sobre los indígenas toda suerte de "iniquidades". Y a pesar de todo, Juan Santiago ratificó su disposición de hacer la paz e incluso concertó una cita para el convenio de paz. También dio nuevas pruebas de sagacidad. El día de la firma no asistió a la cita. Y cuando le exigieron a sus representantes que entregaran las armas del pueblo, devolvió veinticuatro carabinas viejas, "palomeras e inútiles". El acuerdo parecía imposible. La traición estaba detrás de cualquier apariencia de garantía. Santiago continuó "en estado de desobediencia". La rebelión se extendió a la Huasteca veracruzana, mientras los ánimos se exacerbaban y los indios empezaban a gritar: "Muerte a todo el de pantalón", traje que sólo usaban entonces los mestizos y blancos, y que en México ya era símbolo de hombría, prohibido a los indios. Otro protagonista de la múltiple insurrección fue el general Miguel Negrete. El general Negrete había luchado bajo las más distintas banderas de la inconformidad. Desde 1855 se fue a la Revolución de Ayutla con los liberales. Más tarde estuvo en su contra, a consecuencias de las graves contradicciones en que incurrieron. Y nuevamente combatió en sus filas bajo el mando del presidente Juárez, hasta alcanzar con éste el cargo de ministro de Guerra durante la intervención francesa. No paró ahí el general Negrete. Cuando Juárez se reeligió, él fue uno de los rebeldes, y cuando Lerdo de Tejada simuló un acto electoral para reelegirse también, de nuevo se levantó en armas, esta vez al lado de Porfirio Díaz. El 1 de junio de 1879, Negrete se rebeló contra Díaz. No había en ello ningún capricho. Díaz se había puesto en manos de "una camarilla corrompida" y había iniciado "el remedo de una antigua tiranía". Como presidente "ya no tenía amigos sino cómplices". Su gobierno se hallaba "desprestigiado en el extranjero", con "un pueblo hambriento en el interior". Y a ese pueblo lo cargaba de "contribuciones cada vez mayores", mientras sobre las fábricas hacía pesar "nuevos gravámenes", que "causarían la ruina de la industria nacional y la miseria de las clases populares". En su "Manifiesto a la nación" decía el general Negrete: "Seguiré siendo revolucionario mientras la República no descanse sobre las bases imperecederas del pueblo y la libertad." Y ahí mismo afirmaba que él haría "la última de las revoluciones" e impondría "la voluntad nacional".

La insurrección indígena y agraria de Juan Santia-

go, la justiciera del cura Mauricio Zavala y la liberal
del general Negrete tal vez se habrían perdido entre
tantas otras que surgieron entonces si no hubiese sido
porque los tres líderes y sus gentes se fueron acercando
a una cuarta rebelión cuyo signo era socialista, y que
dio nuevo y profundo contenido a la movilización de
indios, campesinos y soldados.

En efecto, el 1 de junio de 1879 —un mes antes del levantamiento de Juan Santiago y el mismo
día del de Miguel Negrete— se levantaron en armas 1 300
campesinos de los pueblos de Querétaro y Guanajuato
postulando un programa socialista conocido como el
"Plan de la Barranca". Y no terminó el mes de junio
sin que el general Negrete se uniera a los socialistas,
en un acto culminante de su vieja carrera revolucionaria iniciada en Ayutla. Las nuevas fuerzas se hallaban encabezadas por un "Directorio Socialista" formado
por catorce miembros, de cuya cabal identidad no se
tiene hasta ahora noticia y cuya filiación se encuentra
en una revolución de signo parecido ocurrida diez años
antes, y en un movimiento político que había derivado
el año anterior en la fundación del Partido Socialista
Mexicano, primero de América Latina.

Desde mediados del siglo xix y, sobre todo, desde
fines del imperio de Maximiliano, la ebullición de las
ideas y acciones socialistas en México había sido enorme. La primera revolución socialista de América Latina ocurrió en 1869 en el estado de México —próximo
a la capital de la República—, y se extendió a More-
los, Veracruz e Hidalgo, futura zona de operaciones de
Emiliano Zapata. Muchos de los dirigentes y activistas
de la revolución del 69 siguieron difundiendo sus ideas
entre los campesinos y organizando a los trabajadores
de los obrajes, las manufacturas y las artesanías. Algunos de ellos, o sus discípulos, participaron en la insurrección del 79.

El movimiento socialista mexicano de fines del siglo xix se había caracterizado desde un principio por

un socialismo "proudhoniano" y agrarista y por sostener una posición nacionalista y anticolonialista muy rara en el socialismo de entonces, que en México apareció por las frecuentes y dolorosas experiencias de lucha contra norteamericanos y franceses.

En el movimiento del 69 habían destacado dos alas, una partidaria de las luchas políticas y sindicales y otra de la insurrección armada. El debate continuó hasta la fundación del Partido Socialista Mexicano (1878), partidario de la lucha pacífica, a la que se opuso, entre otros, el veterano de la primera revolución Francisco Zalacosta, convencido de "que sólo el levantamiento armado podría evitar el sometimiento definitivo de los obreros y los campesinos".

Los autores del "Plan de la Barranca" venían de esa cepa socialista y participaban en la polémica con las armas en la mano. En los considerandos de su plan revolucionario denunciaron a los gobiernos constituidos, favorables a los hacendados y a la industria extranjera, causas reales de la esclavitud del pueblo mexicano, de los despojos de tierras a los indígenas, de la pobreza de los jornaleros y de los sufrimientos de los proletarios. "En nombre de Dios y del pueblo mexicano", los insurrectos desconocieron a todo gobierno que no fuese "municipal o socialista" y se abocaron a la integración de "falanges populares", base de un futuro "ejército socialista" y de un "gobierno socialista" que implantarían una vez ocupada la capital de la República. Los autores del "Plan de la Barranca" se proponían para entonces convocar a una elección definitiva del gobierno, y mientras tanto postulaban la necesidad de establecer en las poblaciones y capitales que fueran ocupando "las respectivas autoridades municipales, elegidas por el pueblo y sistemadas por el socialismo así como escuelas, hospitales, etc.". Además, en cada capital ocupada formarían de acuerdo con el plan "un congreso agrario para que éste devolviera a los indígenas los terrenos que les habían usurpado".

Los autores del "Plan de la Barranca" llegaron a tener una idea bastante clara del estado que pretendían construir y de las alianzas que buscaban. El artículo decimotercero decía: "Todos los obreros, industriales, labradores, mineros y demás hombres de trabajo que secunden este plan serán considerados en el ejército o 'falanges populares' como soldados distinguidos de ellas, y al triunfo definitivo de la causa, serán acreedores legítimos al premio que la humanidad y la patria tiene designado para sus más fieles servidores."

El "Plan de la Barranca" constituyó una de las expresiones más avanzadas de los movimientos de liberación nacional en América Latina. Correspondió a un socialismo que se hallaba en el deslumbrar de ideas y al que fundamentalmente le faltaba la fortaleza teórica y la clase obrera.

El 15 de julio de 1879 estalló un nuevo foco revolucionario, organizado también por el "Directorio Socialista", con un plan más preciso en lo que se refiere a la reforma agraria y a la estructuración del gobierno de una llamada república democrática social. El nuevo plan —complementario del anterior— fue firmado por Diego Hernández, presidente del Directorio, y por Luis Luna, primer secretario. En él se designó a Antonio Julián como "capitán del ejército del pueblo". Este segundo documento era también anticolonialista, antimperialista, y parecía proponerse como metas la reforma de la propiedad agrícola y el establecimiento de la democracia popular y social que conduciría al socialismo. El plan encerraba la lógica de la "transición", lógica aún elemental y primaria, pero particularmente rica; todavía utópica, pero ya inscrita en ese tipo de reflexiones.

Los autores del "Plan de Sierra Gorda" explicaron cómo, desde la conquista española hasta las recientes leyes de desamortización y repartimiento de terrenos comunes, se había creado un tipo de propiedad que era el fundamento de una sociedad y un poder injustos,

con permanentes atentados contra la "libertad humana". Las usurpaciones coloniales y neocoloniales habían
reducido a la nación a la "esclavitud" y a la "servidumbre", y habían creado una "masa de proletarios"
y de "hombres dispersos" en los desiertos que "gemían
bajo la opresión tiránica de las haciendas" o "vivían
en estado salvaje por falta de propiedad y de organización social".

El plan proponía un socialismo que convirtiera a todos los trabajadores en pequeños propietarios y estableciera un estado de pequeños propietarios-trabajadores. El que las revoluciones iniciadas en México, medio
siglo antes, no hubieran liquidado el monopolio del suelo había impedido alcanzar "la libertad y el progreso",
a pesar de "todos los sistemas políticos y de todos los
hombres públicos". En vista de ello era necesario imponer una nueva ley agraria, declarar que todo el territorio pertenece a la nación, eliminar el régimen de las
haciendas, entregar las tierras a sus habitantes y a
los pueblos vecinos en forma de pequeñas propiedades
y de propiedades comunales, dejando que los hacendados conservaran "sus casas de campo, sus fábricas,
sus minas, sus ganados y todas sus fincas urbanas". En
líneas generales, ese mismo plan sería postulado y aplicado en México más de treinta años después, con una
percepción de la gran propiedad agrícola como mal
que dejaba fuera a la propiedad industrial y al capital
financiero, creyendo que una sociedad de pequeños propietarios y ejidatarios podría establecer la democracia
social, y el socialismo, con los industriales, los casatenientes y los banqueros.

En el plan, la reforma política se proponía acabar
con los "jefes políticos", con los "agentes municipales",
con los "supremos tribunales de justicia" y con otros
instrumentos del poder central. Buscaba que todos los
pueblos se organizaran y armaran militarmente y eligieran a las autoridades con absoluta independencia, en
elecciones directas de consejos e indirectas de presiden-

tes, regidores y policías. Las elecciones se celebrarían en asambleas públicas. El escrutinio sería secreto. Los elegidos durarían en su encargo un año, pudiendo ser reelegidos. El gobierno de la República se formaría por escala. El presidente se elegiría entre los gobernadores; los gobernadores, entre los presidentes de municipio, y así hasta llegar a los presidentes de los pueblos, elegibles entre los jefes de familia. Era un proyecto que exploraba las bases del poder popular y se planteaba el problema del estado. Sus limitaciones parecían ser las de la ley agraria.

La guerra duró cuatro años, con caudillos y jefes más o menos relacionados entre sí de cuyas acciones se desconoce casi toda la historia. En enero de 1881 apareció en la Huasteca potosina un nuevo grupo rebelde, encabezado por un jefe socialista llamado Patricio Rueda, quien luchó como tantos otros por establecer la "república democrática social". En diciembre de ese mismo año reapareció Juan Santiago, atacando Tamazunchale al grito socialista de "gobierno municipal y ley agraria". En 1882 nuevamente se volvió a hablar del cura Mauricio Zavala, alzado en Ciudad del Maíz. Para esas fechas Zavala ya gozaba de fama de "visionario", era generalmente reconocido por sus actividades "educadoras y sociales", y los propietarios lo habían denunciado al obispo como "peligroso agitador". A principios de 1883, según el "Plan del cura Zavala", con la ley agraria se proclamó "la comuna" en Ciudad del Maíz. En mayo se levantó Albino Hernández en Arroyo Seco y allí "proclamó el comunismo" según un parte militar. Durante todos esos años las tropas federales estuvieron muy ocupadas luchando contra las "insurrecciones socialistas", sin que se sepa hasta ahora cómo fueron vencidas.

Treinta años antes, en esos mismos lugares de Sierra Gorda, exactamente en Río Verde, había estallado una rebelión a la que el presidente Anastasio Bustamante calificó de "comunista" al ver que proponía algunas reformas "audaces" y la "sustitución del ejército por la guardia nacional". Veinte años después, también en el estado de San Luis, esa vez en la capital, empezaron los prolegómenos de la Revolución mexicana. Para entonces los espíritus rebeldes ya habrían olvidado las ideas socialistas. El auge del anarquismo y la ferocidad de la dictadura habían disuelto el original proyecto socialista. El nuevo proceso de liberación comenzó enarbolando una serie de ideas que, lejos de profundizar en las anteriores sobre la sociedad y el estado, empezó sin ellas, a partir de posiciones liberales y anarquistas. Quedaron ciertas tradiciones rebeldes. Se perdió la memoria consciente, intelectual y política.

La revolución socialista de 1879-83, con todas sus flaquezas, fue un notable episodio en las luchas de liberación latinoamericanas: planteó el problema nacional frente al colonialismo y el neocolonialismo; el derecho de la nación a la propiedad de la tierra y la necesidad de una república socialista y una democracia social, defendidas y elegidas por los pueblos armados.

Una historia muy distinta de la anterior fue la de José Balmaceda, que actuó en el extremo opuesto de América y a partir de otras posiciones ideológicas y de clase.

3. Balmaceda

De 1886 a 1891 ocurrió en Chile el proyecto de construcción nacional independiente más avanzado de la época. Durante esos años fue presidente de la República José Manuel Balmaceda, hombre de ideología liberal, hijo de un rico hacendado y miembro de la "aristocracia castellano-vasca", integrante de la vieja oligarquía. Al llegar Balmaceda a la primera magistratura de Chile tenía una gran experiencia política. Había sido agricultor, periodista, diplomático, parlamentario y ministro del presidente Santa María, en cuyo régimen dio fin la guerra del Pacífico, se "pacificó" la Araucania, se dictaron las leyes de laicización y ocurrió, en suma, un proceso de expansión territorial y acumulación de capitales característico del desarrollo de la burguesía y el imperialismo en esa época. Balmaceda era un hombre de la clase gobernante, acostumbrado al mando y al prestigio de los liberales en ascenso, y si su nombre se inscribe en las luchas de liberación nacional es porque "puso en práctica una política creadora en el más alto grado que —a decir de Hernán Ramírez Necochea— puede ser calificada como una política realmente revolucionaria".[3] Las contradicciones insalvables, propias de su clase y su tiempo, se expresaron sin embargo a lo largo de su vida política y hasta su muerte dramática. El objetivo principal de Balmaceda consistió en "asegurar para Chile las posibilidades de un desarrollo capitalista independiente" con un vasto programa destinado a sentar las bases de la industrialización nacional. En el orden político, Balmaceda se propuso ampliar la democracia representativa. Durante su gobierno estableció el sufragio universal y cuidó que los actos electorales representaran de algún modo el sentir del pueblo. Igualmente intentó una reforma constitucional que diera fin al predominio del Parlamento oligárquico sobre el Poder Ejecutivo.

El proyecto de Balmaceda se enfrentó a los intereses del imperialismo inglés, que ejercía en Chile el monopolio del salitre —principal producto entonces de exportación. El proyecto despertó igualmente la inquina de los hacendados, a los que hacía perder sus "inquilinos" o trabajadores forzados, por el incremento de las obras públicas y de la mano de obra asalariada. Los capitalistas ingleses se enfurecieron cuando el jefe del estado propuso que el salitre "fuera también de

[3] Hernán Ramírez Necochea, *Balmaceda y la contrarrevolución de 1881*, Santiago de Chile, Editorial Universitaria, 1959, p. 164.

los chilenos"; y los latifundistas entraron en pánico
con la emigración de los siervos en busca de contratos;
a la imposibilidad de seguirlos explotando el gobierno
añadía un mal precedente. "Para la mayoría de los latifundistas, pagar a los trabajadores era como pagar a
los caballos." [4] Todas las clases gobernantes juzgaron
que la ampliación de los derechos electorales era una
insensatez, y vieron como escandaloso y demagógico el
intento de aplicarlos efectivamente. La "fronda" chilena, que había hecho del Parlamento el órgano de poder
real del imperialismo y los latifundistas, sintió amena-
zada su dictadura de clase y acusó al primer magistrado
de autoritario y enemigo de la democracia. Imperialistas y latifundistas concertaron la caída del presidente,
en un plan a la vez elaborado de reacciones naturales
y de proyectos convenidos.

Las medidas y presiones contra el gobierno de Balmaceda ocurrieron en todos los terrenos y en formas
coincidentes y repetidas. En el Parlamento "la oposición hizo gala de una descortesía y prepotencia sin pre-
cedentes". Obligó al jefe de estado a organizar tres
veces su gabinete y a hacer tres reajustes parciales del
mismo. Bloqueó y anuló la candidatura de su sucesor,
un hombre que aseguraba la continuidad de la política
presidencial. Impuso nuevas exigencias legales al Ejecutivo por las que quiso privarlo del derecho a nombrar y remover ministros. Organizó comités y subcomités
de conjurados. Acordó severos recortes al presupuesto de obras públicas y llegó a rechazar la aprobación
del presupuesto nacional. Estableció compromisos legales del Congreso para el financiamiento de los insubordinados, asegurando a los banqueros la restitución ju-
gosa de los fondos. Contó con contribuciones de muchas
firmas inglesas, entre otras las de J.T.N. (John Thomas
North) que alcanzó la suma de 100 000 libras esterli-

---

[4] Ranquil, *Capítulos de la historia de Chile*, Santiago de
Chile, Quimantú, 1972, p. 103.

nas. Recibió información de los servicios británicos de inteligencia. Tuvo el apoyo logístico de barcos de guerra del gobierno inglés, presentes a lo largo de la costa chilena durante la conflagración. Movilizó al clero tradicionalista, a los partidos tradicionales y sus clientelas. Levantó una formidable campaña de rumores apoyada por la prensa local e inglesa. Esta última se refirió al presidente chileno como a "un tirano de la peor especie", autor de "verdaderas carnicerías".

Entre la vieja reacción, la oposición enarboló la bandera de la "grandeza y nobleza de la causa". Entre los estudiantes hizo una campaña distinta: azuzó a la juventud universitaria para que reclamara "la libertad de Chile", un gobierno descentralizado y "un mayor grado de democracia". Y en medio de todas esas luchas, la oposición hizo negocios con la devaluación de la moneda y el aumento incontenible de los precios de los artículos de consumo popular. Así, colocó al presidente en una posición insalvable: o éste perdía autoridad por falta de energía frente a los amotinados de la "fronda", los estudiantes trastornadores y los obreros en huelga —todas las clases juntas en su contra—, o perdía autoridad por enfrentarlos con el uso de la fuerza institucional y de clase. Balmaceda fue cayendo en la trampa de un gobierno terrible, autoritario y antipopular del que inútilmente pretendió escapar. Clausuró la Universidad y los liceos, así como los clubes y centros políticos. Llenó las cárceles de enemigos del régimen. Los diarios antigobiernistas cerraron sus puertas. Las Cortes llegaron a ser suspendidas y sustituidas por tribunales militares.

Balmaceda hizo uso de los aparatos de un estado cuyo poder más profundo estaba en contra suya. Si titubeó para enfrentar a los trabajadores en huelga, y buscó todos los medios de conciliación a su alcance, al fin envió las tropas requeridas por los patrones y éstas descargaron su fusilería sobre los huelguistas. El presidente se quedó en su clase, solo, y no pudo salir de ella.

Sólo faltaba la redefinición del estado. Los conservadores y los radicales criticaron al mandatario "por su demora en actuar". Los obreros, que habían confiado en él y esperado de él, se le apartaron y le negaron su apoyo en la guerra civil que se avecinaba. Contra ellos no sólo había obrado Balmaceda, sino el gobierno de que formaba parte: la idea de que el presidente podía superar a sus segundas y terceras manos, y su propia condición de clase por virtudes personales, se estrelló ante la realidad. A fin de cuentas era como ellos o no pudo ser distinto de ellos.

Durante el gobierno de Balmaceda los funcionarios mayores y menores, civiles y militares generalmente actuaron frente al pueblo como siempre habían actuado. En actos autómatas y reflejos, ideólogos y administradores, políticos y policías tomaron determinaciones antidemocráticas, antipopulares y, sobre todo, antiobreras. El ejército descargó sus fusiles contra los trabajadores de La Palma "para restablecer el orden". ¿Y si Balmaceda no lo quiso, qué importaba? Ocurrió bajo su gobierno. El ejército también disparó contra los huelguistas de la Compañía Sudamericana de Vapores y contra los lancheros de Valparaíso, solidarios de aquéllos: sus movimientos, mecánicos e inhumanos, fueron los de siempre. En Santiago, la policía hizo fuego sobre unos desempleados hambrientos que robaban pan en las panaderías y chocó repetidas veces con las manifestaciones de estudiantes. En Iquique, el jefe de guarnición ordenó un "baleo" contra los trabajadores que pretendían poner fin a la escasez y carestía de los víveres.

Balmaceda terminó siendo derrocado tras una revuelta militar encabezada por la marina, el arma más reaccionaria y proimperialista del ejército. Había tratado de ser consecuente con su "discurso-programa" de 1886, de acuerdo con el cual era preciso propender a una mejor remuneración de los trabajadores. En 1890, durante las huelgas de Tarapacá y Antofagasta se había abstenido de disponer medidas "protectoras del or-

den, de la vida y de la propiedad" solicitadas por los
salitreros del norte.[5] Pero al fin toda su política se había resquebrajado y él mismo había cedido. Su discurso
estaba disuelto, su poder decaído, su ideal desvanecido.
En 1892 Balmaceda abdicó con el amargo conven-
cimiento de la inutilidad de proseguir la lucha. El
proyecto de una nación más independiente, más democrática y más desarrollada se perdió en la contienda
política y económica y en el campo de batalla. Sin la
menor posibilidad de mantenerse en el combate al lado
de los trabajadores, y con el odio recíproco de los imperialistas y los patrones, Balmaceda llegó a encontrarse en un vacío social con nadie y sin nadie, sin "la
rotada" ni "los futres", sin el pueblo ni la oligarquía.
En esas condiciones Balmaceda intentó el exilio. Buscó
asilo en una embajada. Y ahí descubrió que el exilio
también carecía de sentido. La mañana del 19 de septiembre de 1892 puso fin a sus días.

El gobierno de la oligarquía restauró de inmediato el
viejo orden de cosas. Disminuyó las inversiones en obras
públicas; realizó numerosas enajenaciones de "salitre-
ras fiscales" fortaleciendo el monopolio de los ingleses;
permitió a bancos y empresas obtener pingües ganan-
cias; se abstuvo de favorecer el desarrollo industrial;
suprimió el impulso a la educación pública, y atendió
servilmente las demandas del Partido Conservador, los
latifundistas y el imperialismo inglés.

Entre 1886 y 1891, las clases gobernantes aplicaron
en Chile una política que usarían con frecuencia después: hicieron que las fuerzas progresistas se encarga-
ran de enfrentar al pueblo, para dejarlas en ridículo
primero y destruirlas después.

---

[5] Ramírez Necochea, *Balmaceda...*, *op. cit.*, pp. 214-215.

4. Willka

La rebelión del "temible Willka" ocurrió en Bolivia .el último año del siglo. Constituyó la rebelión indígena de mayores proporciones de su tiempo. Los gobiernos conservadores, apoyados en la oligarquía minera y gomera y en el imperialismo inglés, habían arrebatado sus ayllús o tierras comunales a los indios, en forma sistemática, como parte de un proceso de acumulación original de capital y reclutamiento de fuerza de trabajo, cuyos antecedentes se remontan en Bolivia a la época del gobierno de Melgarejo y se acentúan en los años de 1874 y 1895 con motivo de las llamadas "leyes de ex vinculación", que significaron nuevos y aún mayores despojos. A lo largo de todo ese período, iniciado allí en 1864, los gobiernos conservadores en el poder se enfrentaron a numerosas rebeliones indígenas, una de las cuales contribuyó a la caída del propio Melgarejo, mientras otras se desencadenaron en forma creciente tras las usurpaciones de 1895.

La población indígena no sólo sufrió de incontables despojos y represiones a consecuencia de la expansión imperialista, sino también por las graves crisis económicas que sufrió Bolivia con la caída del precio de sus productos de exportación en el mercado mundial —como ocurrió con la plata en 1871—, con el aumento de la competencia en otros productos —como con la goma, producida a menor costo en el Indostán— y con la pérdida de tierras y recursos tras la guerra del Pacífico (1879), en que Chile le arrebató su zona litoral. Las clases gobernantes bolivianas hicieron pagar todos los costos de la acumulación y de la crisis a una población indígena muy amplia, que llegó a encontrarse en el máximo estado de desesperación y cuyos diversos intentos de resistencia fueron reprimidos brutalmente por las fuerzas militares.

Durante ese mismo período se desarrolló otra lucha más entre los "liberales" y los "conservadores". Esa lu-

cha culminó a fines de 1898 y principios de 1899 en
una guerra civil llamada revolución federal. Los liberales representaban a las fuerzas incipientes de una pequeña burguesía provinciana y raquítica, dominada en
gran parte por los propios valores de la oligarquía y
celosa de ella. Sin grandeza alguna, los liberales bolivianos de entonces decidieron apoyarse en el naciente
imperialismo norteamericano, y en el malestar popular,
para arrebatar su puesto a los conservadores. El desarrollo de los ferrocarriles, bancos y minas había au-
mentado el número de sus miembros así como sus posibilidades políticas, hasta el punto de llevarlos a la
rebelión, pero más con el propósito de aliarse al capital
norteamericano que al pueblo sometido y expoliado.
Para la mayoría de los dirigentes liberales la sola idea
de aliarse con el pueblo era inaceptable, dada su mentalidad racista y su propia cultura oligárquica. Los dirigentes liberales tampoco pensaron seriamente en una
restitución de tierras, ni podrían pensar en ello dada su
política de alianzas con el imperialismo emergente. Al
llamar a los indios en su apoyo, lo hicieron por mero
oportunismo, y con la ambigüedad necesaria para negar todo compromiso a la primera oportunidad y rechazar toda medida favorable a los indios desde el momento mismo en que se apoderan del gobierno.

Los caudillos liberales —encabezados por el general
José Manuel Pando— llamaron a los indios en su apoyo, en vista de que no les llegaban de Perú los pertre-
chos que esperaban para enfrentar al gobierno conservador. Los indios respondieron al llamado, apoyándolos
a lo largo y lo ancho de las grandes altiplanicies del
norte, donde alcanzaron a ocupar la propia ciudad de
Oruro. De inmediato, los conservadores acusaron a los
caudillos liberales de haber recurrido "al terrible y de-
testable extremo de sublevar a la raza indígena". Los
liberales se defendieron del "vergonzoso" cargo, procurando ocultar cuanto pudieron sus tratos "inconfesables"
con la "indiada". Ellos mismos tenían grandes reservas

políticas del paso que habían dado. En cuanto llegaron las armas del Perú hicieron todo lo posible para evitar que el levantamiento indígena se extendiera a "zonas donde no era necesario", e incluso en ciertos momentos trataron de convencer a "la clase indígena" que regresara "a sus hogares y a la labor de sus tierras".

La Junta Revolucionaria Liberal delimitó la circunscripción del levantamiento indígena —Omassuyos, Pacajes, Sicasica, Inquisivi— y puso a las cuatro provincias bajo la responsabilidad de un solo jefe, al que de una manera también vaga y de la cual no queda constancia, pareció ofrecerle la "restitución" de tierras comunales y su participación en el futuro gobierno. Así pretendió la Junta controlar a las huestes indígenas a través de un jefe que era su líder natural y con quien aparentó entrar en alianzas secretas, que siempre negó ante los conservadores y que después repudió ante los indios.

El jefe indígena se llamaba Pablo Zárate Willka, nombre el último de origen aymara, usado por los principales caudillos de las rebeliones campesinas. De su vida anterior a 1899 se sabe poco. Nació en una estancia llamada Imilla-Imilla, en la región de Sicasica, escenario, durante el siglo xix, de numerosas rebeliones campesinas. Parece haber sido comunero y haber aprendido español desde niño. Cuando apareció en la guerra civil se ostentó como general de división y comandante en jefe del ejército indígena. En su atuendo exterior, según dicen los cronistas, usaba "signos de magestad", lo cual fue, para muchos, indicio de sus malas intenciones.

En el breve trascurso de la guerra, los indios mostraron una agresividad creciente. A pesar de contar con poquísimas armas de fuego y disponer sólo de cuchillos, lazos, lanzas y otras armas muy elementales, desataron grandes ofensivas contra los conservadores. El enfrentamiento fue incontenible. Los propios conservadores atizaron el fuego, movidos por las necesidades de la guerra y por sus hábitos inveterados de asaltantes y mandones. Buscaron al indio a fin de robarle ganado y forrajes, imponerle tributos y autoridades, y hacerlo objeto de vejaciones. Lejos de amilanarse, los indios respondieron cada vez con más vigor, hasta desarrollar las técnicas de una guerra total. Usaron la "guerra de recursos", la "privación de bastimientos", la "negación absoluta de socorros". Provocaron inundaciones. Dejaron rodar galgas. Consumaron asaltos por sorpresa. Atacaron patrullas desprendidas. Derribaron de sus cabalgaduras a los jóvenes reclutas. Seleccionaron a sus víctimas y atacaron flancos débiles. Se alejaron de los cuerpos mejor entrenados. Realizaron movimientos envolventes. Practicaron la guerra sin descanso y la guerra moral, persiguiendo al enemigo hasta la extenuación y el quebranto.

"La sublevación indígena cundió a impulsos de la rebelión civil y ésta se propagó merced a ella. Una y otra se estimularon recíprocamente".[6] Los liberales se inquietaron y animaron con la acometida indígena. Sus temores racistas se veían compensados por eficaces e inesperados auxilios. Cuando en los valles levantados surgían los montoneros indios y formaban en su torno una muralla humana, protectora, los liberales no podían menos de sentirlos extrañamente suyos. Los conservadores miraron siempre con horror los desbordes de la "indiada tumultuosa" y libraron batallas contra formaciones que provocaban en ellos un furioso pánico, como aquella en que 1 500 "blancos" marchaban en su contra al lado de 30 000 "bárbaros".

Los conservadores no tuvieron sentimientos contrarios. Los liberales en cambio manifestaron cada vez más sus preocupaciones: si la indiada había sido extraordinariamente útil a la causa liberal, cada vez pa-

[6] Ramiro Condarco Morales, *Zárate el temible Willka. Historia de rebelión indígena de 1899*, La Paz, Ed. Los Amigos del Libro, 1969, p. 174.

recía más amenazadora, más independiente, más autónoma. Con la prolongación de la guerra y su creciente movilización, los indios parecían buscar el poder necesario para luchar contra el "blanco" y recuperar sus tierras. En su mente —al menos así lo llegaron a ver sus traicioneros aliados— prendía la idea de prepararse para asestar un golpe a las fuerzas victoriosas y quedarse solos con toda la tierra boliviana. Los liberales temieron y exageraron el designio y, de manera ladina, se propusieron hacer lo que atribuían a los indios, adelantándose a ellos cuando llegara el momento oportuno. El esbozo de una especie de poder indio empezó a estructurarse efectivamente. Los jefes de las montoneras y los jefes provinciales organizaron un comando de caudillos de la rebelión indígena, confederados bajo el mando de Zárate Willka. El liderazgo innegable de éste y las acciones incontenibles del pueblo expresaron la posibilidad y la amenaza de una lucha distinta. No se sabe cuáles fueron las contradicciones de Willka ni si realmente agitó a los campesinos contra sus "aliados" o éstos se imaginaron que lo hacía al ver cómo organizaba a los campesinos y aumentaba sus fuerzas. El caso es que algunos indios empezaron a negarle obediencia a los jefes liberales afirmando que sólo acataban las órdenes de Willka y "nada tenían que ver con Pando y Alonso". Empezaron a surgir nuevas categorías de lucha. Los "blancos" descubrieron en el indio el odio al blanco, sin distinción de ideología: "Mi cura —cuenta un cronista que gritó un liberal—, estamos perdidos. La indiada se ha alzado. La guerra no es de partidos sino de razas. Hemos vivado a Pando y la Federación, y nos han contestado: ¡Viva Willka!"

En la conciencia de todos se anunció otra guerra. Cierto día —un 28 de febrero de 1899— los indios inmolaron a 120 soldados liberales en un poblado llamado Mohosa. Al principio —como si fuera confusión o burla— los acusaron de conservadores, mientras los cautivos aterrorizados proclamaban una y otra vez su

credo liberal. Después, los indios les dijeron que si de
veras eran liberales, en prueba de confianza, les entregaran sus armas. Y así, sucesivamente los intimidaron
y calmaron. Al fin, viendo los liberales la inutilidad
de librar una batalla contra un número infinitamente
superior al suyo, juzgaron un riesgo menor entregar las
armas para ver si se salvaban. Ya prisioneros, fueron
llevados al atrio de una iglesia, y estaban allí esperando
el veredicto cuando el pueblo se desbordó de pronto
y empezó la matanza. El hecho resonó en toda Bolivia y a él se añadieron muchos otros de parecida violencia. Soldados, hacendados, familias enteras fueron
cayendo, a manos de los indios. La campaña de exterminio —anárquica, natural, espontánea— comprendió
a blancos y mestizos y en general a todos los hombres
"vestidos de pantalón", símbolo de la opresión colonialista. El instintivo movimiento se extendió por la puna,
principalmente en las comarcas de Caquena, Pocusa,
Munuhueta.

El general Pando, jefe del ejército liberal, midió
fríamente el significado de los hechos. No creyó que
Willka se hubiera rebelado. Pensó que algunas turbas
habían explotado en el odio secular a los conquistadores. Pero agitó el miedo de otros, más "blancos" que
él. De inmediato le escribió al presidente de la República pidiéndole que dimitiera a fin de "poner término
honroso a la guerra civil": "Para nadie son descono-
cidos los males que está produciendo la actual guerra
intestina" —le dijo en su carta—: "a ellos puede agre-
garse, como inevitables, los de la guerra de razas que
ya sobreviene por impulso propio de la raza indígena."
El presidente rechazó la solicitud con soberbia y Pando lo responsabilizó en nueva misiva. "¡Se hundirá
Bolivia!", dijo, y continuó una guerra en la que estaba
seguro de sus fuerzas, convencido del carácter espontáneo de las agitaciones indias que habían dañado a los
liberales blancos, y decidido a asegurarse la lealtad de

Willka, mientras lo controlaba fortaleciendo a un jefe
indio de Umala, celoso de su hermano de raza.
Por su parte Willka se afianzó en sus dominios. Exigió a naturales y blancos acatamiento y respeto. Obligó
a los blancos a vestirse de bayeta y rendirle pleitesía.
Y sometió a los indios a una disciplina que en nada
contuvo los levantamientos y cercos contra las propiedades y los poblados de los blancos. El movimiento
indígena adquirió nuevas características, sociales y políticas, sin que se sepa a ciencia cierta cuáles hechos
obedecieron a la iniciativa de Willka y cuáles a la iniciativa del pueblo. El caso es que ocurrieron levantamientos y cercos contra los poblados blancos, donde los
indios establecieron sus propios gobiernos, declararon
del "dominio común" propiedades rústicas, y se dieron
a asesinatos, incendios y saqueos de los antiguos usur-
padores. La insurgencia se extendió al sur de Bolivia,
por Hurmuri, Huancani y Peñas, donde los hechos culminaron el 13 de abril de 1899 con la proclamación de
una república indígena.

El gobierno conservador se dio por vencido y Pando
hizo algunas concesiones para llegar a un más pronto
acuerdo. Al triunfo liberal, los indios continuaron ase-
diando villorrios y destruyendo haciendas como si vieran en el derrocamiento del gobierno conservador tan
sólo el inicio de una nueva y verdadera batalla por la
recuperación de sus tierras. Ni Willka ni Pando pudieron detener la inmensa marea social en ascenso; pero
éste —con los suyos— se decidió a cortar por lo sano.

El flamante gobierno liberal hizo correr el rumor de
que los indios planeaban tomar las ciudades de Oruro
y La Paz para establecer allí su propia república. De
ese modo buscó justificar la represión que tramaba contra sus antiguos aliados, descabezar al movimiento indígena, acallar las demandas de tierras y seguir sometiendo y explotando a los indios, mediante nuevos
acuerdos con el imperialismo inglés, el norteamericano,
los antiguos propietarios y los advenedizos.

Un día, en forma que no registra la historia, tal vez
por sorpresa —en distintos lugares y al mismo tiempo— los liberales aprehendieron a los principales jefes
indígenas, incluido Willka. Después obraron con mano
de hierro contra los prisioneros, mientras su prensa se
ensañaba en La Paz exigiendo escarmiento "para reprimir los abusos y pretensiones de esa raza".

Willka fue sometido a juicio. Se le acusó de las ma-
tanzas y saqueos de Mohosa, Peñas, Hurmuri y Huancani, y de haber levantado "la bandera de exterminio
y destrucción contra los propietarios". Durante el juicio, el caudillo indio negó los cargos. Hizo ver que después de lo ocurrido en Mohosa, él había sido uno de
los principales auxiliares del ejército liberal, y que jamás había estado en Peñas, Hurmuri, ni Huancani, menos durante los hechos ocurridos en esos lugares cuando
él se encontraba a muchas leguas de distancia luchando al frente del ejército liberal. "Puede que haya muerto y esto hubiera estado mejor, considerando —dijo—
la prisión y juicios que se me siguen por haber servido
al país hasta el sacrificio." Y añadió: "No soy letrado
para pregonar con todos los tonos de la banagloria [sic]
los positivos servicios que he hecho para el triunfo
de las instituciones republicanas, en la patria boliviana." [7] En su apoyo hablaron varios testigos, inclusive
los que se suponía que iban a ser testigos de cargo. El
fiscal se vio obligado a solicitar que Willka fuera de-
clarado inocente. El juez lo declaró inocente. Todavía
no lo podían matar. Necesitaban antes pacificar y desarmar a los indios, someterlos y ablandarlos con la esperanza de liberar a su jefe.

Willka permaneció en la cárcel dos años. De allí lo
sacaron con el pretexto de que los cargos sobre los crímenes de Mohosa correspondían a la jurisdicción de
La Paz. En realidad lo querían asesinar. Por el camino, en un sitio yermo llamado la oquedad de Chajlum-

---

[7] Condarco Morales, *op. cit.*, p. 387.

kari, los guardias aparentaron descuidar la vigilancia y lo ejecutaron por intento de fuga, o le dieron inesperada muerte sin que huyera, y luego dijeron que había pretendido huir. Sólo se sabe con certeza que allí fue victimado. Todo el resto de la historia está lleno de lagunas y mentiras difíciles de descifrar. Más tarde, los políticos e historiadores llegaron incluso a negar que Willka y los indios hubieran ayudado al ejército liberal. El desarrollo de un capitalismo que reproducía las tradiciones y prejuicios de los antiguos conquistadores hacía intolerable la sola idea de que la raza conquistada se hubiera aliado a los liberales o hubiera contribuido al triunfo liberal. Los nuevos patrones volvieron a los indios a su antigua condición de mitayos, siervos y mineros forzados o asalariados. La rebelión de indios contra blancos quedó inscrita así, para siempre, en la de los trabajadores y el pueblo boliviano. De la raza india nació la clase obrera.

En el extremo opuesto de esta historia, aparentemente local y sin futuro, se encuentra la de José Martí en Cuba. Mientras en Bolivia las clases dominantes lograron reducir la lucha de liberación a una lucha de razas, perdida de antemano, Martí se opuso siempre a todo planteamiento racista e inició el camino de una lucha profunda, con futuro.

5. Martí

Martí nació en 1853 y murió en acción en 1895. Escritor de una pluma agilísima y exacta, combatiente incansable, representó la edad heroica de la lucha de Cuba por su independencia de España. A los quince años escribió un diario político titulado *La patria libre*, y a los diecisiete "despuntó su vocación revolucionaria" y fue llevado a un consejo de guerra que lo condenó a seis años de presidio. En 1882 publicó *Ismaelillo*, y esa fecha, según escribe Pedro Henríquez Ureña,

suele tomarse como el inicio de una nueva tendencia
en la poesía hispanoamericana, conocida más tarde
bajo el nombre de *modernismo*. Con Rubén Darío y
otros escritores latinoamericanos, Martí inició una "revolución literaria" que llegó a constituir uno de los
grandes episodios históricos de la lengua castellana. Su
obra principal, y más vasta, estuvo dedicada a la prosa
política y a la acción revolucionaria. En ella, el lenguaje, siempre en tensión, lo llevó a emplear frecuentes
y afortunados apóstrofes, que expresan el deber de los
hombres y los pueblos como parte de la realidad.
Martí representa en América Latina la cultura de
los ideales y las palabras ligadas a la acción. Él mismo
expresó el deber de hombres y pueblos como idioma
político de una realidad naciente y hacedera. Recogió
y proyectó las tradiciones revolucionarias de la isla y
se convirtió en ejemplo y conciencia de conducta colectiva. Heredero de una cultura revolucionaria ya notable, dejó a su vez un legado que interpretó y amplió
esa cultura y que después fue ampliado y reinterpre-
tado por otros revolucionarios, hasta nuestros días, fenómeno fácil de observar en la Cuba cotidiana de hoy.
Cintio Vitier ha destacado y explicado la figura de
Martí en la "historia de la eticidad cubana". Caballero,
Heredia, Varela, Luz —entre los intelectuales—, Céspedes, Agramonte, Gómez y Maceo, Morales y Valdés
—entre los hombres de acción—, y muchos más, en-
cendieron una nueva virtud que Martí recogió y el
pueblo cubano hizo suya, no por una superioridad especial, sino por una larga historia de luchas contra
el colonialismo español.[8] La "larga jornada de libertad"
empezó en Cuba, como en el resto de América Latina, a principios del siglo XIX —con la conspiración de
José Antonio Aponte, negro libre habanero, ahorcado
en 1812—, y se prolongó hasta 1898, sin que la isla

[8] Cf. Cintio Vitier, *Ese sol del mundo moral*, México, Siglo
XXI, 1975.

alcanzara la independencia de España y una vez alcanzada fue presa del imperialismo norteamericano. La larga lucha de la isla insumisa, y la memoria que de ella guardaron los ideólogos y dirigentes, forjaron allí una sabiduría revolucionaria y una moral de las que Martí fue el más notable expositor del siglo XIX. Esa cultura nació de infinitos fracasos repetidos, y rechazados orgullosamente, y fue expresión de un pueblo que, sin poder alcanzar siquiera victorias a medias, se acostumbró a pensar en victorias completas, radicales, buscadas de manera insistente, con regresos de revueltas y con nuevas acciones rebeldes de los ya rebelados, es decir, con un sentido del tiempo revolucionario como duración.

En otros países los héroes triunfaron a medias y fueron sometidos a presiones, a conciliaciones, propias de una malla de relaciones de clases, oligárquicas y politiqueras, que los hicieron traicionar su proyecto liberador original, y sufrir otro tipo de derrotas. En Cuba, durante mucho tiempo los héroes fueron derrotados y sus sucesores trasformaron en experiencia política y revolucionaria las derrotas, no dándose por vencidos. "De Céspedes el ímpetu y de Agramonte la virtud", dijo Martí, recordando la decisión de aquél de librar a sus esclavos y de "irse selva adentro", tras acallar sus propios ímpetus autoritarios, y apelando a éste porque "hizo de la vergüenza de los cubanos" el último reducto de la revolución.

Martí fue, por otra parte, el pensador e ideólogo más sistemático y profundo de la lucha contra la oligarquía latinoamericana y contra sus estilos tenaces de dominación. Fue también un impugnador de las debilidades y errores característicos de las clases medias latinoamericanas, opuestas a medias a esa oligarquía, que no son radicales, que no van, como él mismo decía, "a la raíz de las cosas" en su práctica y su ética de lucha contra el enemigo. Así forjó el método de la revolución y del revolucionario latinoamericano, frente a un modo de ser de las clases dominantes que influye en las clases medias a lo largo del tiempo y en todo el espacio cultural de América Latina. Su pensamiento político nunca se plasmó en un tratado. Apareció en artículos, crónicas, discursos, cartas. El carácter sistemático del mismo obedeció a la consistencia vital del autor. Es esta consistencia la que le permitió profundizar en el método de lucha antioligárquica y la que explica su influencia enorme en el pueblo cubano, considerablemente superior a la retórica patria y revolucionaria.

El contenido concreto de las afirmaciones de Martí en la denuncia de la realidad y el señalamiento de la conciencia moral, política y revolucionaria convirtieron al magnífico pensador en dirigente del pensamiento práctico para la lucha contra la oligarquía, el colonialismo, el imperialismo, y las burguesías antiguas y modernas, e hicieron de él un escritor al que no agota ni su excelente pluma ni su propia retórica. Su preocupación aguerrida por comprender el sistema de dominación en forma precisa, y por destruirlo en forma real, lo llevó a eliminar —como otra arma más de la dominación— toda falsa alternativa, todo engaño de solución, y le permitió alcanzar un pensamiento sistemático al que no quebrantaron ni el carácter circunstancial de sus escritos, ni su imaginación poética, ni los apremios de la tarea periodística, ni las variaciones que él mismo vivió en el curso de la lucha, de tal modo que en el ideólogo y el publicista, en su vida y después de ella, se sigue sosteniendo un mismo método y un mismo sistema teórico y práctico de "copiar el infierno" latinoamericano en lo que tiene de dependencia y coloniaje, de injusticia y explotación, de tiranía y dictadura, para destruir ese infierno y también a los falsos profetas.

Las características centrales y constantes del pensamiento martiano le dan una profundidad que no proviene ni del conocimiento cabal del imperialismo, ni de un bagaje teórico marxista, ni de un ideal socialista. Martí, en forma incasual y rigurosa, coincidió con el pensar revolucionario en lucha contra el capital monopólico, contra la explotación de unas clases por otras, contra una sociedad injusta, al buscar efectivamente que el pueblo fuera el protagonista de la historia. Ese propósito central y definitivo lo llevó a denunciar sistemáticamente al colonialismo, al imperialismo naciente y a la oligarquía, así como a luchar contra el reformismo, contra la espontaneidad, y por la unión y educación ideológica de las fuerzas potencialmente revolucionarias. Supo ver en la entraña del imperio yanqui el peligro mayor para "nuestra América, débil y dividida". Luchó tenazmente contra los "autonomistas", especie de reformistas que esperaban alcanzar la independencia de España mediante elecciones y parlamentos. Atacó sin piedad a los "anexionistas" que proponían un remedio fatal y enjuició con dureza y —reconocimiento de inútiles méritos personales— a los anarquistas, "hombres impacientes, manchados de ira", pero "incapaces de poner cimientos al mundo nuevo". Su método revolucionario de pensar supuso, además, un inconformismo moral que buscó trasmitir a las clases medias —tan importantes en el proceso revolucionario latinoamericano—, con el objeto de identificarlas con las luchas de su pueblo, en particular de los trabajadores. Martí se preocupó efectivamente por atraer a las clases medias hacia el pueblo y los trabajadores y por acercar a los trabajadores a la lucha por el poder y con el pueblo. De ese modo inició y anunció las luchas actuales de la liberación latinoamericana.

Su combate moral y lúcido —revolucionario— lo llevó a destruir el último reducto de la cultura oligárquica latinoamericana: el paternalismo tramposo del falso redentor, la cultura de la trampa como obstáculo principal a una política de las propias masas y a una revolución hecha y pensada por los propios pueblos y por los dirigentes preocupados de su educación revolucionaria, capaces de renunciar, ellos mismos, a todo intento de manipulación de las bases que los convirtiera en oligarcas después de haber sido rebeldes. El pensamiento liberal, anticolonialista, antimperialista y antioligárquico de Martí fue de tal modo radical que traspasó sus propios marcos teóricos hasta convertirse en base moral de otras teorías, más revolucionarias que la suya.

En su obra y su vida la lucha contra la oligarquía como sistema de dominación y como cultura no sólo fue resultado de una lucha moral necesaria para ser eficaz, sino que constituyó a la vez expresión de esa lucha en su doble aspecto intelectual y práctico, y en su necesaria labor de desmistificación, de descubrimiento de la sociedad, el estado colonial y neocolonial, y los métodos de la lucha liberadora.

La seriedad y profundidad del pensamiento martiano se revelaron sobre todo, de 1892 a 1895, cuando llegó a ser el jefe político indiscutido de la revolución de independencia. En esa época logró "lo que los más preclaros, valientes y prestigiosos jefes revolucionarios, reconocidos por el pueblo de Cuba no habían podido lograr: la unidad de acción de todos los revolucionarios".[9] Martí acordó importancia primordial a la unión de los revolucionarios y se afanó por todos los medios en impedir sus disensiones. Según pensaba, la revolución tiene dos alas y es oficio del enemigo meter entre ellas el puñal de la desconfianza. Su lección de líder revolucionario apareció en esa y cualquier otra de sus palabras y de sus acciones aclaradas. Su rico lenguaje llegó a ser entendido más allá de la belleza que encerraba, como consigna previa a la lucha.

Al fundar el Partido Revolucionario Cubano, sentó las bases del instrumento esencial para la guerra del pueblo y exigió organizarlo precisamente en ese sen-

---

[9] Dirección Política de las FAR, *Historia de Cuba*, La Habana, Instituto Cubano del Libro, 1971, p. 340.

tido. Pensaba que "el Partido Revolucionario Cubano no podía ser producto de la vehemencia, ni del deseo vociferador e incapaz, ni de la ambición temible, sino del empuje de un pueblo aleccionado, que por el mismo partido proclamara, antes de la República, su redención de los vicios que afeaban al nacer la vida republicana". El partido revolucionario no podía ser tampoco resultado "de medias voluntades, aprovechado por un astuto aventurero, ya de un cónclave de intereses más arrastrados y regañones que espontáneos y unánimes, ya de un pecho encendido que inflamara en pasión volátil a un gentío apagadizo".

Cada una de estas palabras encerraba una orden exacta que las vanguardias del pueblo cubano —los jóvenes héroes y el pueblo— aprendieron a escuchar y leer sin la menor duda. Martí forjó con el partido, un lenguaje para sus miembros, y con sus miembros se planteó un proyecto comprensible y comunicable a las masas: "lo que un grupo ambiciona, cae —escribió. Perdura lo que un pueblo quiere. El Partido Revolucionario Cubano es el pueblo de Cuba." Y lo sería a lo largo de la revolución, en vida de Martí y después de su muerte.

Una conducta que se ajusta a un lenguaje exagerado y obra de manera práctica es potencialmente revolucionaria cuando expresa pasiones morales que se imponen la necesidad de actuar. A menudo el lenguaje que emplea sólo es entendido en su cabal significación por los partidarios profundamente convencidos, mientras nada dice a los escépticos y a los extranjeros. Eso ocurrió con el lenguaje de Martí y su partido, aunque él mismo se encargó de que la mayoría del pueblo comprendiera y siguiera el lenguaje, e indicó que todo líder revolucionario debía hacer otro tanto.

El núcleo del partido ameritó una política de persuasión de las masas. Para Martí los militantes del partido debían estar "convencidos", debían organizarse "con el desahogo y espontaneidad de la opinión libre", sin imitar las prácticas oligárquicas. Así se organizó el Partido Revolucionario Cubano. Lo fundamental no era la cantidad de militantes, sino su calidad: "No es el número de clubes lo que importa —dijo— sino el ardor de su patriotismo, su magnanimidad y prudencia, su economía administrativa, el empuje y honradez de sus miembros. Unos cuantos pilares, con tal que sean firmes, sostienen una vasta bóveda".

Martí atacó otros aspectos esenciales de la cultura latinoamericana que tienden a impedir una acción revolucionaria. Para él, "el bullicio no es la organización", ni se trata de "caracolear y levantar polvo", sino de realizar un trabajo tenaz, "sin un momento perdido, ni un momento apresurado", "No es racha lo que levantamos sino ejército" —aclaró en palabras dirigidas expresamente a corregir los falsos ímpetus rebeldes.

En cuanto fundó el Partido Revolucionario Cubano (enero de 1892) se puso a estudiar las expediciones armadas, y el 11 de abril de 1895, acompañado por el general Máximo Gómez y otros cuatro compañeros, desembarcó en Playitas, cerca de los bosques de Baracoa. De inmediato, el pequeño grupo se echó a andar en busca de las fuerzas revolucionarias.

El 5 de mayo, en un encuentro de los principales jefes revolucionarios, todos reconocieron en él al jefe supremo de la revolución y designaron a Máximo Gómez como general en jefe del ejército revolucionario. Pocos días después murió Martí combatiendo en un lugar llamado Dos Ríos. Su muerte dio a su obra el sentido riguroso previsto como autor: "El hombre de actos —había escrito cinco años antes— sólo respeta al hombre de actos. El que se ha encarado mil veces con la muerte, y llegó a conocerle la hermosura, no acata ni puede acatar la autoridad de los que temen a la muerte. El político de razón es vencido, en los tiempos de acción, por el político de acción; vencido y despreciado... a menos, que a la hora de montar, no se eche la razón al frente, y monte. La razón, si quiere guiar, tiene que entrar en la caballería; morir, para que la respeten los que saben morir."

Con motivo del vigésimo aniversario del asalto al cuartel Moncada, Fidel Castro afirmó de Martí: "En su prédica revolucionaria estaba el fundamento moral y la legitimad histórica de nuestra acción armada. Por eso dijimos que él fue el autor intelectual del 26 de julio."

Por su obra personal y por la influencia que sobre el resto de América Latina ejerció, a través de la Revolución cubana, Martí adquirió las características de un precursor revolucionario del siglo xx, y fue capaz de romper los límites de su propia lucha, no sólo en el terreno de los motivos heroicos, sino de los razonamientos prácticos.

II. SEGUNDA ETAPA: 1905-1920

La segunda etapa de las luchas de liberación se inició aproximadamente al mismo tiempo que la "Segunda época revolucionaria", esto es, hacia 1905. Concluyó por 1920, cuando en América Latina se empezaron a sentir los efectos de la guerra mundial y de la Revolución rusa.

De 1880 a 1905 se había dado en la clase obrera latinoamericana y entre los campesinos despojados de sus tierras un proceso de acumulación de fuerzas. En el cono sur y en las regiones industrializadas de Brasil, los trabajadores pudieron establecer, en medio de luchas cruentas, una serie de organizaciones sindicales y políticas que probaron sus armas en la década del 90, y dedujeron de sus experiencias una mayor comprensión de la lucha de clases. La resistencia represiva de las clases gobernantes y los obstáculos que éstas pusieron a la organización obrera no pudieron siempre acabar con los sindicatos y los partidos políticos de los trabajadores. El socialismo reformista logró desarrollarse sobre todo en los países del Plata. Pero como incluso en ellos fue la represión constante aparecieron también síntomas crecientes de un socialismo revolucionario y, sobre todo, poderosas corrientes anarquistas. En México, la dictadura de Porfirio Díaz, en tratos con el capital monopólico, destruyó o corrompió en los años 80 del siglo xix a las organizaciones obreras que se habían desarrollado con anterioridad, durante los gobiernos liberales de Benito Juárez y Sebastián Lerdo de Tejada. El terror y la corrupción de la dictadura de los hacendados y burgueses colonialistas no impidieron sin embargo que ahí ni en otros países, donde el número y fuerza de los trabajadores fueron aumentando por el desarrollo de las fuerzas productivas, empezaran éstos a organizarse en plena clandestinidad, y a ligarse a las organizaciones de la pequeña burguesía más radical que sufría también los efectos de la dictadura.

Los campesinos resistieron y sufrieron de otro modo ante los embates del imperialismo y de los hacendados comerciantes. Aunque el despojo de tierras fue un fenómeno general en América Latina, no en todas partes derivó en un proceso de acumulación de fuerzas. En muchos sitios los pueblos campesinos llegaron a ser textualmente eliminados o tratados con una ferocidad tal que redujo su número y abatió su ánimo de lucha. Resultó muy difícil que acumularan fuerzas. Un caso excepcional fue México, donde los campesinos lograron mantener sus fuerzas en medio de la sangrienta represión. En México la cantidad de indios era enorme. Había provincias enteras de indios donde eran indios los trabajadores y las clases medias. Además, la expropiación de tierras y la represión de campesinos habían afectado también a una pequeña burguesía rural cuyas tradiciones de lucha de masas eran muy antiguas y cuyos miembros más pobres constituían una especie de reserva para nuevas luchas populares, agrarias y también obreras. Esas circunstancias y otras más, en particular la extendida cultura de lucha contra el colonialismo y el imperialismo de un pueblo que había perdido más de la mitad de su territorio en manos de Estados Unidos, y había sido víctima de una reciente intervención por la que el "Imperio" francés intentó colonizarlo, empezaron a acumular entre los trabajadores, los campesinos y la pequeña burguesía fuerzas que fueron más allá de sus reivindicaciones parciales, y se sentaron las bases del gran movimiento conocido como la Revolución mexicana.

Durante las primeras décadas del siglo XX el cono sur se convirtió en el escenario de importantes movimientos de masas trabajadoras en industrias, minas, ferrocarriles. Esos movimientos libraron luchas en todos los campos y usaron todas las armas disponibles. Las huelgas de fábricas; las huelgas generales; las luchas electorales y parlamentarias; el terrorismo, e incluso la insurrección obrera, y la toma de fundos, instalaciones fabriles y ciudades, se pusieron a la orden del día desde los albores del siglo XX. De 1900 a 1902, en Uruguay, 16 gremios fueron a la huelga y los trabajadores organizaron 11 huelgas generales. En Argentina, de 1903 a 1910 estallaron dos huelgas generales y muchas de fábricas y ramas industriales. En 1909 hubo 138 huelgas en la Argentina. En 1910 los anarquistas mataron al jefe de la policía de Buenos Aires. El gobierno emitió una ley de defensa social con duras sanciones para quienes "de palabra, de hecho o por escrito sostuvieran ideas subversivas". De 1903 a 1907 estallaron importantes huelgas en Chile. En 1906 se llevó a cabo una huelga del ferrocarril de Antofagasta a La Paz en la que se unieron los trabajadores chilenos y bolivianos. En 1903, en Brasil, pararon 25 000 trabajadores textiles y fueron a la huelga los ferrocarrileros de São Paulo. En 1906 estalló una huelga general en Porto Alegre. En 1907 ocurrió la gran huelga de Santa Ma-

ría de Iquique en la que participaron no menos de
10 000 mineros. Durante la segunda década del siglo xx aumentó todavía más la combatividad de los trabajadores. En
Uruguay, donde hacia 1910 había sido casi totalmente destruido el sindicalismo, se reorganizaron los trabajadores, a partir de 1911, y entre 1914 y 1919 renovaron los grandes movimientos de huelga. En la Argentina, de 1910 a 1913 el terror gubernamental logró
deshacer muchas organizaciones obreras. Pero el movimiento de los trabajadores se rehizo, y de 1916 a 1917
estallaron grandes huelgas marítimas y ferrocarrileras
que se profundizaron y extendieron hasta 1921. En enero de 1919 estalló en Buenos Aires una huelga general
obrera que cobró las formas embrionarias de una lucha
armada; conocida como "La Semana Trágica", tuvo
una gran significación política. De 1917 a 1919 en
Cuba estallaron cinco huelgas generales. En los mismos años surgió una tremenda ola de huelgas generales en Brasil; algunas alcanzaron proporciones insurreccionales, como la ocurrida en Río-Nitteroi en 1918,
cuando los anarquistas intentaron tomar el poder e
instaurar un gobierno de obreros y soldados semejante
en apariencia al que los bolcheviques habían establecido en Rusia. Todos esos grandes movimientos de masas proletarias no alcanzaron a constituir propiamente
un movimiento de liberación nacional, aunque tuvieron un impacto innegable en el incremento de los derechos y prestaciones de los trabajadores organizados.
   Muchas razones hubo para que el movimiento obrero de los países del sur no mostrara las características
de un movimiento de liberación nacional. De un lado,
entre las masas campesinas no se advirtió una agitación semejante a la obrera, o bien ocurrió en formas
aisladas y discontinuas que permitieron una fácil represión, como en 1921 con los peones de la Patagonia.
No se planteó así una lucha simultánea, natural y política, que uniera en sus fuerzas a obreros y campesi-

nos. De otro lado, en la orientación de los movimientos de masas contaron en forma muy significativa las ideologías prevalecientes en la clase obrera y en la pequeña burguesía radicalizada, por lo general ajenas a la preocupación de una lucha contra el imperialismo.

Aunque Argentina, Uruguay, Chile y Brasil habían sido objeto de la codicia imperialista, la penetración "pacífica" y la asociación económica y política —más que la intervención armada de las potencias imperialistas— habían caracterizado el proceso de sometimiento de esos pueblos al capital monopólico, particularmente al inglés. En esos países del sur el neocolonialismo revestía formas mucho más sutiles que en los de Centroamérica, el Caribe y México. No existían fuertes corrientes nacionalistas ni en las clases gobernantes ni en las capas medias liberales o radicales ni en los trabajadores. Aquéllas habían sido influidas por Sarmiento, Lastarria, y otros pensadores cosmopolitas, mientras la pequeña burguesía radical y los trabajadores socialistas y anarquistas estaban compenetrados de un internacionalismo proletario que no aceptaba ni asumía la cuestión nacional, ni la lucha antimperialista. Postulaban una lucha de clases simple y llana contra la burguesía, en especial contra la incipiente burguesía industrial, y llegaban a dejar fuera de sus programas de lucha el asedio contra la oligarquía rural, más vinculada al capital monopólico, al imperialismo y al poder. La lucha contra el imperialismo sólo aparecía como lucha contra la burguesía industrial y como una lucha del minero o del obrero industrial contra el patrono. Las corrientes socialistas-reformistas exigían mayores derechos y prestaciones para los trabajadores, y en el campo político sólo reclamaban bancas parlamentarias y libertades cívicas. No les interesaba, como teoría o práctica, enfrentar al estado imperialista o destruir el poder establecido, el estado de los oligarcas. Las corrientes anarquistas —que también exigían mayores derechos y prestaciones— en medio de sus posturas aparentemente muy radicales carecían de una teoría mínima del estado. Sus actos terroristas e insurreccionales no impedían la reproducción del estado oligárquico y dependiente. A lo sumo constituían fuertes presiones para que los sectores más lúcidos de las clases gobernantes empezaran a combinar las represiones con las concesiones a algunos sectores obreros, sindicatos y partidos socialistas. En esos países del sur, en efecto, se dieron las primeras manifestaciones de una política reformista de las clases gobernantes. En 1900 y 1920 los trabajadores del sur lograron las primeras concesiones. Las oligarquías, por vez primera en su historia, se vieron obligadas a negociar con ellos. No suprimieron la represión e incluso utilizaron a los anarquistas para justificarla. Pero empezaron a disponer de algunos líderes de la pequeña burguesía radical o socialista para penetrar en las organizaciones obreras y lograr por su intermedio acuerdos que reafirmaran el dominio oligárquico y redujeran la presión de los trabajadores. En algunos países menos desarrollados de América del Sur —como Colombia o Perú— surgieron las primeras manifestaciones de un populismo y un reformismo autoritarios y paternalistas decididos a penetrar en el movimiento obrero.

Los trabajadores organizados lograron reducir las jornadas de trabajo, mejorar sus condiciones laborales, en particular las de menores y mujeres; obtuvieron algunas plazas parlamentarias y algunas reformas legales que los favorecían. Con las clases medias radicales y socialistas, en países como el Uruguay de Batlle y Ordóñez, los trabajadores provocaron grandes movimientos de reformas sociales y sindicales. En otros, como la Argentina de Irigoyen, influyeron en que se practicara una modesta redistribución del ingreso. Allí sus triun-fos no impidieron que poco después fueran objeto nuevamente de brutales represiones, aunque desde entonces la oligarquía argentina enriqueció su arte de gobierno represivo con otro negociador y procuró dar a la lucha de clases una expresión política con la difusión del sufragio universal.

Casi al término del período, en 1918, surgió en Córdoba, Argentina, un movimiento antimperialista de enorme significación en la historia reformista y revolucionaria de las clases medias latinoamericanas. La lucha por la reforma universitaria iniciada en Córdoba no sólo se propuso la autonomía académica de las instituciones de cultura superior y la participación de los estudiantes en el gobierno de las universidades sino asumir la responsabilidad de una lucha social y antimperialista cuyo destino final era —desde entonces— el socialismo. Con un lenguaje muy influido por el "Ariel" de José Enrique Rodó —expresión del nacionalismo romántico de las clases medias—, y en el que se advierte también la influencia del socialismo evolucionista prevaleciente en la Argentina de principios de siglo, la reforma universitaria de Córdoba inició el gran movimiento continental por el cual la Universidad latinoamericana asumía una responsabilidad social, y nacional, y sus estudiantes se pensaban como los "jefes náturales de la revolución". Por supuesto en forma contradictoria. La grandeza y miseria de este movimiento mostró, desde sus inicios, el doble papel de universidades y estudiantes, su carácter a la vez revolucionario y mediatizador del movimiento obrero, del movimiento de liberación y de la lucha por el socialismo.

Del "Alma Mater" salió todo lo que tendría la clase media latinoamericana de reto moral y revolucionario contra los tiranos de América, el imperialismo y las clases explotadoras. Y en la Universidad se formaron las bases ideológicas y los cuadros políticos, tanto de la lucha antimperialista cuyo eje central serían los trabajadores y su objetivo esencial el socialismo, como los intermediarios y negociadores que utilizarían las clases gobernantes para atenuar y controlar los embates de las masas obreras y campesinas. La Universidad constituyó desde Córdoba la unidad de un movimiento diverso

de clases. El movimiento surgió en el seno de la pequeña burguesía y más ligado a las clases dominantes
que a las proletarias. En los obreros y campesinos advirtió fuerzas atractivas, fáciles de ver con simpatía
moral y verbal y a las que le resultaba más difícil integrarse hasta confundirse con ellas. Sin embargo, en
algunos momentos intensos, desde Córdoba, la Universidad se fusionó a las luchas del pueblo y de ella salieron constantemente quienes se integraron de por vida
al pueblo. Toda la historia del estudiantado latinoamericano, en el proceso de liberación que llega hasta nuestros días, empezó en Córdoba.

El movimiento de masas más espectacular y grandio-
so que ocurrió en esta época en América Latina fue
la Revolución mexicana. Impulsada originalmente por
organizaciones de una pequeña burguesía que se radicalizó y proletarizó, fue continuada por grandes movilizaciones de masas campesinas armadas, que con sus
guerrillas levantaron casi todo el país, y fue suplantada
en distintas instancias por coaliciones políticas y revolucionarias cuyo vértice condujo al liderazgo de los caudillos de la mediana y pequeña burguesía y a los enfrentamientos y negociaciones sucesivos de éstos con la
gran burguesía y el imperialismo.

Desde su inicio en 1906 la movilización de las masas
obreras y campesinas de México desató un variado
proceso de lucha contra el imperialismo y la burguesía
tradicional, con un primer movimiento cuyo proyecto
era el de una revolución social destinada a acabar con
el estado burgués y con el estado en general. A ese primer movimiento se añadió otro que pugnaba por recuperar las tierras arrebatadas a los campesinos. Y a ambos proyectos se superpusieron y enfrentaron otros más
que pretendían obtener prestaciones y derechos para los
obreros y las clases medias bajo la dirección de estas
últimas. Sus dirigentes y organizaciones sintieron la necesidad de reformular las características del estado mexicano, primero en términos liberales y, después, en

términos sindicalistas, agraristas y nacionalistas, más o
menos corporativos.

Desde los prolegómenos de la Revolución mexicana
se planteó la liberación nacional como una lucha de
clases mucho más clara que la de cualquier etapa anterior. Esa lucha se vio sin embargo oscurecida en todos los frentes por la presencia de un liderazgo y una
mentalidad característicos de las pequeñas burguesías
urbanas y rurales. La ausencia de una organización revolucionaria, que sustentara y dominara el socialismo
científico a la manera de los bolcheviques, impidió que
los grupos y dirigentes radicales pudieran mantener la
dirección popular de un proceso que era en parte anticapitalista, y por ello no sólo contrario a la continuidad del régimen político anterior ni sólo sindical,
agrario o nacionalista. El movimiento presentó posibilidades fascinantes y límites colosales. Estuvo lleno de
vitalidad y paradojas.

La Revolución mexicana se inició en 1906 con un
proyecto anarquista. El grupo que originalmente la concibió, y que organizó las primeras acciones insurreccionales y de masas, había empezado a formarse desde
1901, dentro de un movimiento liberal que fue adhirien-
do cada vez más al anarquismo y vinculándose en
forma creciente a las organizaciones obreras y campesinas. La dirección revolucionaria de principios de siglo
—encabezada por Ricardo Flores Magón— empleó las
más variadas formas de lucha para iniciar el proceso.
Éstas iban desde la publicación de un periódico y la
fundación de un partido en el exilio hasta la preparación en la clandestinidad de huelgas y acciones militares. Entre 1906 y 1907 estallaron las primeras huelgas
de Río Blanco y Cananea, que conmovieron a la dictadura, y poco después ocurrieron las primeras acciones armadas de "Viesca", "Las Vacas" y "Palomas".
Fue el inicio de un proceso cuyo signo de clase había
de cambiar. En una segunda etapa pareció adquirir las
características de una revolución democrática parecida

a la de las burguesías europeas. La dirección del movimiento quedó en manos de Francisco I. Madero, un hombre liberal, surgido de la burguesía, quien en 1910 supo agrupar a todas las fuerzas revolucionarias de las clases medias urbanas y rurales, del campesinado pobre y de los trabajadores.

Durante el combate encabezado por Madero, Flores Magón sintió cómo le era arrebatada una revolución social para suplantarla por otra política. El anarquismo se dividió entre los fieles magonistas —sin un proyecto de gobierno capaz de realizar la revolución social— y los que empezaron a integrarse al nuevo gobierno con el propósito de luchar por objetivos sociales menos ambiciosos y más prácticos. Fue la primera gran división de los anarquistas.

Francisco I. Madero, con su proyecto nada más político y liberal, se enfrentó simultáneamente a las fuerzas de la oligarquía y al imperialismo norteamericano, a los campesinos que exigían tierras y a los propios trabajadores que clamaban por más derechos frente al patrón. Fue un hombre admirable en su idealismo, incendiado frente al déspota, a quién combatió con las armas en la mano. Al triunfar buscó a la antigua burguesía para realizar con ella maniobras y acuerdos de un gobierno imposible. Amó la democracia y quiso que fuera de los suyos. Al fin lo asesinaron. Tras el magnicidio y la imposición de una dictadura militar estalló una nueva lucha que involucró al país entero. La coalición revolucionaria triunfante fue conducida por un antiguo senador porfirista y por una serie de caudillos norteños conscientes de la necesidad de construir un estado que hiciera concesiones sociales, y estableciera pactos y alianzas capaces de consolidar su fuerza militar y política. De esa coalición —acaudillada primero por Venustiano Carranza y después por Álvaro Obregón y Plutarco Elías Calles— surgió la nueva Constitución de 1917, la más avanzada de su tiempo en materia de concesiones agrarias y obreras y apunte del moderno estado mexicano.

Para imponer el nuevo régimen Carranza tuvo que vencer los deseos de los caudillos y jefes revolucionarios de llegar a una "Convención" *inter pares,* impracticable en una lucha despiadada de facciones que ocurría en paralelo a otra de clases sociales, vaga e informe. Los "generales de calzón y blusa", los "bandoleros de Villa" y algunos jefes de apariencia oligárquica parecidos a Carranza lucharon contra éste y entre sí con un sentimiento instintivo del poder de los pobres y otro de las clases medias rurales metidas a revolucionarias. Todo acuerdo se reveló ilusorio sin un jefe y un grupo dominantes que mostraran poder inequívoco en el campo de batalla y en la conducción de las masas.

1915 fue el año decisivo en la conquista del poder. La gran formación de guerrilleros que integraba el ejército constitucionalista pasó a la ofensiva. Bajo el mando supremo del Primer Jefe, como llamaban a Carranza, los caudillos del ejército constitucionalista tomaron importantes plazas fuertes y formularon una vasta política de concesiones y alianzas. Buscaron atraer a campesinos y obreros, al tiempo que hostigaban a los insumisos. El 5 de enero de 1915 recuperaron la ciudad de Puebla, próxima a la capital, hasta entonces en manos de los campesinos encabezados por el guerrillero Emiliano Zapata, el caudillo más próximo a los "esclavos rurales", el más directamente representativo de sus ansias de libertad y tierra. El 6 de enero el Primer Jefe emitió una ley de restitución y dotación de tierras a los pueblos. Pretendió mostrar así su aparente disposición de emprender una reforma agraria que no quería que los campesinos pobres realizaran por su cuenta. A fines de enero, Obregón recuperó la capital de la República, hasta entonces en manos de los zapatistas, y se enfrentó con energía popular a los propietarios, comerciantes y especuladores, mientras establecía vínculos cada vez más estrechos con los obreros, haciéndoles las primeras concesiones. El 17 de febrero los constitucionalistas firmaron en Veracruz un pacto con los sindicatos de la Casa del Obrero Mundial, organización que agrupaba a la mayoría de los trabajadores anarcosindicalistas y laboristas. Carranza reiteró las promesas de derechos y prestaciones a los trabajadores y éstos se organizaron en batallones rojos, decididos a luchar contra los ejércitos campesinos que aún no reconocían al Primer Jefe. Los batallones rojos fueron para los constitucionalistas mucho más que una contribución militar. Con su presencia en la lucha, los constitucionalistas buscaron demostrar que los obreros estaban de su parte y que ellos mismos se ocupaban de realizar la revolución proletaria. Fue un triunfo simbólico muy importante y el inicio de un estilo de gobierno y retórica característico en la política mexicana. En abril Álvaro Obregón inició una campaña inteligente y tenaz contra la División del Norte, encabezada por Francisco Villa, guerrillero instintivo que encarnaba la cólera popular, el valor del insumiso y su incapacidad de superar aún los liderazgos arbitrarios. A fines de año Obregón derrotó a Villa.

El carrancismo se afianzó en lo militar y en lo político durante 1915 y tomó las riendas de movimientos dispersos para acometer la construcción del estado mexicano, en un entrecruce de clases que apuntaba al nuevo dominio de la burguesía. Las masas se fueron replegando hacia posiciones secundarias. Perdieron la iniciativa invasora, la autonomía envolvente. Los obreros anarquistas, ya exhaustos de una larga lucha de cinco años sin proyecto de poder, en lo sucesivo se limitaron a solicitar cambios y derechos sociales y se acercaron a los líderes reformistas del estado emergente. Los campesinos zapatistas y villistas empezaron a pasarse al carrancismo, como desertores aislados o en pequeños grupos conducidos a veces por sus jefes locales. Habían intentado, bajo el mando de Zapata y Villa, imponer su propio proyecto. Habían llegado a

tomar la ciudad de México, a instalarse en Palacio
Nacional. Pero su acción no logró casi nunca ir más
lejos de una "profanación" del poder establecido. Las
calles, las plazas, las casas, las fábricas, el comercio,
las finanzas, les presentaron una resistencia irrompible,
salvo en momentos aislados, y les mostraron un mundo
que no podían manejar con policía y política propias.
Los escritores y abogados que los acompañaban y se
decían sus "aliados" mostraron temor al poder campesino y añoraron, en pleno triunfo armado, la derrota
política, económica y militar de "la peonada". Los campesinos mismos pusieron un límite a su rebelión: sometida aún su mente al dominio ancestral de la oligarquía, ante la especulación y la falta de víveres con
que ésta los atacaba, se les vio pedir caridad a las
puertas de los ricos cuya ciudad tenían sitiada. La pequeña burguesía y la ciudad envolvieron a los campesinos pobres en sus mallas con lenguaje de curas, anarquistas y leguleyos.

Tras la amarga sensación de una victoria inútil vino
el repliegue y la desbandada. Obreros y campesinos se
limitaron a exigir un lugar modesto y un nuevo trato
en la tierra y el trabajo de un país todavía ajeno. Los
caudillos ligados al Primer Jefe y a los últimos restos
del poder burgués empezaron a rehacer el estado re-
orientando a las masas tumultuosas. Aprendieron a
calcular sus demandas y las de la burguesía a que iban
integrándose en forma zigzagueante. Los más hábiles
en el arte de negociar y luchar con burguesías y mul-
titudes se hicieron cargo de la creación y consolidación
del nuevo estado.

Venustiano Carranza —genial en la batalla de la nación neocolonial y diestro en la dirección de caudillos
y masas rebeldes— no supo en cambio gobernar el
estado que él mismo había constituido a base de resistir y conciliar fuerzas. Como presidente del nuevo
régimen constitucional creyó haber satisfecho las demandas aceptables y pretendió gobernar al estilo del

antiguo régimen. Cometió el error de pensar que ya
no necesitaba el apoyo obrero y campesino y pronto
sufrió el embate de todas las fuerzas que se movieron
en su contra, como le había ocurrido antes al presidente Madero. Si Madero fue el iluso de un liberalismo
político sin reformas y pactos sociales, Carranza pretendió retornar al poder oligárquico con paso demasiado rápido. Como Madero, fue asesinado. Sólo que
sus sucesores ya no serían los militares del ejército vencido, sino los del vencedor. Con ellos nació otro México, distinto al de la oligarquía de los hacendados, al
del liberalismo de los latifundistas, al de la tiranía de
los militares traidores y al de un nacionalismo que
pretendía deshacer sin tardanza sus pactos populares.
El nuevo ejército revolucionario, con formaciones de
masas que convergían en los grandes y pequeños caudillos, hizo de éstos el "partido" y el "príncipe" de un
estado que debía regular las concesiones sociales calcu-
lando el peso de las fuerzas internas e internacionales,
burguesas y proletarias.

La Revolución mexicana constituyó el más grande
fracaso del anarquismo en la historia de América Latina. Ricardo Flores Magón murió en una cárcel de
Estados Unidos. Posiblemente lo asesinaron tras haberlo tenido preso durante varios años. Verdadero líder
del sueño original de la Revolución mexicana, Flores
Magón fue un hombre de una firmeza extraordinaria,
de una honestidad cabal que lo llevó a ligar su vida
para siempre a los trabajadores. Con ellos luchó contra
el capitalismo y el imperialismo en busca de aniquilar,
donde se pudiera y como se pudiera, a las clases dominantes y al estado, siempre con la idea de que no fueran sustituidos por nuevos jefes, ni por una nueva
clase dominante, ni por otro estado, así fuese proletario. Como precursor de las lides realmente proletarias,
expresó no sólo las limitaciones de la pequeña burguesía anarquista que buscaba un proyecto de revolución
social y de liberación nacional sin un estado de traba-

jadores, sino las limitaciones ideológicas y objetivas de
campesinos que pedían tierras en propiedad individual
o colectiva y de obreros que reclamaban derechos y
prestaciones y que en el mejor de los casos querían el
poder de la fábrica sin pretender el poder del estado.
Ni Flores Magón ni los obreros y campesinos que dieron sus vidas en busca de una revolución social proletaria ahondaron en el problema del poder y el estado
necesarios para realizarla. La clase obrera en el México
de entonces era apenas un embrión de clase política.
Nadie pensó en la revolución social al modo que pen-
saría un Lenin en Rusia. Ningún organismo de la época se planteó el problema de una liberación nacional
que concluyera en una revolución social y en un estado
de base trabajadora. No se dio ese modo de pensar en
las organizaciones revolucionarias, ni había un partido
parecido, ni existía una clase obrera de grandes empresas y centros urbanos capaz de construir una sociedad de trabajadores, con las defensas políticas y militares indispensables para enfrentar a la burguesía y al
imperialismo.

En esas circunstancias, la Revolución mexicana, que
empezó con un planteamiento internacionalista, anarquista y proletario continuó con otro más liberal y burgués y terminó en un movimiento de masas del mundo
colonial y semicolonial, dirigido por caudillos de todo
tipo y origen social, que dominaron en ciudades, campos y fábricas, regulando o representando las demandas
das de las masas dentro de un largo y complejo proceso de desarrollo del capitalismo. Las formas de expresión universal y concreta de la Revolución mexicana
derivaron en una ideología nacionalista, agrarista y laborista reforzada con la cultura del coraje popular y
del éxito posible de un pueblo colonizado en lucha contra sus opresores.

La Revolución mexicana representó una de las primeras revoluciones antimperialistas en las que se fijó
el mundo. Fue mucho más que la presencia de una

"multitud de sombreros de paja, carabinas y cananas".
En el debate del proletariado mundial significó un proceso de mediaciones inevitables o la imagen de una
revolución social suplantada, mediatizada en el curso
mismo de la lucha. Entre la pequeña burguesía antimperialista de América Latina llegó a adquirir las características de un modelo a imitar. El proyecto diferido
de nación bolivariana pareció mostrar nuevas posibilidades todavía soterradas y confusas. En los hechos, el
nacionalismo latinoamericano no había cumplido su ciclo vital. Lo empezaba.

Otras luchas de liberación corrieron la suerte de
siempre: la desatención y el olvido. Entre ellas destacó
la rebelión del pueblo haitiano contra los invasores
yanquis. Haití había sido invadido por los norteamericanos en 1915, y desde entonces había surgido en esa
región del Caribe una resistencia popular y campesina
que adquirió las proporciones de una insurrección nacional. La insurrección haitiana fue dirigida por un
guerrillero llamado Charlemagne Péralte, antiguo estudiante de liceo, comandante del ejército derrotado por
los yanquis y miembro de una familia de propietarios
rurales.

Mucho antes de la invasión norteamericana, en el
campo haitiano se habían formado grupos de guerrilleros profesionales llamados "cacos", que luchaban contra la miseria y la opresión imponiendo su propio terror
("la terreur caco"). Fueron ellos "quienes prácticamente monopolizaron la resistencia armada contra la
ocupación norteamericana".[10] Charlemagne Péralte supo
organizarlos en una guerra patria que "explotaba el
descontento del trabajo forzado impuesto por el ocupante". Su ejército llegó a contar con 20 000 miembros
a los que ayudaban hasta las mujeres y los niños con

[10] Leslie F. Manigat, *Haiti of the sixties*. Objet of International Conern, Washington, D. C., The Washington Center
of Foreign Policies Research, p. 358.

mensajerías, espionaje y vituallas. Entre 1918 y 1919 atacó varias ciudades, incluida Puerto Príncipe, la capital. Y a lo largo de toda la insurrección desató una "guerra económica" contra los invasores y sus aliados. Pudo dominar en un momento dado 6 000 kilómetros cuadrados del territorio haitiano. Péralte fue un gran dirigente de la guerra del pueblo, al que movilizó con un solo lema: "¡Arrinconar al invasor contra el mar y liberar a Haití!" Como muchos otros líderes campesinos, sólo fue vencido por la traición. Sus asesinos lo crucificaron y exhibieron ante el pueblo y después dijeron haberlo enterrado en seis lugares distintos para que nadie ligara su memoria a un sitio exacto.

La insurrección haitiana de 1918-19 representó a todo un país en lucha por su liberación. No obstante ello tuvo características predominantemente rurales y locales. A las limitaciones de clase de sus principales dirigentes se añadieron otras, propias de una "cultura oprimida" y aldeana, con formas de rebelión que combinaban las armas e ideologías antiguas y modernas para luchar contra el invasor.

En la necesaria historia de las ausencias, Suzy Castor destaca con razón un hecho singular. La lucha nacional se libró "sin ningún programa, carta o proclama de que quede noticia".[11] Los objetivos propiamente revolucionarios "no fueron formulados con claridad". Y si bien los dirigentes se proponían alcanzar el "poder político" "no expusieron las aspiraciones sociales de la tierra para los campesinos!"— quedó en el olvido y ya enarbolado por Jean Jacques Accan años antes —"¡La tierra para los campesinos!"— quedó en el olvido, y ya no se escuchó por entonces. Los intelectuales e ideólogos partidarios de la liberación tampoco proporcionaron un programa al pueblo. Los campesinos lucharon por la independencia y contra el trabajo forzado, den-

[11] Suzy Castor, *La ocupación norteamericana de Haití y sus consecuencias (1915-1934)*, México, Siglo XXI, 1971, p. 142.

tro de los límites ideológicos de las "familias influyentes" patriotas y los de una cultura "cimarrona" de
esclavos rebeldes con prácticas guerrilleras y creencias
mágicas. Las categorías y conceptos de sus luchas no
les permitieron comunicarse con el resto del mundo
revolucionario. Los mantuvieron en una situación in-
sular prácticamente absoluta. El resto del mundo supo
de su rebelión por algunas noticias de la prensa imperialista, que calificó a los insurrectos de bandidos, como
ha ocurrido con tantas otras rebeliones de "campesinos
en harapos". No existió ni pudo existir la solidaridad
internacional. Y la rebelión haitiana fue olvidada por
sus propios sucesores y por otros combatientes. En el
repaso de los hechos es imposible analizar los errores
de sus líderes como los de una historia universal y concreta. La ausencia histórica del error comparable lle-
varía al absurdo cualquier intento de buscar aciertos
que tampoco podían darse. La insurrección haitiana
estaba desligada de su propio pasado y de la historia
revolucionaria mundial. Constituyó el ejemplo extremo
de un movimiento de masas cuyas organizaciones, pequeñas y embrionarias, ni siquiera pudieron iniciar un
proceso de acumulación de experiencias, romper la lucha cíclica o complementarla con otra que acumulara
las fuerzas de las masas y estudiara los errores pasados
para no repetirlos. Todavía en el Haití de entonces, el
sometimiento era tan completo que las rebeliones mismas estaban sometidas. "Los tambores de la rebelión
enviaban mensajes a un centenar de millas, casi tan
aprisa como el telégrafo". Pero sólo el pueblo haitiano
los escuchaba y eran intraducibles al lenguaje de los
revolucionarios de otras partes del mundo.
    Si la Revolución mexicana fue el anuncio de nuevas
revoluciones antimperialistas y logró una cierta comunicación universal, después de haber sido silenciado su
lenguaje internacional, anarquista, la rebelión haitiana
ni perdió ni encontró ese lenguaje internacional o más
o menos internacional. Los pueblos de América Latina

difícilmente se comunicaban entre sí para analizar sus experiencias de lucha, y más difícilmente rompían su condición local, exótica, inhumana.

III. TERCERA ETAPA: 1920-1935

De 1920 a 1935 las luchas de liberación adquirieron un nuevo perfil. La primera guerra mundial creó las condiciones favorables a un incremento del desarrollo de la minería, de la industria metal-mecánica y de bienes de consumo y de las plantaciones. La clase obrera no sólo aumentó en número sino en organizaciones y, además, cobró conciencia de su fuerza real. Lo probó incluso en los fracasos. Sus cuadros advirtieron en las clases gobernantes un temor que a veces las llevaba a institucionalizar la negociación. La negociación fue una forma de heterodoxia en la tradicional soberbia de jefes y patrones y una ruptura en sus métodos ancestrales de gobernar. Por vez primera las clases dominantes de origen colonialista habían dudado en usar indiscriminadamente la violencia, al ver que suscitaba respuestas populares realmente amenazadoras para la estabilidad de su poder. Los obreros por su parte vivieron, en medio de la represión, las primeras experiencias de patrones y jefes que los invitaban a negociar. Esas experiencias eran una novedad y una victoria. También presentaban un nuevo tipo de posibilidades y riesgos. Para el esclavo no había política imaginable frente a la oligarquía; para el siervo tampoco. Con el trabajador asalariado empezó la lucha por la solución política de los problemas laborales.

Al mismo tiempo que ocurrían los cambios señalados en algunos centros de producción, a nivel nacional, tanto los trabajadores como la pequeña burguesía resistieron la hegemonía creciente del imperialismo norteamericano, que aprovechó la guerra mundial para ir

desplazando a las potencias europeas. El gobierno de
Estados Unidos no sólo incrementó su influencia económica con cuantiosas inversiones y variadas acciones
políticas y diplomáticas. También realizó nuevas conquistas, con doblez notoria en el uso simultáneo de un
lenguaje de paz y democracia a nivel mundial y otro
de garrote y dólares en la órbita del Caribe y Centroamérica. Las clases medias vivieron la humillación
nacional de intervenciones y dictaduras impuestas por
Estados Unidos en condiciones neocoloniales que las
dejaban sin la menor esperanza de mejorar su estatus
social. Su posibilidad de llegar a acuerdos inmediatos
con el imperialismo pareció ser menor que la de las
antiguas oligarquías sometidas por éste. Los obreros de
minas, fábricas y plantaciones sufrieron por su parte en
carne propia los efectos del sometimiento nacional, y
los sufrieron con más intensidad que nadie, como explotación extranjera y criolla, del patrón, el director o
del capataz apoyados por policías, militares, políticos
y presidentes, unas veces nacionalistas y otras entreguistas, aunque casi siempre obsecuentes al yanqui y al patrón en los momentos críticos y cotidianos del trabajo
y la huelga.

Al finalizar la segunda década del siglo XX habían
empezado a correr entre los trabajadores latinoamericanos las primeras noticias de la Revolución rusa de
1917. En los centros industriales más avanzados, el eco
de la primera revolución proletaria llegó hasta las propias bases. Se manifestó no sólo en las publicaciones
obreras sino en la conducta de los grupos más radicales. Los anarquistas buscaron revestirse del prestigio de
la Revolución rusa. De buena o mala fe, por simpatía
proletaria o por audacia entusiasta, y en realidad in-
genua, quisieron imaginar o pretendieron que los bolcheviques eran anarquistas. El prestigio de la revolución de los trabajadores alcanzó también a los círculos
de estudiantes e intelectuales progresistas.

Durante esta etapa la novedad motora y de mayóres consecuencias en las luchas de los pueblos latinoamericanos se debió sobre todo a la fundación y actividad de los primeros partidos comunistas y a la difusión creciente del marxismo-leninismo. Los primeros partidos comunistas se fundaron en Argentina (1918) y en México (1919). En 1920 se fundó el Partido Comunista del Uruguay, en 1921 el de Brasil, en 1922 el de Chile, en 1925 el de Cuba, en 1929 el de Perú. Su influencia se hizo sentir a poco de fundados. No obstante su debilidad numérica, la poca formación política e ideológica que caracterizaba a la mayoría de sus miembros, la incipiente comprensión teórica que tenían de la lucha de clases en los países coloniales y dependientes y las variaciones de línea política e ideológica de la III Internacional, la presencia de los primeros partidos comunistas alteró todo el sentido de las luchas en el mundo del trabajo. Causó el encono de anarquistas y laboristas dentro del movimiento obrero y motivó una reacción, aun más alerta y sagaz, entre los partidos e ideólogos de la pequeña burguesía parlamentaria y caudillera que ya habían entrado en tratos con las organizaciones laborales de su tiempo.

Los comunistas fueron venciendo cada vez más a los anarquistas, cuyo desprestigio fue notorio tras los grandes fracasos a que habían conducido a lás masas a fines de la década anterior. Los flamantes partidos comunistas llevaron a sus filas a muchos revolucionarios que antes no hallaban más forma de expresión que el anarquismo. Y se enfrentaron a los líderes reformistas de los círculos obreros, que constituían la única alternativa al anarquismo hasta finales de los años diez. Por si fuera poco, a esas luchas debieron añadir otras contra el nacionalismo de la pequeña burguesía, la cual empezó a apropiarse de su lenguaje traduciéndolo a una clase distinta, con un proyecto también diferente en sus bases y futuro.

Luis Emilio Recabarren, José Carlos Mariátegui y

Julio Antonio Mella fueron algunos de los dirigentes
comunistas que más destacaron en este tiempo. Fueron
también los primeros ideólogos del nuevo movimiento.
Ya desde fines del siglo XIX había existido un grupo
marxista en la Argentina, pero toda la evolución del
marxismo en Rusia y su enriquecimiento de 1905 a
1917 eran totalmente ignorados en América Latina.
Ellos empezaron a difundirlos mediante sus escritos o
por sus posiciones.

Recabarren nunca llegó a ser propiamente un pensador marxista. Como fundador de la Federación Obrera de Chile y del Partido Comunista Chileno sostuvo
sin embargo, con notable firmeza teórica y práctica,
la necesidad de defender la autonomía de las organizaciones de la clase obrera, motivo de discusión en el
seno de las organizaciones marxistas ante los embates
del reformismo y el populismo emergentes. José Carlos
Mariátegui dejó una obra extraordinariamente rica. No
fue hombre común. La sutileza de sus análisis puso en
evidencia el carácter concreto de la lucha de clases y
de la liberación latinoamericanas. Planteó para América Latina —desde el Perú de entonces— una política
de masas y de acumulación de fuerzas. Sus *Siete ensayos de interpretación de la realidad peruana* (1928)
constituyeron el primer descubrimiento de un país latinoamericano por un autor marxista-leninista "convic-
to y confeso", como él decía ser. A los *Siete ensayos*
añadió muchos otros como *La escena contemporánea*
e *Historia de la crisis mundial,* ejemplos en el análisis marxista de los fenómenos políticos. También escribió un ensayo teórico *En defensa del marxismo,* contra el revisionismo reformista y el radicalismo trotskista.
Divulgó el conocimiento del marxismo en dos famosas
revistas, *Amauta* y *Labor,* aquélla de carácter cultural
y literario y ésta más directamente ocupada en informar y formar al movimiento obrero. Mariátegui libró
una batalla central en el terreno ideológico latinoamericano, al exponer de manera exacta y dura sus dife-

rencias con Víctor Raúl Haya de la 'Torre y el nacionalismo por él representado. Comprendió que en el largo proceso de las luchas antimperialistas y antifeudales la única clase que iría hasta el final sería la trabajadora. En forma inequívoca, abandonó y denunció toda pretensión a una dirección política y revolucionaria a cargo de organizaciones de la pequeña burguesía, e instó a los miembros de las clases medias a que se sumasen a las organizaciones del proletariado.

Para Mariátegui la eficacia de la lucha antimperialista, agraria, indigenista dependía de una alianza dirigida por el proletariado y su partido de vanguardia y, en última instancia, dependía de la instauración del socialismo. Sobre estos principios, exploró la originalidad histórica y social de América Latina, la realidad y la vida de la revolución latinoamericana, su necesaria "creación heroica", la que cobraría vida a partir de una realidad universal y concreta. Apegado emocional y políticamente a la clase trabajadora, se insertó prácticamente en ella, pensó que ni el descubrimiento de la historia o del socialismo ni la creación de la futura historia socialista podían ser, según dijo, "calco" y "copia" de lo ocurrido en otras regiones u otros tiempos. Eran parte de un proceso universal, con variantes en Europa, Asia, África o América Latina, a las que su espíritu agilísimo y su espléndida pluma captaron sobre todo en lo que se refiere a Perú y los países latinoamericanos. Mariátegui fundó el Partido Socialista Peruano (comunista). Su pensamiento fue poco compartido y menos profundizado por las vanguardias comunistas de su tiempo. A su muerte sufrió un largo abandono. Pero su obra subsistió hasta nuestros días e hizo del autor el clásico más destacado del pensamiento marxista latinoamericano.

Julio Antonio Mella, asesinado a los 28 años por Machado, el dictador de Cuba, dejó una obra mínima aunque particularmente profunda en la táctica de la lucha obrera por la liberación nacional. Mella declaró a la clase obrera cubana heredera de Martí. Preservó y desmitificó la memoria del Apóstol y defendió con tesón sus ideas libertadoras. Como Martí, Mella no sólo pensó claro y actuó claro, sino con una firmeza que era también una forma de pensar. Ligó lucha nacional y lucha de clases y rechazó con ironía brutal todos los intentos de una política reformista y conciliadora. Su crítica a Víctor Raúl Haya de la Torre fue de las más incisivas de su tiempo y constituyó una toma de posición tajante contra el asedio nacionalista y reformista de la pequeña burguesía, que buscaba —incluso a nivel teórico— trasformar el movimiento obrero revolucionario en movimiento dirigido por caudillos y organizaciones de las clases medias.

Los problemas que se plantearon a los revolucionarios latinoamericanos de los años veinte fueron muy superiores a los de cualquier etapa anterior. Excedieron una comprensión teórica, profunda y concreta, que plasmara en una organización pensante y actuante de la clase obrera, capaz de conducir las luchas libertadoras de los pueblos como clase política y revolucionaria. Varios factores impidieron a los partidos comunistas resolver los problemas que ellos mismos planteaban y que implicaban una imprevista variedad de tácticas de lucha. El principal de ellos tal vez consistió en un desarrollo desigual de los trabajadores del mundo que hizo que mientras unos plantearan problemas que ya podían resolver, otros se plantearan esos mismos problemas para ver si los podían resolver o para desarrollar sus fuerzas embrionarias, ésas que veían más problemas de los que objetivamente podían resolver.

Con la aparición del marxismo-leninismo en América Latina se colocó en un primer plano el problema del estado y la burguesía; el del imperialismo y el capital monopólico; el del estado imperial, el poder, la liberación nacional y la revolución social; el de un nuevo estado de base obrera y campesina, de economía socialista y hegemonía proletaria. Igualmente se abordó el problema de la autonomía ideológica y política de las organizaciones revolucionarias; el de la necesidad de las alianzas y el de la acumulación de fuerzas; el del carácter de la acción revolucionaria en una o varias etapas, socialistas en lo inmediato o primero antimperialistas, antifeudales y más tarde socialistas. Con esos problemas se suscitaron otros sobre la prioridad de la lucha antimperialista o de la lucha de clase contra clase; del apoyo a los movimientos antimperialistas y antifeudales dirigidos por la pequeña burguesía, o de la lucha contra cualquier liderazgo pequeñoburgués y reformista que intentara apoderarse de la conciencia y la política de obreros y campesinos, alejándolos de las batallas definitivas cón negociaciones y reformas, consideradas contrarias al crecimiento de la conciencia de clase del trabajador político, revolucionario.

Muchos de esos problemas rebasaban las posibilidades de una solución pensada y respaldada con plena lucidez y fuerza por la clase obrera latinoamericana y por el propio movimiento revolucionario internacional. Y la mayoría de ellos se reducían a un problema esencial, el apoyo a la Unión Soviética, y correspondían a una experiencia precaria en relación a la revolución socialista anticolonial o a la política revolucionaria contra el colonialismo y el neocolonialismo. El apoyo a la Unión Soviética revistió una importancia definitiva para todas las fuerzas revolucionarias del mundo. Exigió pruebas constantes de solidaridad proletaria. La III Internacional se propuso organizar esa solidaridad en la escena política mundial y logró ser un medio de información frente a la propaganda antisoviética del imperialismo. La justeza del apoyo a la URSS, a través de la III Internacional, planteó sin embargo problemas a menudo superiores a la comprensión teórica de sus simpatizantes. La inmensa novedad de la historia, después de octubre de 1917, y sus variaciones inusitadas y universales llevaron, ante la duda, a aferrarse como último recurso a la disciplina política. Muchos problemas y soluciones se plantearon y resolvieron por solidaridad mundial al primer estado de los trabajadores, que surgió como primera realidad de un largo sueño obrero —socialista, anarquista y comunista. La lucha práctica se movió al impulso de los viejos ideales y del nuevo júbilo.

Los problemas fueron enfrentados en la génesis de un sistema universal extremadamente heterogéneo y poco conocido. Es cierto que nunca hasta entonces se profundizó tanto en la cuestión colonial y en la liberación de las colonias. Ho Chi Minh y Mao Tse-tung descubrieron, desde los primeros encuentros de la III Internacional, las fuentes del pensamiento revolucionario de Asia. Asia misma proporcionó muchos elementos concretos para la teoría y la generalización. Pero los problemas de la revolución socialista en el mundo colonial y semicolonial no lograron cabal y firme expresión teórica ni siquiera en los ideólogos más rigurosos de la III Internacional. Desde Lenin hasta Stalin aparecieron puntos de vista en que los más destacados ideólogos reconocían su insuficiente información y en que los líderes del primer estado socialista y de la III Internacional, con relativa frecuencia, impusieron variaciones tácticas en función de los requerimientos de una política de apoyo al primer territorio socialista o de las experiencias alcanzadas en los principales campos de batalla. Las variaciones tácticas consistieron a veces en alentar los movimientos comunistas del mundo colonial contra cualquier corriente reformista o nacionalista, y otras en apoyar a esos mismos movimientos reformistas o nacionalistas, para no dejar aislados a los comunistas ni vulnerado al estado soviético. La táctica pasó de impedir las alianzas, que tarde o temprano derivaban en la eliminación y masacre de los comunistas, a apoyar esas alianzas, bajo nuevas circunstancias concretas, para que los comunistas no quedaran aislados y no fueran masacrados. La lógica de la solidaridad con el primer estado obrero, la falta de infor-

mación, el carácter precario de una teoría de opciones
múltiples y sobre todo la correlación de fuerzas frecuentemente desfavorable a la expansión de la revolución socialista determinaron variaciones tácticas inusitadas, incomprensibles o difíciles de explicar. No existía una historia de los procesos del mundo colonial que
permitiera la construcción de una teoría de plazos largos, con acercamientos y alejamientos en el acceso al
poder. La teoría se convirtió en línea y la línea impuso la explicación teórica, rechazando a menudo como
meros errores las experiencias pasadas y descuidando
las necesarias variaciones futuras. Sobre todo en los
países dependientes, y en especial en América Latina,
se fue dogmático en la aplicación de la línea y prag-
mático en el cambio de línea. La interpretación de
todo cambio en función exclusiva de errores pasados,
sin considerar las variaciones en la correlación de fuerzas del estado soviético ni las de comunistas y nacionalistas en cada país, ni la acción practicable a un
nivel dado de las luchas, impidió la construcción de
una teoría comprensiva de las variaciones en el tiempo largo, y en los distintos países, consciente de la necesidad de emplear unas veces unas tácticas y otras
las contrarias. Estas circunstancias impidieron también
sostener una política constante de preservación de la
autonomía ideológica y política de las organizaciones
revolucionarias y otra de acumulación de fuerzas, de
educación y propaganda, de investigación con alta información teórica, histórica y práctica.

Las variaciones de los partidos comunistas latinoamericanos siguieron rigurosamente la línea de la III Internacional. A principios de 1919, la Internacional tendió a apoyar a los movimientos calificados de "nacional revolucionarios". La lucha contra los reformistas,
laboristas y nacionalistas fue en cambio muy aguda de
fines de 1919 a 1921. Entre 1922 y 1927 nuevamente
se sostuvo la línea de apoyo a los movimientos nacionalistas y reformistas. En 1925 Stalin llegó a preconizar

para los países coloniales, donde el movimiento obrero fuera muy débil, el que formaran incluso un "partido único" con las demás fuerzas progresistas y antimperialistas. Después de la traición del Kuomitang y la matanza de Shangai (1927) surgió una nueva línea contraria a las alianzas, que se mantuvo de 1928 a 1935. Los comunistas sufrieron a partir de entonces los efectos del aislamiento de otras fuerzas democráticas en lucha frente al fascismo emergente en Europa y el mundo. Así se sentaron las bases para el cambio de línea, que se impuso desde 1935 con los frentes populares, útil instrumento de lucha contra el fascismo.

A nivel internacional la difícil dialéctica fue muy pobremente comprendida. La falta de una historia revolucionaria que aún no existía, de algún modo se combinó con la incomprensión de las variaciones tácticas de una historia que ya existía. Y al carácter incierto de los planteamientos teóricos globales se añadieron muchos otros problemas característicos del desarrollo de la cultura en los países dependientes y de la evolución misma de trabajadores, campesinos y pequeñas burguesías.

Los líderes y grupos pioneros del pensamiento marxista-leninista en América Latina no pudieron impedir que prevalecieran en su propio seno varias formas de pensar de la cultura dominante, algunas de origen escolástico, otras irracionales y otras positivistas. En general influyeron las categorías de una antigua y renovada cultura acostumbrada a pensar en forma de credo, a creer en forma de dogma, a interpretar la realidad con juicios de autoridad, a recordar las victorias como episodios, a argumentar con calificativos, a "rechazar" o "aceptar" con juicios ortodoxos y sectarios, a desentenderse del vacío formidable de palabras sin práctica, a resolver los problemas de disciplina y acción política con consignas "supremas", reforzadas por un sistema de control, generalmente parecido al del gremialismo autoritario, el caciquismo o el caudillismo.

Los primeros comunistas latinoamericanos no pudieron impedir que en su propio seno y con su nuevo lenguaje se expresaran las corrientes anarquistas y reformistas. Aunque el anarquismo fue entrando en decadencia, quedó como cultura de la "acción inmediata" en un proceso histórico largo. Dejó muchos elementos profundamente arraigados y difusamente extendidos, como la cultura del gesto, de la soberbia, de la declaración, del acto provocador desmedido, irracional, con variadas manifestaciones de terrorismo intelectual o psicológico. Todo ello alejó la posibilidad de pensar y actuar para preparar a una clase obrera dirigente dentro de un proceso revolucionario largo, con naturales explosiones de masas cuyo encauzamiento se basara en una lógica revolucionaria de lo posible y lo necesario. Impidió profundizar en el conocimiento de la filosofía y la historia, ahondar en los problemas del estado, de la política y la revolución, como problemas intrínsecamente relacionados entre sí. También frenó la posibilidad de extender la educación y la organización de las masas.

Las distintas formas del pensamiento irracional, incluidas las más ranciamente burguesas, como las de Nietzsche o Bergson, encontraron la oportunidad de expresarse con categorías y términos superficialmente revolucionarios, extremistas, pueriles. Los anarquistas de la pequeña burguesía tenían una emoción sentimental que les permitió acercarse a los anarquistas del proletariado. Engreídos y coléricos unos, con "olor a sudor" y toscos otros, los distintos anarquistas mostraron parecidas actitudes de teatralidad en la conquista del poder, aunque sus lenguajes y sus filósofos aparentemente nada tuvieran que ver entre sí.

En el seno de los partidos comunistas se incrustó también el pensar reformista, con su lógica del poder establecido, sus buenos modales, sus autores sagaces. El reformismo borró al protagonista, confundió la lucha y sus secuencias con fenómenos de circunstancia; se

negó a plantear incluso en la teoría el problema de
cambiar la correlación de fuerzas en función de una
política proletaria. Propuso al pueblo como vago perso-
naje. Destacó un hecho importante con exclusión del
otro: el nacional con exclusión del proletario. Destacó
a un sujeto —la nación, el estado, Perú, Latinoamérica— con merma de la clase y la masa, de la vanguardia
de la clase obrera y la masa obrera. Señaló al enemigo
externo e inmediato sin pensar en sus bases sociales e
históricas: se refirió al imperialismo y a la oligarquía
sin mención a las clases y su evolución larga, anterior
y futura. Hizo del enemigo principal, un enemigo ab-
sorbente, a veces único. Confundió lo específico y concreto con el interés de las clases medias en la construcción nacional, en la carrera política y en la dirección
nacional. Y dijo acudir a autores propios, que no fueran ajenos a la burguesía, mientras usaba a los marxistas para que fueran ajenos al proletariado y sus organizaciones emergentes. De la prudencia, el realismo
y la malicia hizo también un fenómeno de clase dominante, de clase inalterable. No eran prudencia, realismo
o malicia proletarios, revolucionarios, que pensaran y
actuaran en términos de un largo proceso de acumulación de fuerzas para el socialismo. En toda la lógica del
reformismo un poco socialista y un poco nacionalista
estaba inscrito un intento de conciliar el interés pequeño y personal con el social. Estaba un mito. Y ese
mito presionó sobre los partidos comunistas y —con la
represión— tendió a aislarlos de las masas obreras.

La represión fue tenaz durante esos años, sobre todo
en la crisis de 1929-33. Las clases dirigentes se ensa-
ñaron con los comunistas. En los países del Caribe o
Centroamérica, invadidos por los *marines,* los comunistas fueron el primer blanco. En las plantaciones, las minas y las compañías de enclave, se les buscó y acorraló
con policías privados y oficiales. Los gobiernos oligár-
quicos, antiguos y nuevos, populistas o "bonapartistas"
—con excepciones de líderes y circunstancias—, los aco-

saron abierta e indirectamente, sin concesión ni piedad
o con intentos de desmebramiento y corrupción. En casi
todas partes emplearon medidas políticas y legales contra comunistas y simpatizantes, campañas psicológicas,
allanamientos sorpresivos, encarcelamientos, destierros,
confinamientos en islas y zonas aisladas, asesinatos y
torturas.

Los políticos más sutiles y progresistas de la pequeña
burguesía, que se enfrentaban al imperialismo y a la oligarquía terrateniente, lo menos que hicieron fue limitar
al máximo el influjo comunista con distingos entre su
propia posición y la más peligrosa de aquéllos. Tomaron el lenguaje marxista para "legalizarlo" en organizaciones de clase media que ofrecían la apariencia de
lo mismo —con más rendimientos y menos riesgos— a
una masa en proceso de educación por el ofrecimiento
y la amenaza.

Mito, miedo y esperanza recrearon el pensamiento
reformista distorsionando una historia real y una decisión pensada. La prioridad de lo proletario frente a lo
nacional llegó a significar para muchas organizaciones
revolucionarias un divorcio de la lucha efectiva. La historia inmediata llegó a generar confianzas y descon-
fianzas fundadas en la experiencia. El riesgo del aislamiento de la clase obrera y su debilidad objetiva en
una batalla frontal contra todas las burguesías llevó al
fin a los propios comunistas a asumir el riesgo de las
alianzas, del apoyo e incluso de la integración a las formaciones políticas encabezadas por líderes laboristas y
caudillos nacionalistas y reformistas. El proyecto de nación, iniciado y frustrado en el siglo xix, se renovó con
complementos de reformas sociales; apareció como posibilidad de ataque más o menos efectivo contra la
servidumbre y el neocolonialismo. El riesgo de no asumir ese proyecto era el de una derrota varias veces
comprobada. Las clases dominantes ofrecían una fisura
entre viejas y nuevas burguesías, entre imperialistas y
nacionalistas, entre esclavistas o señores de fábrica, plan-

tación, mina, hacienda, y dirigentes políticos y económicos dispuestos a una especie de avenimiento contractual, a no usar la simple represión del clásico tirano, aun cuando en sus concesiones aún impusieran ciertas exigencias paternalistas. Todas las burguesías eran represivas. Todas violentas. Sólo que algunas facciones, grupos y jefes estaban dispuestas a ceder, a conceder.

Derrotados los movimientos autónomos de las masas campesinas y trabajadoras una y otra vez, buscaron éstas entenderse con quienes las ayudaban a enfrentar a los antiguos propietarios de la tierra o les aseguraban reivindicaciones y garantías elementales. Las masas llegaron a apoyar con júbilo cualquier lucha contra un presente de siervos y de esclavos, de trabajadores nacidos en territorios conquistados y coloniales. La mayoría de los propios trabajadores industriales empezó a optar por la alianza y el amparo de caudillos nacionales y reformistas que proliferaron en ese mundo particularmente opresivo. Las organizaciones revolucionarias y los partidos comunistas adoptaron una política parecida buscando preservar algo de su identidad en medio de la gran lucha contra el trabajo servil y neocolonial. Su error no fue la política de alianzas y de apoyo a las medidas nacionalistas y reformistas. Pareció hallarse más bien en la interpretación de las alianzas y los enfrentamientos como entidades absorbentes, como compromisos rígidos, absolutizados. Fue un error de dialéctica pobre impuesta por una metafísica paternalista, aun hegemónica. Desconocer u olvidar la prioridad proletaria fue, a la vez, resultado de una correlación de fuerzas que no le permitió a la clase obrera asegurar por sí sola la batalla social y nacional e inicio de un proceso de descomposición de la incipiente teoría revolucionaria. Fue también parte de una larga historia de formaciones y organizaciones sociales en que la clase obrera pensante y actuante no pudo desprenderse de muchas ideas que la sujetaban. A partir de una situación de fuerza, de violencia y de domina-

ción cultural —de cultura paternalista y servil— ocurrieron varias expresiones ideológicas muy contrarias a
la historia del "maximalismo" y a la preservación de la
autonomía de clase.

Si en los momentos de la "línea dura" de los partidos
comunistas la tendencia consistió en caer en el anarquismo, en los de la alianza antifascista o antimperialista se impuso la lógica del reformismo, del nacionalismo anticolonial, con remanentes positivistas y evolucionistas. La tendencia nacionalista y reformista hizo
olvidar la historia futura de la liberación en tanto que
proceso de lucha revolucionaria, no sólo nacional ni
sólo evolucionista, sino social y revolucionaria.

La cultura escolástica fue el trasfondo permanente
de los límites del pensar revolucionario e impidió a
los dirigentes encauzar mejor a las masas. La decisión
de la alianza fue concebida como un acto incondicional y absoluto e impidió hacer efectivo el derecho a
una política propia, proletaria, en medio de las alianzas.
Las masas no entendían la unión con autonomía ideológica y de clase. Y si algunas organizaciones la entendían, les era difícil mantener esa autonomía en
la ideología y en las organizaciones mayoritarias de
clase obrera. El reformismo y el nacionalismo penetra-
ron en las masas trabajadoras. Aprovechando su cultura —providencialista—, les impusieron una unión y
un programa que implicaba sometimiento y fusión de
metas.

A lo largo de los años veinte y principios de los
treinta, en las bases mismas de la clase obrera, la mayoría de los trabajadores y sus organizaciones tendieron
a adoptar así el nacionalismo, el reformismo, el labo-
rismo y las ideologías del "populismo" latinoamericano casi como una opción definitiva. La difusión de
esas ideologías entre las masas fue producto de la persuasión verbal e ideológica, de la concesión y la represión en una sociedad que conservaba la cultura del
"amo" en "caudillos", líderes y masas. Las burguesías

empezaron a aplicar en forma cada vez más sistemática
sus nuevas políticas combinatorias y éstas encontraron
receptividad en los trabajadores organizados, que de alguna manera se vieron obligados a someterse, o por las
represiones o por las concesiones —o por el mensaje
que ambas representaban. Así se impuso una política
reformista dirigida por las organizaciones de la pequeña burguesía.

La presencia de los primeros comunistas latinoamericanos alteró notablemente los términos de la lucha
nacional y de la lucha de clases, a pesar de sus limitaciones ideológicas, políticas e incluso sociales. El imperialismo y las burguesías se preocuparon por acentuar
las concesiones, las reformas y mediaciones en todos los
países y zonas donde vieron que una política puramente represiva acarreaba costos más altos para la continuidad de su poder y su clase. Los líderes de las clases
medias y de la pequeña burguesía pobre, junto con
los líderes reformistas de los trabajadores, plantearon
a las clases dominantes la alternativa de entrar en acuerdos con ellos y de respetar las victorias que a menudo
sólo alcanzaron por la fuerza, o de enfrentarse al más
grave problema de un movimiento obrero-campesino
antimperialista, anticapitalista y revolucionario. Las clases dominantes y los sectores medios llevaron a un nivel
de conciencia superior al pasado la posibilidad, entrevista desde principios de siglo, de una política que com-
binara prácticamente la represión y la concesión, el
enfrentamiento de fuerzas y el acuerdo, la lucha inmediata —incluso armada— y la mediación y mediatización de las demandas y el poder de las masas, agitadas
a menudo como demostración de fuerzas para alcanzar
nuevas posiciones desde las que negociar. Las masas
mismas aprendieron a luchar para obtener concesiones.
Apoyaron la política y la lógica de sus caudillos y líderes destinados a negociar y mejorar. Las masas mismas en su malicia llegaron a un nivel de conciencia
creciente las posibilidades de obtener concesiones con

levantamientos y negociaciones. La mayoría eligió a los
caudillos más aptos para pelear y para negociar —en
el campo de las armas, en el gobierno, en los sindicatos. A las clases dominantes les resultó más difícil destruir a los líderes nacionalistas y reformistas, a quienes
incluso ocasionalmente alentaron considerándolos un
"mal menor".

La fuerza que de esto surgió, la más saliente como
lucha práctica inmediata, o como mediación inmediata, fue el antimperialismo nacionalista dirigido por la
pequeña burguesía reformista y los líderes laboristas.
Fue una fuerza encabezada por caudillos antimperialistas o antioligárquicos, a veces valerosos y heroicos, a
veces también negociadores y hábiles políticos, y otras
más, solamente mistificadores.

El proceso de mediación y mediatización de las organizaciones obreras por los líderes de las burguesías progresistas y del proletariado reformista adquirió relieve
ideológico desde mediados de los veintes, con la presencia en un primer plano de la escena del peruano Víctor
Raúl Haya de la Torre. Haya de la Torre inició por
1924 una lucha ideológica que tuvo alcance continental.
Inspirado en la Revolución mexicana, entonces dirigida
por los caudillos de Sonora, propuso una alternativa
antimperialista y socialista que buscaba arrebatar banderas a los comunistas, no sólo en el campo práctico
sino en el teórico e ideológico. Con el pretexto de la
especificación de la lucha de clases y de encontrar lo
concreto, Haya de la Torre llegó a sostener que la mejor manera de ser marxista en América Latina consistía precisamente en no ser marxista, sino nacionalista,
y en no alentar la dirección del proceso por el proletariado, sino por la pequeña burguesía. Con gran alarde
de un razonamiento que no era escolástico ni dogmático logró que tampoco fuera marxista ni proletario,
mientras él mismo se declaraba continuador práctico
de las luchas de Mariátegui para suplantarlo y falsifi-

carlo con el mismo lenguaje, pero desde una posición de clase distinta.

El movimiento que Haya quiso llevar a un terreno intelectual y teórico fue sin embargo mucho más que una mediación o un engaño proyectados. Fue un punto de partida y una ilusión múltiple de las clases medias de los años veinte, en particular de su juventud universitaria y progresista. De hecho, parte muy importante de la inteligencia latinoamericana se empeñó en construir con renovados bríos el mito móvil y variable de la cultura nacional, de la educación, el arte, el ser, el espíritu, la "raza". El nacionalismo fue mucho más que una mera ideología política; abarcó todos los campos de la expresión cultural, desde la filosofía, el relato, la pintura, la música, hasta la política. Se expresó a lo largo de América Latina como novedad social del siglo XX en países dominados por el imperialismo, los hacendados, los déspotas y los caciques, a quienes se enfrentaban nuevos caudillos con otras formas de autoridad personal y social, a la vez más populares y burguesas, en algunos de cuyos resquicios intentó colarse la inteligencia, la cultura y el socialismo.

Víctor Raúl Haya de la Torre fundó la Alianza Popular Revolucionaria Americana (APRA) en 1924, cuando vivía en México desterrado por el dictador Leguía. Su programa de acción contra el imperialismo yanqui, por la unidad de América Latina, por la nacionalización de las tierras e industrias, por la internacionalización del Canal de Panamá, por la solidaridad con todos los pueblos y clases oprimidos del mundo, atrajo a una gran cantidad de jóvenes políticos e idealistas, entre éstos al propio Mariátegui, quien durante un tiempo militó en el aprismo.

Las vacilaciones y traiciones ulteriores de Haya, el abandono del programa original, la conciliación creciente del "aprismo" con la oligarquía y el poder imperial borraron, e hicieron olvidar, la pasión original y las luchas heroicas de muchos jóvenes que creyeron y murieron por los ideales del APRA, o de los que más tarde radicalizaron y proletarizaron sus proyectos de liberación al advertir las limitaciones y flaquezas de los proyectos nacionales dirigidos por una pequeña burguesía no sólo idealista sino ladina. El aprismo fue la expresión más sistemática de rechazo popular, "antifeudal" y "antimperialista" por parte de esa pequeña burguesía que se había desarrollado en una sociedad de origen colonial, sobre la que pesaban las injusticias de hacendados, compañías exportadoras, gachupines, gringos, tiranuelos tropicales y potencias extranjeras. El aprismo respondió a esa opresión múltiple y combinada con un intento de recoger todas las formas de la rebeldía, antiguas y modernas, dentro de un ambiente que conservaba un poco de la escenografía española y colonial, del siglo XIX francés, de la más nueva civilización inglesa o yanqui, con herencias positivas en filosofía, modernistas y provincianas en poesía, hispanistas y anglófobas en política. El aprismo fue heredero directo del movimiento de Córdoba, formulación programática de la Revolución mexicana, como esperanza aún viva de acción continental, y eco contradictorio de simpatías y diferencias con la Revolución rusa y el fascismo de Mussolini readaptados con reservas por las clases medias latinoamericanas. Fue también un último clamor del liberalismo y el anarquismo, y una combinación de la cultura del caudillo rural y del intelectual urbano de las pequeñas y provincianas capitales de América Latina. Su múltiple filosofía, su lenguaje previamente popularizado, su liderazgo autoritario y paternalista permitieron a los "apristas" y a sus sucesores dar algunas de las grandes batallas de las masas, en forma directa o influyendo en las manifestaciones de un nacionalismo social y populachero, que no invocaba directamente a Haya, o porque sus nuevos ideólogos lo plagiaban o porque pensaban por propia cuenta dentro de un movimiento con bases reales que llegó a encontrar el res-

paldo de muchas fuerzas progresistas actuantes en una
misma realidad. Entre las luchas más notables en la
historia de las masas, durante esta etapa, hubo algunas
que conmovieron a toda América Latina y alcanzaron
eco en la escena política mundial. El recorrido de la
Columna Prestes (1924-1925) contra la poderosa oligarquía terrateniente brasileña cobró el carácter de una
lucha legendaria y heroica, contemplada y observada
con simpatía y reserva por los comunistas. La guerra
de guerrillas de Sandino (1926-1933) contra la invasión yanqui en Nicaragua suscitó una solidaridad en
la opinión pública mundial que no tenía precedente
en la historia de las luchas antimperialistas. Sandino
recibió el apoyo de su pueblo y de las fuerzas democráticas, socialistas y comunistas del mundo. En el curso mismo de la lucha logró prestigio y solidaridad internacionales para el pueblo invadido, que se enfrentó
invencible a armas y efectivos mucho más poderosos,
hasta el asesinato de su héroe por el traidor Somoza.
    Las batallas contra el imperialismo y la oligarquía
empezaron a adquirir en el mundo resonancia distinta.
Ya no sólo los grandes poetas e intelectuales y las organizaciones humanistas apoyaron a los pueblos en lucha contra las potencias coloniales y el imperialismo.
Surgió un claro apoyo de clase, con la solidaridad de
la Rusia soviética, de los partidos comunistas y las fuerzas democráticas y sindicales simpatizantes. Lo nuevo
de la lucha anticolonial y antimperialista en los años
veinte fue un cierto aire obrero y socialista, democrático y bolchevique.
    En los propios movimientos de masas y liberación se
plantearon las novedades de la historia, unas veces como
mera solidaridad internacional de las fuerzas revolucionarias; otras como interpretación marxista de las
luchas antimperialistas que no conducen de inmediato
al socialismo; otras más como enfrentamientos reales de
clases, gobiernos y naciones que abrían posibilidades
alucinantes a los trabajadores y revolucionarios para

alcanzar tarde o temprano el socialismo. Con frecuencia la novedad de los enfrentamientos era mistificada y exagerada por la reacción como si en todos ellos existiera un inminente "peligro comunista". Lo cierto es que algunos dirigentes y cuadros fueron comunistas y que la reacción pretendió que todos los que actuaban como agitadores eran comunistas dirigidos por Moscú. La historia nueva fue un juego de realidades y trampas cuya originalidad sólo consistió en la vinculación de la liberación de clase y la liberación nacional en términos más estrechos, que se avizoraban como potencialmente mundiales y que a veces lo fueron aunque de un modo aún muy superficial. El Prestes de los años veinte y sus tenientes insurrectos de la clase media recorrieron 20 000 kilómetros con su columna de agitación y protesta, enarbolando banderas que se limitaban a pedir la libertad política, la justicia honrada, las elecciones libres, sin ningún proyecto social. Sólo su larga marcha por Río, el Mato Grosso y Goiás los condujo a profundizar sus demandas, a liberar a los campesinos de sus deudas, a confiscar tierras y a ejercer otros actos de justicia popular. Y sólo años después su líder principal, Luis Carlos Prestes, se volvió comunista.

Aunque todavía débil, la vinculación entre la lucha política y la lucha social, entre la lucha obrera y la lucha antimperialista, entre la lucha local y la lucha internacional se manifestó en forma creciente. Así, la gran huelga de los peones de las plantaciones de la United Fruit en Colombia, a la que se sumaron los trabajadores ferroviarios y portuarios y que movilizó en 1928 a todos los pueblos del río Magdalena, presentó un acto de masas que reveló por un lado la asociación combativa de los más distintos tipos de trabajadores, y por otro la complicidad de los gerentes de la compañía, del gobierno colombiano en turno, de las fuerzas conservadoras y liberales de la burguesía colombiana y del gobierno imperialista. En la dirección de esa huelga contra una compañía monopólica había

ya algunos comunistas. No era una huelga insurreccional ni todos los líderes eran comunistas. Y sin embargo
fue vista así como posibilidad para unos y como peligro para otros. El trabajador de la plantación comenzó
a formular las luchas por prestaciones elementales y aumentos de salarios como luchas contra el imperialismo
y por el socialismo. Los comunistas empezaron a actuar
en las plantaciones. Y la oligarquía recurrió a las más
distintas armas de contrataque. Entre otras, alentó las
insurrecciones destinadas al fracaso que le permitieran
justificar represiones y masacres.

En el levantamiento de campesinos ocurrido en El
Salvador en 1932 hubo un fenómeno real de acercamiento y acción común de los peones de las plantaciones, los indios, los obreros y los comunistas. Como
había ocurrido antes y ocurriría después se dio una
insurrección popular condenada de antemano al fracaso, una de esas batallas que los líderes tienen que
dar aunque sepan que las van a perder, que desenca-
denan las masas y que sólo de una manera aparente
ellos parecen encauzar. La historia real muchas veces
pareció revelar que los cuadros no eran —ni son— los
agitadores, sino las masas mismas cuando llegan a puntos de desesperación colérica. En El Salvador de 1932,
el propio Partido Comunista sólo en última instancia
"acordó llamar a las masas a la insurrección". Fue el
primer intento de una insurrección antioligárquica y
antimperialista encabezada por los comunistas. Mostró
su presencia y sus debilidades, que se manifestaron en
muchos planos: en sus bases sociales, en su organización, en su formación ideológica, en su imprecisión
estratégica, en su indecisión sobre los mejores caminos
a seguir y también, paradójicamente, en la decisión de
los caminos seguidos. Si en comparación con la historia anterior se advirtió mayor profundidad en la lucha
nacional, y fue ésa una lucha de clases e internacional,
los distintos líderes y organizaciones revolucionarias encontraron, en la práctica, grandes debilidades.

Las debilidades distintas de los movimientos de masas se hicieron tanto más evidentes con la participación de las organizaciones comunistas en los movimientos insurreccionales de signo socialista, que perdieron. También en los enfrentamientos de los comunistas a los movimientos que ellos mismos no podían dirigir y trasformar, y que quedaron bajo la dirección de una pequeña burguesía nacionalista con signos ideológicos varios.

Muchos errores fueron síntomas de debilidad sólo comprobada en los hechos; muchos fracasos, resultantes de la cultura revolucionaria exigüa de líderes, organizaciones y masas. Y hubo derrotas producto de debilidades insuperables aún, y errores que se repetían en todos los movimientos de masas, sin corrección práctica posible. La oligarquía aprendió a usar esos errores; el imperialismo también. Pero no sólo se valió de ellos, sino de su propia fuerza, que se basaba en la debilidad orgánica relativa de los trabajadores, en su debilidad política relativa para acometer una empresa triunfante de liberación nacional, de revolución social. Y la fuerza de las clases dominantes operó aun en los casos en que las organizaciones reducían al máximo sus errores, no repitiendo errores pasados, ni aferrándose a ideas inoperantes. Las derrotas populares escondían las más variadas combinaciones de esos factores expresados en el líder, la organización, las masas, la invariable correlación de fuerzas del momento.

Entre el 4 y el 16 de junio de 1932 el militar Marmaduke Grove y el abogado Eugenio Matte establecieron en Chile la primera República Socialista. Los obreros estaban divididos en múltiples organizaciones.

Apoyados por la fuerza de las armas y de las masas, Grove y Matte llegaron con el pueblo a La Moneda, el palacio de gobierno. No fue ésa una revolución dirigida por las organizaciones obreras de acuerdo con un plan revolucionario. Sus líderes tenían un ideal socialista y un programa antimperialista que objetivamente conducía —sin la clase obrera en el poder— a un capitalismo de estado, a una revolución democrática y antimperialista.

El gobierno de la llamada República Socialista se caracterizó por su heterogeneidad de intereses y clases. Se integró con personeros socialistas, con otros liberales e incluso con algunos que eran reaccionarios. Y surgió entonces en Chile un problema de apariencia cíclica: un gobierno que no era del proletariado y tenía un ideal socialista; una clase obrera que no era revolucionaria y estaba dividida en organizaciones e ideologías muy opuestas; un gabinete que encerraba la traición, y un partido comunista que siguiendo las líneas vigentes entonces en la Internacional organizó un "soviet" en la Universidad, pensando así "presionar revolucionariamente para llevar hasta sus últimas consecuencias la intentona grovista". Entre los propios jefes del movimiento hubo discrepancias. Matte quería armar milicias populares, mientras Grove confiaba en sus compañeros de armas. Al final un golpe de estado preparado y dirigido por el ejército dio al traste, un 26 de junio de 1932, con ese primer y vago intento de República socialista. Desde mucho tiempo antes, la oligarquía había aprendido a conquistar el poder aprovechando las divisiones internas de sus víctimas; ahora aprendía a recuperar el poder acentuando las divisiones y el aislamiento de los revolucionarios.

Errores, debilidad, o ambas. Las contradicciones no llevaban al poder de las masas y de los líderes integrados a las masas. Se manifestaban con cualquier táctica que se escogiera. Lo que revelaba un problema de encabalgamiento de error sobre debilidad, de masas en preparación con líderes en preparación, más que de fórmulas exactas capaces de superar el curso de la historia de las masas. Las victorias eran inalcanzables, como en una historia embrionaria, a veces todavía fatal.

Entre 1930 y 1935, la clase obrera asistió a un cambio definitivo de las tácticas de "clase contra clase" a las tácticas de frente popular en sus distintas versiones. Durante los primeros años de la década los comunistas hicieron todos los esfuerzos a su alcance para impedir el liderazgo nacionalista y reformista en los movimientos de masas. Combatieron a los líderes progresistas de la pequeña burguesía para derrotarlos y suplantarlos o para atraerlos a sus propias organizaciones. Fue una lucha de posiciones y definiciones a la que se entregaron en el mundo entero tras la gran derrota sufrida en Shangai con su política de alianzas.

En Brasil los comunistas ganaron las simpatías y la adhesión, de por vida, del "teniente" Luis Carlos Prestes. Y cuando vino el gran movimiento antioligárquico dirigido por Getúlio Vargas, un movimiento que sentaba las bases de un desarrollo más burgués, más urbano, más industrial y con mayor participación de las clases medias, el PCB y Prestes —que ya se contaba entre sus simpatizantes— se opusieron a ese movimiento de acuerdo con la línea entonces predominante en la Internacional y sin que ellos mismos ni las masas tuvieran la menor posibilidad de dirigir y encabezar un movimiento propio de revolución socialista.

La inmensa mayoría de los obreros y las clases medias de América Latina luchaban por un programa de derechos políticos y sociales. Sólo en la medida en que para alcanzarlos les era necesario enfrentarse a la oligarquía y al imperialismo, se enfrentaban a ellos. Si en México el proceso llevó por esos mismos años hacia modificaciones más profundas de la estructura de la propiedad agraria y el estado fue porque desde principios de siglo se había difundido entre los campesinos y la pequeña burguesía rural una ideología practicada de lucha por la tierra. En Brasil la revolución del 30 no acabó con la antigua oligarquía rural porque obreros, clases medias y burguesía industrial nunca sintieron la presión campesina armada como realidad o amenaza que los obligara a reconocer las tomas de tierras mediante actos de derecho y a otorgar otras nuevas como actos de alianza. Y si los líderes brasileños

de la revolución del 30 no acometieron trasformaciones
más profundas en el estado fue porque el proyecto de
las masas y sus líderes mayoritarios no iba más lejos. La
clase obrera, como masa, carecía de un proyecto de
poder, de una organización que se planteara con las
masas la toma del poder, y carecía por lo tanto de
la fuerza interior necesaria para alcanzar el poder. Tal
vez, aun si hubiera poseído esa fuerza, carecía de la
posibilidad de un apoyo mínimo frente al apoyo militar
que habrían recibido burguesías y oligarquías de las
potencias imperialistas. La España de 1936 vería la derrota de un pueblo en lucha acosado por el imperialismo.

El caso es que Prestes realizó en 1930 el último esfuerzo por no sumarse a un movimiento nacionalista.
Pensó en el peligro que implicaban y habían probado
parecidas alianzas. También hizo el último esfuerzo de
su tiempo por dirigir un movimiento popular antimperialista cuyo eje central fuera la clase obrera.

En noviembre de 1935 Luis Carlos Prestes —ya como
miembro del PCB— desató un movimiento armado, dirigido por los comunistas, que se proponía alcanzar el
poder con una alianza nacional libertadora, sin que los
obreros ni sus aliados hubieran estado decididos y menos preparados para acometer tamaña empresa. El
fracaso del movimiento coincidió con la implantación
de una nueva línea por la Internacional comunista,
aprobada para el mundo entero, exactamente, un mes
antes de la derrota de Prestes. En octubre de 1935 la
Internacional comunista adoptó la línea del frente popular.

En esos años, en Cuba, ocurrió un movimiento recurrente de masas, en que el actor multifárico fueron las
masas y éstas se propusieron, una y otra vez, romper
cualquier intento de mediación que las alejara del poder. En oleadas incontenibles y repetidas, con éxitos y
fracasos que fueron siempre logrados y vividos por las
propias masas, con sus cuadros y líderes, Cuba vivió de

1930 a 1935 el episodio más persistente y múltiple de
una clase que piensa y actúa con la intimidad de cada
uno de sus miembros asociada a un proyecto común.
Y aunque todas sus experiencias hayan correspondido
a imágenes e ideas de variada claridad política, la acción orgánica de las fuerzas y el control e impulso,
más o menos dirigido, de lo espontáneo dieron a esta
experiencia repetida y multitudinaria el carácter de un
episodio común que educó a grandes números de hombres, mujeres y niños, logrando formar parte de la historia futura. Agotados los impulsos hacia 1935, y adop-
tada una nueva línea de luchas por las fuerzas revolucionarias y democráticas, en Cuba quedó una masa
que había actuado y pensado cinco años en el rechazo
de la mediación, la represión y la concesión de un poder que quería para sí.

Con todas sus debilidades y variaciones, de 1930 a
1935 la clase obrera de América Latina se planteó por
primera vez la cuestión del poder. Y en ocasiones sus
líderes y organizaciones ahondaron en el problema como
nunca antes lo habían hecho en esta región del mundo
dependiente, y como dejarían de hacerlo durante varios años.

1. *Episodios de la crisis del treinta*

Es un lugar común que los hechos pasados influyen en
los actuales, la política de ayer en la de hoy y los estados derruidos en sus sucesores. Eso es cierto, como
también que la influencia del pasado es mayor cuando
ciertas organizaciones duran en medio de los cambios.
Este fenómeno se da en el proceso de liberación latinoamericana sobre todo a partir de 1918 o 1919. Desde
entonces se fundaron varios partidos, sindicatos y fede-
raciones de la clase obrera que subsisten hasta ahora y
que guardan una especie de memoria institucional, hecha de tradiciones, recuerdos, experiencias, publicacio-

nes e incluso archivos. Los miembros, copartidarios, sindicalizados, asociados son parte de una biografía organizada y común a la que reconocen y niegan, recuerdan y olvidan en el interior de sus organizaciones a la vez parecidas y distintas.

Entre 1920 y 1935 aumentó en América Latina la posibilidad de una historia acumulativa de la liberación. Desde entonces se fundaron partidos comunistas y socialistas que siguen actuando. La diferencia es significativa con respecto a etapas anteriores, en las que pocos partidos obreros encuentran antecedentes directos de su actual organización. El Partido Socialista Argentino se siente heredero del viejo Partido Obrero Internacional, fundado en 1894, que cambió su nombre por el de Partido Socialista Obrero en 1895 y adquirió su identidad orgánica en 1896, bajo la dirección de un mismo líder —Juan B. Justo—, quien permaneció al frente del mismo hasta 1928, dejando su impronta —mesurada y superficial— hasta muchos años después. En otros países los partidos socialistas, o una fracción disidente, se convirtieron en partidos comunistas, a veces bajo un mismo liderazgo, como en Chile, donde Luis Emilio Recabarren fundó en 1912 el Partido Socialista Obrero y años después, con varios de sus miembros, el Partido Comunista de Chile. Fueron ésos, sin embargo, casos excepcionales. La mayoría de los partidos obreros anteriores a 1918 tendieron a desaparecer, y a lo sumo son precursores de las nuevas organizaciones, lo cual da a los episodios de sus luchas un carácter discontinuo mayor respecto a las actuales, no porque hayan dejado de influir totalmente en ellas sino porque influyeron en forma menos consciente, informada y articulada, en acciones que por lo demás ocurrieron hace mucho tiempo y que se separaron de la actualidad tanto por la destrucción de esas organizaciones como por el tiempo trascurrido. En cambio desde 1918 surgieron varios partidos de la clase obrera —especialmente los partidos comunistas— que siguen actuando hoy día, lo cual sin duda les permitió —les sigue permitiendo— una mayor capacidad de romper la historia dispersa, característica de las clases sometidas en lucha por la liberación. La diferencia imprimió a la historia posterior a 1920 posibilidades acumulativas de que antes carecía, aunque se mantuvieran otras todavía discontinuas y cíclicas. Desde 1918 fue creciente la continuidad en medio de las variaciones de partidos y organizaciones proletarias. Desde entonces cambió la historia de la discontinuidad y el olvido, de la desinformación histórica y la pérdida de memoria colectiva. Todavía muchos episodios comunes y experiencias de masas quedaron tan sueltos como antes. Mantuvieron una individualidad y vaguedad que les permitió reaparecer inconscientemente con rasgos ya olvidados. A iguales problemas se tomaron iguales soluciones y se cometieron iguales errores, más por tradición y herencia que por conciencia y experiencia. Muchos hombres siguieron viviendo la historia de organizaciones tribales, gremiales, aldeanas, religiosas, tradicionales, espontáneas, y para ellos se perdieron o conservaron los episodios pasados como siempre había ocurrido. Lo que es más, las propias organizaciones políticas y revolucionarias con ideologías más próximas a la reflexión teórica y práctica, histórica y científica tuvieron una capacidad aun reducida de percibir y recordar sus luchas en forma acorde a su filosofía y no manejaron sus experiencias pasadas a un nivel que les permitiera iluminar los datos concretos de la actualidad, con los aciertos y errores cometidos. La historia cíclica subsistió fuera de los partidos y en partidos-sísifo, perseguidos, diezmados, saqueados, también ignorantes de acciones anteriores, al menos en sus detalles esenciales, pobremente percibidos en un conocimiento científico e histórico aún embrionario. Pero si muchas de las líneas de la historia fueron olvidadas por esos primeros partidos, que estuvieron al borde de la destrucción cuando apenas nacían y que a veces, siguiendo sus propios impulsos de una cultura arbitraria y dogmática, eran incapaces de entender los cambios sin denunciar y renegar del pasado, de todos modos en los episodios vividos se advirtió ya una historia acumulativa más institucional y orgánica, de partidos, confederaciones, sindicatos. Esta historia no puede ser comprendida con una visión de lo ocurrido que dé al error un peso mayor del que tuvo, que ignore la necesidad de ciertas derrotas o suponga que hoy se repiten los errores de ayer, cuando se repiten las mismas debilidades, o se desentienda de los procesos de acumulación de fuerzas y experiencias en vista de que ocurren parecidas tragedias.

La historia, en esta etapa, fue ya menos cíclica y repitió menos errores de lo que se piensa: estuvo también hecha de necesidades, debilidades, experiencias y acumulación de fuerzas. Su comprensión, por ello, sólo parece posible cuando se rompen los prejuicios de un escepticismo circular y de una crítica limitada a considerar los aciertos y desaciertos.

El análisis detallado y concreto de las luchas de entonces, ligadas a la génesis de algunos partidos actuales comunistas y socialistas y a organizaciones obreras y campesinas que se mantienen vivas, rompe los esquemas de la historia circular y calificadora, permitiendo que los episodios de las luchas del pueblo alcancen las especificidades que realmente tuvieron e iluminen los datos concretos de la actualidad, en lo que tienen de iguales y diferentes. Con esa perspectiva, más próxima a la historia real, aparece un perfil relativamente distinto de El Salvador y Chile en 1932, o de Brasil y Cuba entre 1930 y 1935.

2. La insurrección de El Salvador

En El Salvador de 1932 la derrota cambió la lucha en necesidad. La pequeña república centroamericana —con su capital de 70 000 habitantes— vivió el anticlímax de un drama que se desarrolló a lo largo de varios años, hasta el desenlace fatal. En 1920 se inició en el pequeño país un movimiento de trabajadores cuya organización y combatividad alcanzaron niveles poco comunes. En 1924, los sindicatos fundaron la Federación Regional de Trabajadores de El Salvador. La mayoría de los agremiados eran artesanos y jornaleros de las ciudades, obreros de los ferrocarriles y peones de las plantaciones. Al principio el peso numérico de la Federación Regional fue escaso; su composición, precaria. No obstante, la Regional fue imponiendo una política de reivindicaciones vitales que atrajo a gran número de campesinos. Poco a poco aumentaron los agremiados y las ambiciones de los mismos. Su programa llegó a postular líneas políticas para el país entero. La Regional propuso el reparto de tierras del estado a los campesinos, exigió la jornada de 8 horas para los obreros y formuló varias demandas y proyectos sociales. Incluso fundó y puso en marcha una universidad popular. La presencia de la Regional se volvió impresionante. El pequeño mundo obrero que representaba parecía reclamar un sitio en el gobierno. Tenía organizaciones, programas, ideas.

La oligarquía del país-plantación respondió con la violencia habitual. Y cuando advirtió que ésta no bastaba para detener el movimiento, realizó múltiples esfuerzos para corromper a los líderes. Como la Regional continuara avanzando se presentó un extraño fenómeno en la mente primitiva de los oligarcas salvadoreños. Empezaron a hacer política. Llegaron a descubrir las artes de la mediatización y trataron de aplicarlas. Por momentos incluso pareció como si hubieran abandonado la violencia para sustituirla por la demagogia. Algunos hijos de las clases gobernantes hasta se entusiasmaron con las nuevas formas de lucha; se ilusionaron con los ideales que estaban destinados a engañar al pueblo. Otros, siguieron enarbolando los antiguos prejuicios autoritarios. El resultado fue un camino de múltiples experimentos y tanteos en las formas de gobierno, destinados a detener el impulso del pueblo. La lucha en el Olimpo oligárquico consistió en competir por mostrar artes y milagros de dominio, incluidas las más audaces y paradójicas formas de la demagogia y la satanización. El presidente Quiñones Molina fundó una liga roja y enarboló una bandera roja; el obispo auxiliar publicó una carta pastoral aterradora; el escritor Alberto Masferrer elaboró una doctrina humanitaria sobre el "minimum vital"; el ingeniero Araujo creó un partido laborista; el presidente y doctor Pío Romero Bosque, casi al final de los tanteos o experimentos políticos (1927-31), legisló en favor de los trabajadores urbanos, de los empleados, los obreros y los gremios, estableció tribunales de conciliación y fijó horas máximas de trabajo. Nada de ello resolvió un solo problema "vital" ni detuvo el movimiento ascendente de las masas. Las organizaciones y los líderes de la Regional de Trabajadores de El Salvador siguieron luchando por defenderse realmente de los patrones, del gobierno y de la crisis económica. Aumentaron la fuerza de las organizaciones de masas y profundizaron en la explicación del origen de sus problemas.

Entre los líderes obreros destacó Agustín Farabundo Martí, un antiguo estudiante de derecho, fundador en 1925 del Partido Socialista Centroamericano, él mismo trabajador manual y albañil por decisión propia. Martí fue infatigable organizador y connotado líder de los trabajadores del campo salvadoreño. Su vida sufrió cambios muy parecidos a los de la clase obrera-campesina. Como ella, fue objeto de persecuciones, y con ella se radicalizó. Encarcelado en tierra y en viajes marinos interminables, forzado físicamente al exilio, fue combatiente en las filas de Sandino, bajo cuyas órdenes realizó la notable propaganda internacional del guerrillero. En 1930, Farabundo Martí regresó del último exilio como representante del Socorro Rojo Internacional y fundó el Partido Comunista de El Salvador.

Las luchas de las masas y la oligarquía siguieron en ascenso con la crisis. Su organización y conciencia fueron crecientes. Si el desempleo y el hambre estaban en el origen de lo ocurrido, y por el desempleo y el hambre surgía y se reproducía una agitación natural, había, además, cadenas de acciones y reacciones populares frente a las respuestas de la oligarquía. Los ofrecimientos incumplidos, la violación de derechos elementales, la suspensión de garantías, el asesinato y encarcelamiento de líderes, la prisión del propio Farabundo Martí, daban lugar a nuevas muestras de inconformidad. Las manifestaciones, las luchas legales, los desfiles silenciosos, las huelgas de trabajadores agrícolas provocaban a su vez nuevas represiones y nuevas manifestaciones. Mientras tanto se acumulaban experiencias de luchas, frustraciones y esperanzas y surgían otros intentos para salir del atolladero político.

A principios de 1932 el gobierno convocó a una elección de consejeros municipales. El Partido Comunista decidió participar en las elecciones. Utilizarlas como campo de lucha para "elevar el ánimo de las masas". Realizó amplia propaganda. Y encontró un apoyo superior al esperado. La oligarquía se aprestó a escamotearle todos los triunfos. Donde ganaron los comunistas, las elecciones fueron anuladas; donde podían ganar, fueron suspendidas. La nueva frustración amargó a un gran número de trabajadores, desesperados y combativos.

La oligarquía y el imperialismo se prepararon para la guerra de clases. Derrocaron al presidente constitucional y lo sustituyeron por el general Maximiliano Hernández Martínez, ministro de la Guerra. El golpista era un teósofo ladino, especialmente adiestrado en el arte teatral. Resultó ser también un criminal y frío genocida. En el momento del golpe aparentó, ante el presidente, haber sido aprisionado por los rebeldes y de la prisión fue con ellos al palacio de gobierno mientras el presidente iba al exilio. Ya en palacio formó un pretendido

Consejo de oficiales, soldados, obreros y campesinos, ficción de "soviet" a su servicio, destinado a desconcertar a un pueblo en el que habían prendido los ideales socialistas. Maximiliano Hernández se sirvió del falso Consejo para aprestarse a una batalla brutal. Las clases gobernantes ya no estaban dispuestas a hacer más demagogia. Ya no podían hacerla. Su descrédito era completo y el pueblo insumiso, según la experiencia ancestral del oligarca, sólo podía ser dominado con un inmenso baño de sangre. Vino un momento de confluencia en que el dictador y las masas sintieron el enfrentamiento violento como la única solución. El dictador se afanó en exacerbar deliberadamente al pueblo para llevarlo a una batalla que tenía de antemano perdida. En provocación calculada hizo asesinar a un famoso dirigente. La provocación tenía como meta el genocidio. Con "una vía prevista: una insurrección armada en la cual dominara la espontaneidad".

Los comunistas no querían la insurrección. Sabían de antemano sus resultados. No les fue fácil detener a las masas. Tampoco al dictador. "Los campesinos habían llegado a un estado de desesperación tal, que aun los líderes más queridos no podían encauzar correctamente las variadas muestras de espontaneidad que afloraban día a día".[12] El dictador se negó a todo acuerdo posible. En un intento de aplacar su ira, los líderes lograron entrevistar al secretario particular y éste les contestó con burla aciaga, en una miserable teatralización del destino: "lo que procede es enfrentar la situación. Si los guardias y soldados tienen fusiles que disparar, también los trabajadores tienen machetes que desafilar".

La provocación del dictador y la desesperación de las masas condujeron al Partido Comunista a desencadenar la apariencia de una insurrección dirigida. El

[12] Jorge Arias Gómez, *Farabundo Martí. Esbozo biográfico*, Costa Rica, EDUCA, 1972, p. 117.

comité central se reunió a deliberar sobre la mejor forma de conducir el proceso. La deliberación fue dramática. Los conjurados llegaron a creer que podían manejar el curso de la historia. En un momento dado fijaron una fecha que quiso ser exacta como la de Lenin. Imitando sus famosas palabras dijeron: "Para el 17 es muy tarde, para el 15 muy temprano; entonces el 16." Algo se interpuso en el camino y se vieron obligados a posponer la fecha para el día 22. El 19 la policía apresó a los principales líderes: Agustín Farabundo Martí, Alfonso Luna y Mario Zapata. Días después, el 1 de febrero de 1932 fueron fusilados en el camposanto, con la comparecencia "amistosa" y macabra del secretario particular del dictador.

Apresados los líderes, el ejército inició una guerra de tres días en la que no hubo muchos muertos en comparación con la masacre que desencadenó tras haberla ganado. Murieron 20 000 "bolcheviques", los campesinos vencidos.

En el puerto de Acayutla fondearon tres barcos de guerra días antes de la insurrección, el "Rochester" norteamericano, el "Skeene" y el "Vancouver", ingleses. Los barcos habían estado todo el tiempo listos para intervenir en caso de que los militares mestizos fallaran en la guerra de ametralladoras y machetes. Al triunfo de Maximiliano Hernández se retiraron.

El dictador continuó su política de teatro y terror. Se mantuvo en el poder casi trece años. Doce habían durado los del pueblo para encontrar solución sindical, política, insurreccional a sus problemas, y al fin encontraron el destino acostumbrado. Aun les era imposible vencer, hicieran lo que hicieran. Ni reforma ni revolución. Ni luchas democráticas, ni toma del poder. Nada toleraba la oligarquía, nada concedía, y era todavía invencible con el respaldo sordo estratégico y atento del imperialismo representado en vivo por sus barcos. En ningún momento el pueblo o los líderes tuvieron la posibilidad de ganar. Éstos lo acompañaron a lo largo de sus luchas, dándose ánimos por momentos de que podían dirigir un movimiento a que estaban condenados. En última instancia su única opción fue luchar y ser derrotados al lado de los trabajadores y morir con ellos.

3. La República Socialista de 1932

La República Socialista de Chile duró doce días, exactamente del 4 de junio a las 20 horas al 16 de junio, también a las 20 horas. Su breve vida sucedió en medio de un proceso de aproximadamente dos años, en que fueron cayendo las casamatas del estado chileno hasta que éste nuevamente se recuperó con un gobierno conservador y constitucional.

Antes de la instauración de la República Socialista estallaron varias crisis de gobierno. En la primera cayó Carlos Ibáñez, cuyos métodos represivos mostraron una notoria ineficacia para seguir gobernando a Chile.

Al empezar los años treinta Chile no sólo vivía los efectos de la crisis económica que abarcaba al mundo capitalista, sino los de una crisis política, representada en la figura del dictador. Los trabajadores eran los más castigados. Las provincias del centro, y en particular Santiago, recibían a "grandes masas de trabajadores hambrientos, con sus mujeres y sus hijos". La cesantía y la tiranía hacían odioso al gobierno de Ibáñez. Las clases dominantes empezaron a quitarle su apoyo en busca de una solución que redujera las presiones anárquicas. Ibáñez pretendió mantenerse liberalizando él mismo su régimen. Un día llamó al profesor de derecho don Juan Esteban Montero para ofrecerle la cartera del Interior e hizo circular la noticia de que Montero había aceptado con la condición de regresar al régimen constitucional. Tras breves aprestos "constitucionalistas", que en nada disminuyeron las protestas y el malestar, Ibáñez reasumió su papel de dictador simple y llano. Quiso otra vez resolver los problemas con los viejos métodos. La reacción popular fue inmensa y mostró contar entre sus filas con los propios grupos liberales y conservadores de las clases gobernantes. Estalló una gran huelga de brazos caídos. En ella participaron obreros, estudiantes, profesionales, profesores y numerosos jóvenes antiibañistas de la "aristocracia". El 31 de junio de 1931 Ibáñez se vio obligado a renunciar eñ medio del júbilo general y los bocinazos de los automóviles.

La segunda crisis de gobierno ocurrió durante el interinato del presidente Trucco. Tuvieron en ella participación destacada los comunistas, que empezaban a reorganizarse en medio de fuertes divisiones internas. Un grupo predominante estaba encabezado por Elías Lafertte y Carlos Contreras Labarca —partidarios de la línea dura de la Internacional— y otro, por Manuel Hidalgo, quien decía estar en contra de llamar "socialfascistas" a todas las organizaciones de izquierda no comunistas; se oponía a la consigna de la Internacional de "frente unido desde abajo", afirmando la necesidad de negociar con los líderes de otros partidos progresistas; y se negaba a la resurrección de la Federación de Obreros de Chile (FOCH), controlada por los comunistas, con argumentos contrarios al "dualismo sindical" —entonces ortodoxo— y favorable a trabajar en las centrales existentes. El grupo de Hidalgo perdió. Se impuso la línea dura. En septiembre se celebró el Congreso de la FOCH y Lafertte fue designado secretario general. Poco después Hidalgo fue expulsado del PCCH y Carlos Contreras Labarca, amigo de Lafertte, resultó nombrado secretario general del partido.

Las pequeñas y mermadas fuerzas comunistas vieron pronto la oportunidad de actuar dentro de un proyecto de masas. La caída de Carlos Ibáñez en nada había atenuado la política económica de las clases dominantes. Éstas no sólo insistían en hacer pagar los costos de la crisis a los trabajadores, sino pretendían que las exa-

cerbadas clases medias aumentaran su mal llevado tributo. A unos y otras querían tenerlos tranquilos y dis-
traídos con los nuevos "derechos democráticos", mientras los golpeaban por todos los medios imaginables.
Para atemorizar a los trabajadores constituyeron las
"guardias blancas", quienes a las demandas obreras de
trabajo y pan contestaban con garrote y palo. Y a las
clases medias les dieron duro golpe. Un día, en plena
campaña electoral, el presidente Trucco anunció rebajas a los sueldos de los empleados públicos, bajo el
pretexto de que "era necesario hacer frente a los compromisos...". La alarma y la indignación cundieron
entre los empleados civiles de la administración pública
y los elementos armados.

Los marinos de Valparaíso se amotinaron. A manera
de ultimátum presentaron un pliego de peticiones al
gobierno. Exigían "un empréstito forzoso con cargo a
los millonarios; el fomento de la industria y el comercio, mediante facilidades crediticias y rebajas de los intereses bancarios; un vasto plan de obras públicas para
absorber a los miles de cesantes... y otras cuestiones
de esa índole".[13] Los marinos insurrectos despertaron
gran simpatía entre trabajadores y clases medias. Los
comunistas decidieron apoyarlos a sabiendas de que carecían de "una espina dorsal ideológica" y de una organización política revolucionaria. Al tomar la decisión
consideraron varios hechos: El plan proponía algunas
medidas que "podrían aliviar la economía chilena"; el
movimiento permitía "contrarrestar la acción de las
guardias blancas", a las que ya se veía desfilar militarmente por la Alameda "para atemorizar a los obreros";
los obreros manifestaban una creciente simpatía "por
sus hermanos de clase", y las masas apoyaban la causa,
hasta hacer de ella una excelente bandera de agitación.
Mientras las tripulaciones tenían presos a los oficia-

les, la FOCH desató una huelga general de apoyo a su
movimiento. Fue una huelga casi total en algunos sectores, particularmente en los trasportes, y coincidió con
muchas otras manifestaciones espontáneas de descontento popular. El gobierno contestó con una política simultánea de represiones y concesiones. De un lado estableció el "estado de sitio": la policía disolvió una
manifestación de obreros comunistas y socialistas y
en los círculos gobernantes corrió el rumor de que los
comunistas se preparaban para la insurrección. De otro
lado, el presidente cambió el ministerio para iniciar
negociaciones con los marinos, se aseguró la lealtad del
resto de las fuerzas armadas y las preparó para entrar
en acción.

Como las negociaciones fallaron, los marinos fueron
bloqueados por el ejército y bombardeados por la aviación. El movimiento se desmoronó rápidamente. Ante
el embate de las demás fuerzas armadas, las tripulaciones de los barcos "no hicieron sonar un solo tiro" y
acabaron rindiéndose sin poner condición alguna. Los
principales dirigentes fueron condenados a muerte o a
largos años de prisión. Las condenas hicieron olvidar
el final poco heroico y levantaron nuevamente un movimiento de protesta masiva, esta vez en defensa de la
vida y la libertad de los marineros condenados. Los
comunistas decidieron sumarse a la protesta. Era buena
bandera de agitación que prácticamente ninguna fuerza
democrática dejó de enarbolar.

La alianza contra el gobierno siempre reveló ser muy
amplia; la cultura de la protesta muy vasta. Otra fue
la realidad a la hora de luchar por el gobierno o de
gobernar. De inmediato surgían entonces las divisiones,
unas naturales, de clases, y otras de facciones y sectas.
Es lo que ocurrió con motivo de la contienda electoral.
Todos los que antes estaban unidos se dividieron. Los
que habían luchado juntos contra Ibáñez lucharon entre sí. Los que habían apoyado a los marineros se volvieron a enfrentar. Y los comunistas incluso llevaron

al campo electoral sus divisiones internas. Lafertte e Hidalgo, que habían apoyado a los marinos, fueron candidatos contrarios. El elegido del pueblo resultó ser el profesor Juan Esteban Montero, con cuya presencia las clases gobernantes se aprestaron a hacer nuevas concesiones en el campo de la demagogia y la libertad, a ver si así amainaba el desorden. Entre los perdedores estuvo Arturo Alessandri, político conservador y liberal que se había opuesto a Ibáñez y futuro beneficiario de todos los juegos. Por entonces quedó esperando su turno. El gobierno de Montero no resolvió ningún problema. Montero hizo un gobierno débil, sin personalidad, lleno de contradicciones cruentas. No disolvió el antidemocrático Congreso de Ibáñez. No cambió la política de entrega de la industria salitrera al imperialismo norteamericano. No pudo dar satisfacción a la demanda popular de trabajo. Durante su gobierno sólo renovó la represión y la persecución de obreros, líderes y ciudadanos. A poco de haber tomado posesión, en Copiapó y Vallenar el jefe de carabineros ordenó una masacre para acallar las demandas obreras. El pueblo chileno vivió una "Pascua trágica", a la que sucedieron las grandes y habituales protestas. Entonces el gobierno inventó que iba a estallar una insurrección comunista y el presidente solicitó al Congreso la aprobación de "leyes de excepción". Se convirtió en un dictador de emergencia, improvisado. Expulsó a gran cantidad de maestros, cerró varios periódicos obreros, clausuró varios sindicatos. Quiso gobernar como Ibáñez. Al fin, tuvo en su contra a todo mundo, incluso a las clases gobernantes que veían la inutilidad de seguir apoyando al profesor-dictador. Para el mes de mayo ya había un ambiente de conspiración general. Conspiraban los ibañistas, los alessandristas, los radicales, los militares. Las masas seguían con sus manifestaciones de descontento, necesarias, repetidas, casi inútiles.

Ante el creciente clamor y viendo que no había en

la guarnición de Santiago un solo regimiento dispuesto
a defender su gobierno, Montero decidió renunciar. Recibió en La Moneda a más de cien jefes y oficiales insurrectos y delante de ellos le preguntó con la mayor
seriedad al jefe del ejército: "¿Dice usted que las fuerzas armadas no le obedecen?" Como éste le contestara:
"Efectivamente, Excelencia", Montero dijo que en esas
condiciones no podía ejercer el cargo de presidente de
la República y se marchó.

Ése fue el principio de la llamada República Socialista, expresión de muchas fuerzas contradictorias y lla-
marada en la cúspide de un inmenso descontento popular. Las contradicciones se instalaron de inmediato en
el gobierno socialista. Sus integrantes eran el general
Carlos Dávila, ex embajador de Ibáñez en Washington;
el comandante Marmaduke Grove, exiliado durante el
gobierno de Ibáñez y nombrado jefe de la aviación por
Montero; el abogado Eugenio Matte, "gran maestro de
la masonería" y líder de un recién fundado partido con
ideas socialistas, llamado NAP (Nueva Acción Revolucionaria), y, finalmente, el general Puga, en retiro. De
esa junta no podía esperarse sino que unos empezaran
a conspirar contra otros, en la forma en que todos
habían conspirado contra Montero. Podía esperarse
también que los genuinos socialistas trataran de lograr
el apoyo de las masas y los otros el de la oligarquía.
Podía esperarse cualquier cosa, menos que no siguiera
la batalla en el interior de la junta y fuera de ella,
para hacer o deshacer una socialismo muy poco de-
finido.

A lo largo de esos años, se había formado una oposición que hablaba mucho de socialismo en particular
desde la caída de Ibáñez. Por supuesto se trataba de
un socialismo impreciso, ambiguo. Para unos era una
cosa y para otros, otra muy diferente. Pero la palabra
se escuchaba por todas partes y "la idea del socialismo
prendía en el espíritu de muchas gentes, ávidas de buscar nuevos rumbos al país". La confusión fue enorme.

Aun Alessandri llegó a señalar la necesidad de adoptar "el socialismo de estado" como régimen de gobierno, e incluso sostuvo que las demandas de los socialistas podrían resolverse creando un ministerio de problemas sociales que ellos mismos manejaran. Dijo que así se resolverían los problemas sociales y se calmarían los socialistas. Otros emplearon la palabra socialismo con más compromiso personal, aunque de manera también confusa y demagógica. Resultaba evidente que muchos sólo querían "ganar la carrera por ser más socialistas" a ojos de los demás; pero a menudo era difícil saber cuáles estaban pensando en serio. Otro hecho no se podía negar: si la integración extremadamente heterogénea del gobierno indicaba que la conspiración y la lucha ya se habían instalado en su interior, el posible triunfo de los genuinos socialistas no aseguraba necesariamente la realización de un programa de las masas. Este último punto provocaba profundas diferencias tácticas entre los verdaderos socialistas. Unos decidieron apoyar a los líderes progresistas del gobierno a fin de aumentar su fuerza y profundizar el proceso, mientras otros se opusieron también a ellos, pensando que en caso de triunfar sólo retardarían el movimiento revolucionario de las masas. La división táctica se manifestó agudamente entre los comunistas. Hidalgo y su grupo tuvieron esperanzas en el movimiento y decidieron apoyarlo. Contreras y Lafertte desde un principio se opusieron. Durante la conspiración vieron con escepticismo los volantes que caían de los aviones de Grove llamando a la "gran revolución". Integrado el gobierno, la FOCH lanzó una proclama para denunciar las ilusiones y engaños de la República Socialista y sus líderes. Calificó a éstos de "representantes de los intereses de clase de un sector de la burguesía, aliada al imperialismo". Afirmó que los nuevos gobernantes sólo pretendían, "en medio de su situación sin salida, salvar una vez más sus privilegios de clase y distraer la lucha independiente de las grandes masas, por la conquista de sus demandas..."

Y terminó proclamando: "El camino al socialismo y
a la revolución social es exclusivamente la revolución
de los obreros y los campesinos, que se hará por las
grandes masas mediante el establecimiento de un gobierno de Consejos de trabajadores, soldados, campesinos y marineros." La proclama de la FOCH sostuvo una
"línea final" correcta, sin que la inmediata fuera necesariamente la mejor y más segura, como el propio PCCH
revelaría un poco después al hacer más flexible su política. De otra parte el PCCH y la FOCH se basaron
para tomar la decisión en un hecho social innegable,
el peligro de los salones socialistas, penetrados, conspirativos y sonrientes, sin que al mismo tiempo tuvieran
una fuerza coherente y directiva de "grandes masas".
Ésa fue su opción sin que necesariamente fuera la mejor.

El gobierno de Grove y Matte logró tomar algunas
medidas democráticas en los pocos días de su existencia.
Clausuró el Congreso de Ibáñez; amnistió a los presos
políticos, incluidos los marinos; reinstaló a los profesores expulsados por razones políticas durante el gobierno de Montero; dio amplio impulso al movimiento sindical; devolvió los instrumentos de trabajo empeñados
por los operarios, en particular por las costureras; sus-
pendió el desalojo de los inquilinos endeudados, siempre que sus rentas fueran menores de 200 pesos; decretó
el establecimiento de un banco nacional; legisló en favor de "la inviolabilidad de la Casa Universitaria", y
se planteó la necesidad de nacionalizar el cobre, el car-
bón y el nitrato.

La lucha de clases se agudizó rápidamente en el gobierno y fuera de él; en la economía y la ideología;
entre los grupos políticos y militares; en la banca, la
Universidad y los obreros.

El 5 de junio de 1932, a primera hora de la mañana,
el grupo comunista "Avance" tomó la Universidad de
Chile. La Universidad se convirtió de inmediato en "un
hervidero humano", en una especie de "Smolny en
miniatura". Los estudiantes iban y venían, llegaban los

socialistas, la radio llamaba al pueblo constantemente, y las prensas echaban chispas imprimiendo propaganda revolucionaria. "Constituimos allí —cuenta Lafertte— el CROC o Comité Revolucionario de Obreros y Campesinos, al cual se incorporaron estudiantes y trabajadores. También llegaron socialistas y anarquistas, pero luego se retiraron disgustados porque el presidente del CROC era yo... —dice Lafertte. Las sesiones se realizaron en el salón de honor de la Universidad, mientras la radio explicaba los planteamientos de nuestro organismo cuyo objetivo era enderezar los rumbos del gobierno que se había instalado en La Moneda. Puesto que se decía 'República Socialista', afirmábamos, era necesario que escuchara a la clase obrera y que marchara realmente por un camino revolucionario. En las prensas universitarias, nuestro periódico *Bandera Roja*, clausurado por el gobierno de Montero, se imprimía en lujoso papel couché, porque no encontramos otro de menor calidad..."[14]

Al día siguiente, el 6 de junio "se realizó en las primeras horas, en los bancos de Santiago, la más grave corrida de fondos de los depositantes, que en un tiempo récord, casi provocaron una catástrofe económica".[15] En respuesta, el gobierno tomó la medida de traspasar al estado los créditos y depósitos en moneda extranjera.

En cuanto a los ocupantes de la Universidad, el gobierno contestó con una serie de presiones. De inmediato les quitó el agua y la luz. Al mismo tiempo las "guardias blancas" acosaron a estudiantes y líderes, golpeando a algunos de ellos. En esas circunstancias se llevó a cabo un debate muy amplio en el que participaron: el grupo de Lafertte, que controlaba la situación y sostenía la línea dura; el de Hidalgo, que postulaba la necesidad de un apoyo crítico a Grove, y muchos grupos más que manifestaban infinitas ansias de socialismo.

[14] Lafertte, *op. cit.*, p. 249.
[15] Carlos O. Charlin, *Del avión rojo a la república socialista,* Santiago de Chile, Quimantú, 1972, p. 735.

En el curso del debate se dieron algunos momentos de desorden, típicos de la vida universitaria, y se hicieron declaraciones ultristas y utópicas, con abundancia de adjetivos y gritos. Pero la asamblea llegó a la conclusión de que era necesario entrevistar a Grove y se puso de acuerdo sobre las demandas a formularle, todo ello con una cierta lógica de comprometerlo más con los trabajadores y con la línea al fin predominante en el CROC, de no plantear los problemas hasta puntos de ruptura.

Después de algunas evasivas, Grove recibió a la dirigencia del CROC en el salón rojo de La Moneda. Contreras Labarca —el secretario del partido comunista— le expuso los planteamientos aprobados en la Universidad: defender el movimiento, armar a los obreros, instituir fuerzas mixtas de soldados, obreros y campesinos, poner en marcha un organismo a cargo de los sindicatos, que tomara medidas para impulsar la industria y abatir el costo de la vida; subsidiar a los cesantes; emprender obras públicas y nuevas industrias para crear empleos; ocupar de inmediato las tierras inactivas; otorgar crédito, semillas y herramientas a los campesinos. Nada, por cierto, exigió en materia de expropiaciones a los grandes propietarios ni de nacionalizaciones de empresas en manos extranjeras. Grove escuchó escéptico el discurso del líder comunista y al fin respondió que no era posible tomar tales medidas. Además pidió a la comisión de representantes que abandonaran la Universidad, haciéndoles ver que ésta en lo sucesivo no sería un centro de estudios para los ricos, sino para el pueblo. Terminó solicitando "apoyo incondicional para el gobierno socialista". Los líderes del CROC manifestaron un cierto espíritu de avenimiento. Se limitaron a exigir que el gobierno les diera un local, y tras pedir inútilmente el Club de la Unión, el Congreso Termal, la Cámara y el Teatro Municipal, aceptaron instalarse en un sitio donde había funcionado una iglesia evangelista. Las cosas no llegaron así a punto de ruptura.

De algún modo los comunistas mostraron un notable
grado de flexibilidad respecto de sus posiciones originales.

Mientras tanto Grove y Matte empezaron a movilizar y organizar a los obreros, conscientes de que las
burguesías organizaban las ofensivas de la prensa y los
militares golpistas; y enterados de las iniciativas naturales o espontáneas de las distintas clases, tendientes a
acentuar las contradicciones.

La Alianza Revolucionaria de los Trabajadores llegó
a agrupar a la inmensa mayoría de los trabajadores y
apoyó la política de Grove y Matte. Se propuso ahondar en el programa revolucionario. "En su manifiesto
habló de la abolición de las clases opresoras mediante
la socialización de la tierra y de los medios de producción." [16] Las clases dominantes contestaron con una
campaña de confusión e informaciones falsas a través
de la prensa y la radio y acentuaron su campaña de
rumores y chistes, algunos "muy ingeniosos". El día 12
la mayoría de los jefes militares fueron a ver a Grove
para exigirle su renuncia, "en vista de que el gobierno
estaba incrementando el comunismo en Chile". En un
acto de audacia notable, Grove interrumpió al líder de
los golpistas y pidió que antes de continuar todos los
jefes leales se pusieran a su derecha, mientras los que
estuvieran en su contra ocuparan un sitio en la izquierda. Provocó así un "movimiento masivo a la derecha,
y dejó solos y corridos a los principales conspiradores".
Controlada la grave situación, Grove explicó que su
socialismo alejaba la posibilidad de que Chile fuera comunista, sin que por ello pretendiera perseguir a los
comunistas. Lamentablemente desaprovechó su fuerza
instantánea y perdonó a todos los golpistas, que por
supuesto se fueron a seguir conspirando.

Dos días después en el Consejo de estado se discutió
acaloradamente si convenía o no crear milicias popu-

[16] Charlin, *op. cit.*, p. 742.

lares "entregándoles armas a algunos sindicatos obreros, en cuya lealtad el gobierno tenía absoluta confianza". Eugenio Matte y varios ministros de confianza "se mostraron fervorosos defensores de la medida". Grove argumentó en cambio que aquello "significaría hacerles a los militares armados la mayor ofensa", "como si desconfiáramos —dijo— su rectitud y eficiencia que siempre han tenido". El Consejo resolvió no armar a las milicias del pueblo.

Poco después Grove y Matte llegaron a creer que los golpistas —encabezados por Dávila— no se atreverían a hacer nada "contra un pueblo movilizado" que los apoyaba. "Eso supuso Matte —escribe un contemporáneo— pero aquel pueblo estaba inerme y los davilistas tenían soldados, armas, tanques y municiones." [17]

La noche del 15 Grove cenó con Dávila y se quedó convencido de que había resuelto con él todas sus divergencias. El día 16, más de 100 000 trabajadores y empleados hicieron una manifestación de apoyo al gobierno. El 17 cayó Grove en La Moneda tras haber logrado unas horas antes escapar de sus secuestradores en el Ministerio de la Defensa. Hasta el último momento no creyó en la conspiración. Cuando recibió a los insubordinados, intentó convencerlos de que depusieran su actitud. Todos armaron un vocinglerío irrespetuoso y le negaron el uso de la palabra. Después lo apresaron y lo enviaron a la isla de Pascua. Los hechos ocurrieron sin mayor enfrentamiento. Los golpistas lograron convencer a los jefes militares leales, afirmando que iban a defender a Grove, aunque a la mayoría le dijeron que el gobierno estaba difundiendo el comunismo. En cuanto a los comunistas, se limitaron a escuchar por la radio "los desesperados llamados del gobierno, pidiendo al pueblo que saliera a defenderlo". "Acordamos informarnos previamente de lo que estaba ocurriendo —escribe Lafertte—, quedando de reunirnos nuevamente a

¹⁷ Charlin, *op. cit.*, p. 756.

las once de la noche. A esa hora ya estaba todo con-
sumado."

A la caída de Grove estalló una huelga general organizada por la Alianza General de Trabajadores. La
huelga fue apoyada por los ferrocarrileros, los tranvia-
rios y los obreros fabriles. La presencia obrera era innegable y el nuevo gobierno encabezado por el ex embajador de Ibáñez, Carlos Dávila, se ostentó también
como socialista, al tiempo que perseguía, encarcelaba y
deportaba a los comunistas como para dar a entender
que no iba a atacar a todos los obreros, sino sólo a
estos villanos. El 25 de junio Dávila llegó a afirmar
que "había adquirido el compromiso de honor de organizar la República según el sistema socialista", e incluso
llevó tan lejos su demagogia que en el mes de agosto
promulgó un "decreto-ley del Comisariato" por el cual
se declaraban "de utilidad pública los predios agrícolas, las empresas industriales y de comercio y los esta-
blecimientos dedicados a la producción y distribución
de primera necesidad", con facultades al presidente para
expropiarlos si no cumplían sus obligaciones en materia
de producción de artículos de primera necesidad, "en
las cantidades, calidades y condiciones que determinara
el gobierno".[18]

Dávila duró cien días. A su caída las clases dominantes recuperaron el poder completo. Organizaron poco a
poco un gobierno republicano y constitucional, apoyado
por los liberales, los conservadores, los radicales, los
demócratas y una formidable "milicia republicana",
que llegó a contar con 50 000 voluntarios armados y
disciplinados.

La mayoría de los componentes de la milicia perte-
necían "a la clase alta o a sectores plutocráticos, conservadores en el terreno económico social". Sus miembros se comprometieron a defender por las armas al

18 Charlin, op. cit., pp. 816 ss.

régimen constitucional, y tan pronto como lo hubieron logrado se disolvieron voluntariamente. Tras dos gobiernos provisionales, Arturo Alessandri inició una nueva etapa. Las clases gobernantes habían descubierto que la mejor forma de asegurar su hegemonía radicaba en llevar la lucha de clases a un terreno parlamentario, sin más alternativa que la violencia ilimitada. La democracia burguesa, con aire un poco obrero y un poco rural, inició en Chile la nueva etapa.

Al regresar del destierro el 19 de abril de 1933, Grove y Matte presidieron el acto de fundación del Partido Socialista de Chile y continuaron en el campo electoral los combates del proletariado chileno. Con su presencia y sus luchas mostraron cómo una parte de la clase media grovista estaba grávida de socialismo real, orientada dentro de un proyecto objetivo, inevitable, con el que los comunistas habrían de aliarse y enfrentarse sucesivamente, sin que se supiera siempre con claridad exacta quién tenía la línea de la revolución.

En las elecciones a la presidencia, Alessandri obtuvo 187 000 votos de los radicales, liberales y demócratas; Grove ocupó el segundo lugar con 60 000; un conservador obtuvo 47 000, un liberal 42 000, y Lafertte 4 000. Las ideas socialistas de Chile aún no tenían el enorme respaldo de masas que alcanzarían después, pero desde entonces se advertía cómo si los comunistas deseaban triunfar debían unirse a los socialistas en cualquier proyecto revolucionario, respetando las naturales diferencias, hecho difícil de entender y aceptar.

4. *Prestes y la revolución de 1935 en Brasil*

En 1930 estalló en Brasil una revolución contra la antigua oligarquía. Vino tras muchos años de revueltas contra el predominio de los "señores de ingenios" y la "aristocracia rural". En ella confluyeron las más distintas fuerzas: los empresarios de Río, São Paulo, Minas

Gerais, los "gauchos" de Rio Grande do Sul y algunas oligarquías provincianas; las clases medias, civiles y militares, los obreros.

En la revolución de 1930 se vislumbraron dos proyectos principales, uno encabezado por la propia burguesía brasileña, que buscaba simplemente liberarse de la sujeción política y económica de los latifundistas y del gobierno central controlado por éstos; otro, encabezado por las clases medias civiles y militares que buscaban realizar una revolución más democrática. A ellos se añadía un tercer proyecto, independiente y distinto, el del Partido Comunista Brasileño, cuya inmensa decisión de lucha descansaba en una base relativamente pequeña.

La Alianza Liberal fue la organización popular que dirigió todo el movimiento. En su interior se dieron los más variados choques por la dirección revolucionaria. En ella se encontraron y aliaron líderes que hacían alarde de sus simpatías y afinidades con los reaccionarios; otros inclinados a acometer reformas puramente políticas, y algunos más que postulaban la necesidad de una "revolución social". Entre los últimos se contaban numerosos "tenientes". Los había con ideas socialistas más o menos vagas, convencidos de la urgencia de atraer a sus filas a los trabajadores. En su socialismo expresaban esa oscuridad original, característica de las clases medias, a la vez capaces de radicalizarse y volverse revolucionarias o de intentar una política corporatista e incluso fascista.

El Partido Comunista Brasileño decidió no apoyar la revolución antioligárquica de 1930. Sostuvo que en el mejor de los casos la revolución quedaría bajo la dirección de la pequeña burguesía y expuesta a las más graves contradicciones. La decisión del PCB fue tajante. Se basó en la línea prevaleciente en la III Internacional, que los líderes veían confirmada por la experiencia latinoamericana. "La pequeña burguesía —observó el Partido Comunista en un manifiesto sobre las perspecti-

vas revolucionarias en América Latina— una vez que
alcanza el poder al impulso de los movimientos obreros
y campesinos (como en México, 1920; Ecuador 1925;
Chile, 1923), y después de algunas actitudes revolucionarias como la votación de leyes de reforma agraria,
la nacionalización del subsuelo, la protección del trabajo, se revela incapaz de solucionar los problemas que
constituyen la base del movimiento revolucionario."

El PCB tenía una perspectiva del futuro basada en
analogías históricas de secuencias necesarias y etapas
que se podían saltar. Según el PCB en América Latina no existía "una clase burguesa nacional en lucha
contra el imperialismo y contra los restos del feudalismo, capaz de realizar un desarrollo autónomo del
régimen capitalista". La burguesía nacional estaba ligada al imperialismo y a los grandes propietarios de la
tierra, y estaría cada vez más ligada a ellos. Por otra
parte, si en América Latina la pequeña burguesía dirigía y consolidaba el proceso revolucionario, pasaría
lo que en el México del "Maximato" callista y, después, lo que en otros países capitalistas: vendría la capi-
tulación de los movimientos pequeñoburgueses frente
al imperialismo, habría un desarrollo industrial; crece-
ría el proletariado, se volvería revolucionario; se exacerbaría la lucha de clases; el imperialismo yanqui de-
fendería a sus "lacayos en el poder" e intervendría de
modo cada vez más abierto; los gobernantes reforzarían
la represión. Y sólo entonces se sentarían las bases
para "la conquista de la hegemonía del proletariado en
las luchas revolucionarias de América Latina." De esos
hechos y de otros más, como las formas del trabajo colectivo subsistentes en la sociedad brasileña, y la existencia de la URSS, primera república socialista, el PCB
llegaba a la conclusión de que "era posible saltar la
etapa del desarrollo capitalista independiente". "Las
condiciones económicas y sociales de América Latina
—afirmaba— permitirán el desarrollo rápido de la revolución democrático-burguesa en una revolución pro-

letaria... Si el proletariado conquista la hegemonía del movimiento revolucionario latinoamericano —concluía— el desarrollo de su fase democrático-burguesa en una fase socialista será, no sólo posible sino rápido." [19] Con esa perspectiva el PCB consideró que era mejor dejar que los burgueses intentaran su revolución, a reserva de que los proletarios hicieran la suya. La decisión tuvo serias implicaciones en la vida del gran líder Luis Carlos Prestes.

Ya para entonces Prestes gozaba de un inmenso prestigio. Su recorrido por Brasil, al frente de la "Columna Invicta", más conocida por su propio nombre, le había dado las características de un héroe nacional, al que todos admiraban y llamaban devotamente "El Caballero de la Esperanza". Cuando los antiguos "tenientes" empezaron a preparar la revolución buscaron a Prestes de inmediato. Seguían viendo en él a su jefe natural, a su jefe nato. Su sorpresa fue enorme. Prestes rechazó una a una las invitaciones que le hicieron para dirigirlos, formulando exigencias cada vez mayores.

Desde 1924, Prestes había vivido un intenso proceso de radicalización ideológica. En el trascurso de sus luchas descubrió que el problema de Brasil no era exclusivamente político, como originalmente había creído, y fue abandonando las ideas liberales de sus primeras batallas. En 1930 ya Prestes pensaba que era necesario "hacer una verdadera revolución", una revolución que no sólo fuera política sino social. Así se lo hizo saber a sus antiguos compañeros de armas. Los insurrectos escucharon sus palabras con inquietud y recelo. Muchas de las condiciones y demandas formuladas por Prestes eran inconciliables con sus propias ideas, inaceptables para sus intereses. La mayoría de los "tenientes" se fue alejando poco a poco de Prestes; ya no era el mismo. Por su parte, Prestes se confirmó en la idea de que

[19] *La Correspondance Internationale*, 1930, núm. 11, pp. 112-115.

sería imposible realizar la revolución social en compañía de quienes sólo querían una revolución política. No imaginó —en esa visión de categorías revolucionarias hechas desde un principio— la posibilidad de encabezar una rebelión que se profundizara y redefiniera a lo largo de la lucha y en su seno mismo. Pensó que las formaciones de tenientes y caudillos agrupados en la Alianza Liberal eran particularmente rígidas, y sus integrantes, incapaces de avanzar hacia posiciones más radicales conforme advirtieran los obstáculos y limitaciones del proyecto original.

Seis meses antes de que estallara la revolución, Prestes renunció abiertamente a dirigirla. Tomó la decisión definitiva, según dijo, "en vista de que la mayoría de sus compañeros estaba en desacuerdo con sus ideas". Todavía varios amigos y antiguos correligionarios insistieron en recuperar al líder. Dos de ellos realizaron un largo viaje para hablar con él. Su conclusión final no fue menos contundente. "Karl Marx había ganado un nuevo adepto; de esa raza de hombres que después de abrazar una causa, no hay lógica ni violencia capaz de cambiarlos." [20] Lo más grave era que Prestes creía en el socialismo leninista. Y aunque muchos de sus admiradores mostraban "tendencias socialistas" ninguno estaba acorde con las "concepciones de Lenin". Los antiguos tenientes se fueron a hacer la revolución por cuenta propia.

Prestes se quedó pensando en la suya.

La trasformación del héroe popular fue producto de sus experiencias y de la influencia ideológica que había recibido. Era una trasformación que estaba viva, en su conciencia. Los comunistas brasileños, argentinos y uruguayos habían realizado una minuciosa labor de persuasión para atraer al líder. Sostuvieron con él largas pláticas. Le prestaron libros. Lo ayudaron a nutrir su

---

[20] Abguar Bastos, *Prestes e a revolução social*, Río de Janeiro, Ed. Calmino, 1946, p. 276.

inquieta conciencia. Una vez convencido, cambiaron completamente de actitud, y no en forma gratuita. Dejaron de buscarlo, pensando que era él quien se debía acercar e identificar con ellos y con la causa proletaria, sin la más mínima concesión ni el menor privilegio. En todo caso Prestes mismo debía romper los antiguos vínculos que lo ataban a la pequeña burguesía y a su pasado pequeñoburgués.

La ruptura de Prestes con sus compañeros de armas y con su clase, con lo que era para ser el que quería, obedeció así a una doble incitación, la del Partido Comunista Brasileño y la del propio Prestes. El partido mostró exigencias extremas para aceptarlo entre los suyos. Lo sometió a múltiples pruebas. Lo indujo a revelar críticamente su trayectoria política, a hacer suyas las críticas del partido, en total disciplina y traslado de mando. Prestes por su parte, pensó que no bastaba haberse convencido de que el marxismo-leninismo era la ideología válida para comprender y trasformar el mundo de acuerdo con sus ideales. Sintió que debía romper con lo que él era antes para sí mismo, y para los demás, liquidar su pasado personal y todos los lazos característicos de su personalidad política anterior, hecha de realidad y mitos. El líder comprendió que debía consagrarse al estudio profundo de su nueva ideología, establecer nuevos lazos, entender otra realidad y obedecer un nuevo mito.

Después de su ruptura con la Alianza Liberal, Prestes dio un paso a la izquierda, todavía independiente del partido. Fundó la Liga de Acción Revolucionaria. En el programa señaló la necesidad de reformas agrarias y sociales muy avanzadas. Pero pronto cayó en la cuenta de que ése era también un paso insuficiente. En mayo de 1931 se separó de la liga para que ésta "no se trasformara —según dijo— en un partido de la pequeña burguesía". Y afirmó ya de una manera tajante que las ideas revolucionarias de la clase obrera sólo podían ser legítimamente sostenidas por las organizaciones de la clase obrera y más concretamente por el partido comunista. De otro modo —aseguró— podían ser distorsionadas, manipuladas, mediatizadas. Por lo demás, el pueblo no debía tener confianza en los caudillos. Debía destruir la idea de los héroes, de él mismo como héroe. Entre 1930 y 1932 el Partido Comunista Brasileño le exigió a Prestes que acabara con su propio mito. La prueba del poder y la purificación consistió en mellar la mitología popular del héroe, en demostrar que Prestes reconocía el liderazgo del partido mientras echaba a rodar su propio liderazgo. Brasil asistió a la deposición de Prestes por Prestes. El acto sólo en apariencia fue litúrgico, o mágico. Tuvo un claro significado de lucha por el poder. Buscó representar el derrumbe de la pequeña burguesía y de su capacidad de liderazgo, liquidar al "héroe del pueblo" como alternativa de las clases gobernantes, como mito mentiroso de una "élite salvadora", incapaz en realidad de resolver los problemas del pueblo y a la que el pueblo debía eliminar con todos sus falsos cultos, antes de intentar cualquier lucha revolucionaria. Prestes mismo se destronó, se despojó, reconociendo y levantando a la vez el poder del partido y del proletariado. Textualmente dejó caer unos símbolos al suelo mientras otros ocuparon el lugar de aquéllos. Sus compañeros de partido lo observaron bajar las escaleras del poder de la burguesía. "El esperado se volvió el renegado." El "Caballero de la Esperanza" rompió los falsos símbolos del poder, aquellos de que había sido revestido por la burguesía. Rompió también sus vínculos reales, sociales con la burguesía. Renegó efectivamente de otros caudillos y jefes, incluso de quienes aún le manifestaban simpatías. Esas simpatías —dijo— no resolvían los problemas del pueblo. Eran sentimientos a menudo falsos; hipócritas respetos y afectos de individuos a los que acusó, con nombre y apellido, de simuladores e incluso de canallas, haciendo ver que ninguno estaba realmente dispuesto a resolver los problemas del pueblo. A la hora de la verdad todos

—con su entusiasmo engañoso— se negaban a dar los pasos más elementales de una revolución social. Y revelaban ser los otros enemigos del pueblo. Por ello sus sentimientos personales, superficiales, sus palabras inútiles, no valían nada cuando se trataba de luchar en serio con el pueblo. El único camino era el partido, el proletariado, el socialismo. Y en ese terreno del proletariado y el socialismo Prestes también fue muy exigente, claro y terrible. Denunció sin la menor concesión a los "socialistas", a los "trotskistas", a los "izquierdistas" y a quienes se decían "comunistas" sin ser del partido y sin seguir la disciplina estricta impuesta por éste. Así rechazó no sólo a sus falsos admiradores, sino a los falsos comunistas. A unos y otros quiso exhibirlos en su verdadera "condición burguesa", a veces ignorada por ellos mismos y siempre imprecisa para los demás. Quiso por otra parte mostrar que ningún valor amistoso o paternal podía ser superior al vínculo con el partido. Afirmó que ninguna razón es válida cuando se maneja fuera del partido o contra el partido.

El impacto de la deposición de Prestes sobre la sociedad fue más limitado de lo que se esperaba y, sobre todo, de consecuencias efectivas a más largo plazo. El caudillismo no se derrumbó en Brasil. Se derrumbó el prestismo. Vargas ocupó el vacío que dejó Prestes. Retomó el liderazgo personal en una realidad social incólume, en sus variaciones, hecha de jefes y de jefes de jefes.

Por su parte, Prestes, tras la deposición, siguió un largo proceso de entrenamiento y ascenso como nuevo militante comunista. El ascenso exigió nuevas e incontables pruebas a que lo sometieron sobre todo sus compañeros brasileños, y que él aceptó, como uno de ellos. Pocos años después llegó a las más altas escalas de las organizaciones comunistas internacionales y ocupó puestos directivos en su propio partido, hasta convertirse en el líder principal. La nueva marcha de Prestes se inició con un viaje a la Unión de Repúblicas Socialistas Sovíéticas donde pronto descubrieron su indudable fervor revolucionario y su gran capacidad de líder. Allá empezó el ascenso y el reconocimiento de uno de los latinoamericanos que alcanzaron mayor fama. Prestes fue nombrado miembro del consejo ejecutivo de la III Internacional en su carácter —se afirmó— de "héroe popular nacional". Un poco después, ya de regreso a Brasil, lo eligieron miembro del comité central y del buró político del Partido Comunista Brasileño. Éste resultó menos generoso al calificarlo y siguió mostrándose muy celoso de ponerlo en su lugar de militante sin privilegios. El partido le asignó ambos puestos en calidad de "jefe popular nacional" —no de héroe— y con "igualdad de derechos", lo cual no representaba —a decir del duro y fraterno comité— un debilitamiento de su figura, sino el reconocimiento de un gran valor positivo, y un refuerzo del partido".

El PCB y su dirigencia exaltaron públicamente "el desenvolvimiento de Luis Carlos Prestes, desde el pequeñoburgués revolucionario hasta su adaptación al bolchevismo". El papel desempeñado por el "jefe nacional popular correspondía —según explicaron— al camino que millones de jefes y elementos nacional-revolucionarios aún recorrerían durante la revolución en Brasil".[21]

Hacia 1935 ya Prestes estaba investido de los nuevos símbolos y preparado para asumir el liderazgo del Partido Comunista en la magna tarea de una "revolución agraria y antiimperialista". De algún modo el proyecto sentaba las bases de otra revolución y otra política proletarias, que buscaron dirigir los comunistas con Prestes a la cabeza, a través de lo que llamaron la Alianza Nacional Libertadora.

Desde 1932 el PCB había empezado a organizar la Alianza Nacional Libertadora bajo la consigna del "frente unido desde abajo". El propósito de la Alianza era enfrentar el peligro fascista que amenazaba a Bra-

[21] Bastos, *op. cit.*, p. 375.

sil. En ese año Vargas se vio acosado por los problemás económicos de la crisis y tuvo también que dominar un intento insurreccional en São Paulo. Las presiones de la burguesía de São Paulo, las del imperialismo inglés, las del norteamericano empujaron a Vargas a aceptar un comercio creciente con la Alemania hitlerista. Las presiones populares lo indujeron a apoyar, con recursos económicos y refuerzos policiales, a una liga de fascistas nativos agrupados bajo el nombre de Acción Integralista. Vargas se encaminó cada vez más a la derecha. Rompió sus vínculos con la pequeña burguesía progresista, se acercó a la gran burguesía y a la oligarquía, frenó las tendencias democráticas de la revolución del 30. Ante esa nueva política, la Alianza Nacional Libertadora se propuso luchar contra el "integralismo", contra el fascismo y por la independencia económica de Brasil. Organizada y auspiciada abiertamente por el Partido Comunista, su acción dio pie a una vigorosa reacción anticomunista. Para contrarrestarla, la Alianza reafirmó que luchaba por un programa en el que no había puesto al orden del día la revolución socialista. Sus esfuerzos fueron inútiles. La oligarquía siguió creyendo y afirmando que la Alianza se proponía hacer una revolución socialista.

El programa de la Alianza consistía en proponer la suspensión del pago de divisas al imperialismo; la nacionalización de las empresas imperialistas; la entrega de las tierras de los grandes propietarios a los campesinos; el disfrute de las más amplias libertades por el pueblo; la constitución de un gobierno popular... En torno a ese programa se agruparon distintos partidos, ideologías, credos, simpatizantes del socialismo, que reconocían en varias formas el liderazgo del Partido Comunista o la necesidad de unir sus fuerzas con éste.

Por su organización y programa, la Alianza parecía preparar "un tipo de revolución pequeñoburguesa, apoyada fuertemente por el proletariado, en vez de un movimiento de implantación pura y simple del socialismo".[22] En todo caso quedaba al criterio de sus dirigentes, y en sus manos, pasar de una revolución democrático-burguesa a una revolución proletaria, si las condiciones lo permitían. Por lo menos así lo entendió la reacción, que no olvidaba las tesis de 1930 sobre la posibilidad de saltar etapas en la revolución latinoamericana. En 1935 el gobierno de Vargas atravesó por una nueva crisis. Para enfrentarla estrechó aún más sus lazos con el Eje y apoyó abierta y agresivamente a los "integralistas" que formaron grupos de choque contra los trabajadores y el pueblo, cada vez más descontentos a causa del desempleo, la carestía de la vida y la frustración de sus esperanzas democráticas. El Partido Comunista Brasileño consideró por todo ello llegada la hora de la nueva revolución y llamó a Prestes para encabezarla. La larga preparación del líder iba a pasar la prueba final. Resurgiría el "Caballero de la Esperanza", ya investido de sus armas por el Partido Comunista.

El líder inició entonces un extraño recorrido político y simbólico en busca del pasado. Procuró sumar cuantas fuerzas podían ser útiles a sus nuevas batallas, y olvidando por qué muchas de ellas lo habían abandonado, y cómo él se había decidido a rechazarlas cinco años antes, quiso convocarlas de nuevo en espera de verlas concurrir con hombres y jefes, ya desilusionados de sus viejas posiciones y convencidos de la razón de Prestes y el Partido Comunista Brasileño. En discursos y manifiestos, Prestes recordó además la grandeza y debilidades de otras luchas, buscando destacar cómo la nueva era heredera de aquéllas. Invocó las glorias de anteriores batallas: Copacabana, São Paulo, los sertones del Paraná, los levantes de Rio Grande do Sul, la marcha de la Columna. "¡Cuánta energía, cuánta bravura!" —exclamó en notable manifiesto, y añadió— "Son trece años de luchas cruentas, de combates suce-

[22] Bastos, *op. cit.*, p. 282.

sivos, de victorias seguidas de las más negras traiciones, de ilusiones que se deshicieron como bolas de jabón al soplo de la realidad."

El antiguo luchador no se detenía. Recogía las banderas y continuaba las luchas de los héroes: de Siqueira Campos, Joaquín Tavora, Portela, Benévolo, Cleto Campelo, Jansen de Melo, Djalma Dutra, y "de millones de soldados, trabajadores y campesinos de todo Brasil". "Somos los herederos de las mejores tradiciones de nuestro pueblo y es recordando la memoria de nuestros héroes como marchamos a la lucha y la victoria!" —afirmó con hermoso lenguaje en su nuevo manifiesto al pueblo.

Habían pasado cinco años desde que Vargas tomara el poder, cinco años desde que Prestes negó su apoyo al "programa anodino" de la Alianza Liberal. Como lo había anunciado desde entonces, el programa había mostrado ya —en los hechos— su carácter "superficial, irrisorio, mentiroso". Una vez triunfante, la Alianza Liberal no había enfrentado al feudalismo ni al imperialismo, problemas esenciales que ni siquiera se había propuesto enfrentar. Y en cuanto a sus pobres propósitos, no había cumplido uno solo de ellos. El latifundio continuaba intacto. La lucha contra el imperialismo había sido suplantada por una lucha de razas. Los distintos imperialismos —inglés, norteamericano, alemán— se dividían al país en zonas de influencia. La "unificación nacional" había terminado con nuevas entregas de grandes extensiones territoriales a las empresas extranjeras. El gobierno se asociaba cada vez más al comercio de los nazis y los nipones, contra el heroico proletariado alemán. Abría las fronteras a una intervención militar del imperialismo japonés. Ahogaba a la pequeña industria nacional. Aumentaba la explotación despiadada del pueblo brasileño. Todo el programa de la Alianza Liberal había revelado ser "una utopía reaccionaria". Con la crisis del capitalismo, la utopía se había vuelto una realidad reaccionaria, racista, fascista.

"Sólo las grandes masas trabajadoras de todo el país —decía el manifiesto de 1935—, junto con la parte de la burguesía nacional no vendida al imperialismo, serán capaces, a través de un gobierno popular revolucionario y antimperialista, de acabar con el regionalismo y con la desintegración feudal; de garantizar la unidad nacional de Brasil y de terminar con la desigualdad monstruosa que el dominio de los hacendados y los imperialistas impone al país." La "liberal-democracia" no era una alternativa. La "unión sagrada" de los elementos más reaccionarios de las clases dominantes tendía a "imponer una dictadura más bárbara", que acabaría con "los últimos derechos democráticos del pueblo". Vargas "fascistizaba" al gobierno, "estimulaba y auxiliaba la organización de bandas integralistas". Las clases dominantes preparaban "un gobierno abiertamente fascista". La verdadera alternativa no era entre "dos extremismos" como pretendían los hipócritas defensores de la "liberal-democracia", sino "entre los que quieren consolidar en Brasil la más brutal dictadura fascista: liquidar los últimos derechos democráticos del pueblo y acabar la venta y la esclavización del país al capital extranjero", y "todos aquellos que en las filas de la Alianza Nacional Libertadora quieren defender de todas maneras la libertad nacional de Brasil, el pan, la tierra y las libertades del pueblo".

Prestes propuso así "la creación del bloque más amplio de todas las fuerzas oprimidas por el imperialismo y por el feudalismo, esto es, de todas las fuerzas amenazadas por el fascismo". "Ésa es la tarea decisiva en la actual etapa de la revolución brasileña", afirmó. El bloque debería respetar y reconocer "todas las divergencias políticas, religiosas, filosóficas e ideológicas que entre nosotros puedan existir, pues sabemos, como revolucionarios —dijo—, que el momento actual exige, por encima de cualquier diferencia, una concentración de todas nuestras fuerzas para la lucha contra el imperialismo, el feudalismo y el fascismo".

Con la Alianza estarían los obreros, tan combativos en las últimas huelgas; los campesinos, con ese "odio y energía concentrados en siglos de sufrimientos y miseria", aún expresados en acciones espontáneas y desorientadas. Estarían los marinos, los soldados, los estudiantes, las mujeres, los artesanos, los pequeños comerciantes e industriales, los "padres", con sus mejores tradiciones de lucha. El programa finalmente propuesto, precisó viejas y nuevas demandas: 1] Suspensión de pagos y desconocimiento de deudas al extranjero. 2] Denuncia de los tratados antinacionales. 3] Nacionalización de los servicios públicos más importantes, cuando las empresas no se subordinaran a las leyes del gobierno. 4] Jornada máxima de trabajo de ocho horas, seguro social, aumento de salarios, salario igual para trabajo igual, garantía de salario mínimo, satisfacción de las demás demandas del proletariado. 5] Lucha contra las condiciones esclavistas y feudales del trabajo. 6] Distribución entre la población campesina y trabajadora de tierras y aguadas. Expropiación de las mismas, sin indemnización a los imperialistas, a los grandes propietarios "más reaccionarios", a los "elementos más reaccionarios de la Iglesia", esto es "a quienes se oponían a la liberación de Brasil y la emancipación del pueblo". 7] Devolución de las tierras arrebatadas por la violencia a los indios. 8] Lucha por las más amplias libertades populares; por la completa liquidación de cualquier diferencia de raza, color, nacionalidad. 9] Lucha por la más completa independencia religiosa y la separación de la Iglesia y el estado. 10] Firme política contra cualquier guerra imperialista y por la estrecha unión con las demás alianzas nacionales libertadoras de América Latina y con todas las clases y pueblos oprimidos del mundo.

El programa de la Alianza no era socialista. De manera expresa se proponía alcanzar "la democracia y la libertad" en un proyecto nacional, antimperialista y antifeudal, base de un desarrollo capitalista independiente. A este efecto sostenía: "La distribución de las tierras de los grandes latifundios aumentará la actividad del comercio interno, y abrirá el camino a una más rápida industrialización del país, independientemente de cualquier control imperialista."

Prestes anunció una lucha ardua, no sólo contra el gobierno de Vargas, sino contra el imperialismo, cuyos "signos de resistencia" al proyecto popular eran muy claros. Exhortó a crear un "frente de la Alianza en cada fábrica, empleo, casa comercial, universidad, cuartel, navío mercante o de guerra; así como en barrios y haciendas...". "La situación es de guerra —afirmó en el manifiesto— y cada uno precisa estar atento y vigilante." Luego dijo: "Cabe a la iniciativa de las propias masas organizar la defensa de sus reuniones, garantizar la vida de sus jefes, y prepararse activamente para el momento del asalto. La idea del asalto —observó— madura en la conciencia de las grandes masas. Cabe a sus jefes organizarlas y dirigirlas."

Prestes habló como líder nacional, como jefe. El partido reconoció que el vértice de la lucha seguían siendo los jefes y debía recaer en el nuevo "Caballero de la Esperanza"; la realidad de la conciencia social hacía imposible ir más lejos. El manifiesto de Prestes terminó con los gritos de combate. "¡Abajo el fascismo! ¡Abajo el gobierno odioso de Vargas! ¡Por un gobierno popular nacional revolucionario! ¡Todo el poder a la Alianza Nacional Libertadora!" La burguesía entendió que se trataba de algo más que una lucha antifascista o antifeudal y obró en consecuencia.

Por su parte los "aliancistas" iniciaron un descoyuntado y errático despliegue de fuerzas. A mediados de 1935 empezaron a organizar el movimiento de guerrillas en el nordeste. La ciudad Natal —capital del estado de Rio Grande do Norte— fue asaltada y ocupada días antes de la insurrección por elementos comunistas y "aliancistas" y allí formaron un "gobierno socialista". Pero no fue hasta la madrugada del 27 de noviembre cuando estalló en Río el movimiento armado que, con objetivos nacionales, había venido preparando la Alianza Nacional Libertadora. Entonces los hechos se sucedieron con una gran rapidez. Las acciones rebeldes encontraron una resistencia mucho mayor de la esperada. Habiendo empezado en la Escuela de Aviación y en varios regimientos del ejército, pronto las fuerzas del gobierno parecieron controlar la situación. Los rebeldes sólo llegaron a dominar el interior de los edificios, mientras eran cercados por las "tropas legalistas" que recibieron con presteza crecientes refuerzos. "Entrada la mañana —escribe Bastos— un gran incendio en el 3er. Regimiento, provocado por los tiros de la artillería y el bombardeo de la aviación, reveló el fin de la insurrección de noviembre." Las tropas del gobierno se fueron desplegando por las playas de Botafogo y Vermeja, mientras "los agentes del Partido Comunista esperaban los primeros resultados de la acción militar para jugar en la lucha su tremenda arma política: la huelga general". Pronto el fuego devoró los edificios del 3er. Regimiento y minutos después se vio a "los rebeldes de la primera insurrección social brasileña atravesar las calles de Río de Janeiro en calidad de prisioneros de guerra".

El pueblo actuó casi como espectador. Y todo fue tan rápido que Prestes no tuvo tiempo de asumir el mando militar de las fuerzas rebeldes. La acción de las guerrillas se localizó en unos cuantos puntos del país. Los gobiernos de los estados ayudaron a sus vecinos en apuros a vencer los focos guerrilleros con tropas que ellos no necesitaban. Muchos conflictos y choques no pasaron de ser escaramuzas entre "integralistas" y fuerzas democráticas; revueltas esporádicas de campesinos, labradores, vaqueros; huelgas obreras y agitaciones populares que mantuvieron un carácter discontinuo y sin ningún efecto real de apoyo a los insurrectos.

La acción revolucionaria pareció haber sido concebida más con una mentalidad militar que con una lógica de movimientos de masas en acción. Al menos esa impresión dio al no emerger el pueblo proletario, como actor múltiple, activísimo en la toma de posiciones y en el desarme, la destrucción o la neutralización de fuerzas enemigas. Los revolucionarios parecieron operar como en las rebeliones anteriores de "tenientes", aunque sin el respaldo social de todas las burguesías y pequeñas burguesías antioligárquicas ni la iniciativa de un pueblo con proyecto propio, proletario. La dirección revolucionaria no pudo articular un movimiento que obedeciera y abarcara a todo el pueblo, encabezado por el proletariado. Éste no dio la impresión de estar dirigiendo el proceso. El partido de obreros —soldados— campesinos, en la realidad del país, no fue la vanguardia activa y omnipresente que tomara el relevo de otros mandos con el respaldo de su propia clase y el apoyo de múltiples facciones venidas de otras clases. Los insurrectos se vieron aislados. La dirección misma del movimiento había sido penetrada y denunciada. Mientras tanto todas las burguesías, "incluida la progresista", se unieron al lado de Vargas para acabar con el "comunismo", según dijeron. Inútilmente, la Alianza Nacional Libertadora realizó un último esfuerzo para demostrar que el movimiento no era comunista porque lo dirigía Prestes: "El movimiento no es comunista —insistió un escrito de los insurgentes—, sino nacional popular revolucionario, con el más digno compañero al frente: Luis Carlos Prestes." Prestes cayó preso. El periódico reaccionario, A Rua, puso gozoso en gran titular: "¡Preso el caballero de la sombra!" El partido había ganado a Prestes de por vida, pero no había podido ganar a las masas. Había preservado su autonomía de clase, pero no había logrado el encuentro de la clase y las masas. La revolución democrático-burguesa ya se había consolidado dentro de una situación más burguesa que democrática y no fue posible hacer una revolución de masas profundamente democrática y antimperialista, dirigida por las fuerzas populares, la clase obrera y los comunistas. Las nuevas y viejas oligarquías se habían entendido y afianzado en el poder como burguesías y "aristocracias de ingenio", con mayores ventajas y reconocimientos para aquéllas. Tras la derrota vino el terror. El gobierno estableció de inmediato el estado de sitio y poco después el estado de guerra. Prestes permaneció en la cárcel once años, sometido a los mayores sufrimientos. Después volvió a salir para luchar en otros campos de batalla.

El fracaso de la revolución del 35 en Brasil coincidió con la implantación de la línea del frente popular por la Internacional comunista. Exactamente un mes antes de la derrota de Prestes, la Internacional adoptó la nueva línea. Con ella desaparecieron los intentos de los partidos comunistas por alcanzar la hegemonía exclusiva de los movimientos de masas. La revolución de 1935 se encontró así al final de una etapa histórica en las luchas de liberación y al inicio de otra. Constituyó el último intento de toma del poder por los comunistas, dentro de una alianza que no se proponía directamente la implantación del socialismo ni pensaba en el socialismo, a corto plazo, aunque aspirara a la dirección de las masas. Cuando se miran en detalle sus antecedentes y su ulterior evolución se advierte el dramático y deliberado intento de un partido comunista por atraer a sus filas a un caudillo nacional y la más firme decisión de éste para seguir hasta el fin al partido, superando cualquier obstáculo, debilidad o sufrimiento por infranqueables que parezcan o dolorosos que sean. En todo el proceso resalta una historia singular de los encuentros y desencuentros de líderes y masas. El partido buscó y encontró al líder. Le fue imposible conducir o encabezar a las masas: la inmensa mayoría de los trabajadores sólo quería luchar por demandas vitales y no participaba ni de la conciencia ni de la decisión de los dirigentes comunistas por actuar como clase, por preservar la autonomía de clase y por encabezar un movimiento libertador propio.

5. *Las acciones revolucionarias de masas en Cuba.*
   (1930-1935)

De 1930 a 1935 se desarrollaron en Cuba grandes movimientos de masas en lucha contra la dictadura de
Machado, contra el imperialismo y contra todas las
formas de mediación de las clases dominantes. Algunos
de ellos adquirieron características insurreccionales.
En 1928 la Asamblea Constituyente había aprobado
la reelección, por seis años, del dictador Machado, que
ya llevaba cuatro. En 1929 Machado ordenó el asesinato de Julio Antonio Mella, el líder comunista, y reforzó su dictadura a base de otros asesinatos más. Pronto elevó el crimen político a sistema de gobierno.

En marzo de 1930 se inició la "primera gran batalla
revolucionaria contra el dictador", una huelga general
dirigida por el Partido Comunista y la Confederación
Nacional Obrera de Cuba. Machado cerró los centros
obreros y reprimió con furor las manifestaciones y mí-
tines populares.

El movimiento estudiantil entró en acción. Solicitó a
los tribunales que sometieran a juicio al presidente de
la República, como responsable de varios muertos con
disparos de rifle. El 30 de septiembre, el Directorio Estudiantil Universitario convocó a una manifestación que
elevó la lucha. Pidió la renuncia del presidente de la
República y el cese del régimen imperante. Varios estudiantes fueron asesinados. El Directorio Estudiantil
fue arrestado en pleno. El claustro universitario pro-
testó. La Universidad fue clausurada. El entierro de los
estudiantes muertos se convirtió en una manifestación
mayor. Conforme crecía la represión crecía la respuesta
popular volviéndose más general y más enérgica. El
dictador quiso cambiar de táctica. Intentó congraciarse
con el pueblo y ordenó la libertad de muchos detenidos.
Fue un intento de mediatización que exacerbó aún más
los ánimos. La juventud alimentaba una cólera ya incontenible, que se cruzaba con la más profunda y sorda

de los trabajadores. Las fuerzas revolucionarias dieron
los primeros pasos de una prolongada marcha contra
todo intento de mediación o mediatización. Los estudiantes liberados no aceptaron conciliación alguna con
el dictador. Formaron una organización decidida a luchar a la vez contra Machado y contra el imperialismo, partidaria de estrechar sus vínculos con el movimiento obrero revolucionario. Las clases gobernantes
empezaron a buscar sus propias alternativas. Algunos
de sus miembros contemplaron la necesidad de sustituir
a Machado; otros decidieron atacarlo. En agosto de
1931 dos viejos políticos, uno de ellos general, intentaron derrocar al dictador. El pueblo los dejó solos. Manifestó de inmediato que no quería políticos media-
dores. Los políticos fueron derrotados. Unos murieron
a manos del ejército del dictador y otros debieron huir.
Poco después nació un nuevo intento de alternativa en
el seno de las clases gobernantes. Una organización
llamada el ABC —corporatista, elitista y demagógica—
se organizó en la clandestinidad para derrocar al dictador y usó el terrorismo para paralizar al pueblo.
Con un lenguaje semifascista pretendió sustituir la gas-
tada demagogia autoritaria. Con sus desplantes quiso
dar más peso a sus palabras. Con denuncias e inculpa-
ciones, formuladas en términos morales contra los gobernantes corrompidos, trató de ocultar al primer y
mayor responsable de la situación y se reservó así la
posibilidad de entrar en acuerdos con el imperialismo.
El ABC —como dijo el líder comunista Martínez Ville-
na— fue "una organización de clase media preterida y
a la vez afanosa de poder". Logró engañar a algunas
masas, inconformes con una situación colonial que no
denunció, con monopolios y latifundios que no atacó.
Saciaba su cólera ensañándose contra los policías y políticos más visibles, a quienes los dueños de monopolios y latifundios estaban en la mejor disposición de
sacrificar.

El Partido Comunista y el Ala Izquierda Estudiantil

se enfrentaron al intento de mediación semifascista. Usaron una táctica simultánea de movilización de masas y de esclarecimiento ideológico. Sus organizaciones de base desplegaron gran actividad para hacer circular, leer e interpretar una enorme cantidad de publicaciones clandestinas entre las masas que se agitaban. En 1932 "el proletariado cubano pasó a la ofensiva. Vinculó progresivamente las consignas económicas a las consignas políticas". Los trabajadores en huelga llegaron a combatir contra el ejército, en combate consciente de las relaciones entre la dictadura, la crisis y el imperialismo. El dictador se tambaleó. De las clases gobernantes surgió otra vez un grupo de aspirantes a sustituirlo. Sus miembros se autonombraron Junta Revolucionaria y muchos de ellos se fueron a Nueva York para culminar la alternativa mediadora en Washington.

Las acciones revolucionarias continuaron en aumento, con demostraciones populares y alzamientos armados. La caída de Machado pareció inminente. Washington decidió mediar. Franklin Delano Roosevelt, el nuevo presidente demócrata, avanzó hacia la gran mediación. Designó al subsecretario de Estado Sumner Welles como embajador de Estados Unidos en Cuba con la misión de "asegurar un cambio ordenado y pacífico, que no alterara la estructura colonial de la República". Sumner Welles debía "negociar un nuevo convenio comercial, e interponer la mediación extranjera en la lucha política cubana".

Desde que el nuevo embajador llegó a La Habana en abril de 1933 se puso en contacto con los grupos de la oposición política y uno a uno los hizo aceptar la "mediación". De ahí pasó a ampliar el marco mediador y extendió sus conexiones al ABC, cuyos vehementes líderes se comprometieron gustosos a suspender los actos terroristas. Después, indujo directa o indirectamente a Machado a tomar varias medidas mediatizadoras. El gobierno del dictador restableció las garantías constitucionales, emitió una ley de amnistía y soltó algunos presos políticos.

Entre el embajador y el dictador se estableció una cierta competencia por la "mediación". Éste quiso revestir su amarga cólera de un nacionalismo de última hora, afín a las demandas del pueblo. Hizo un movimiento autónomo parecido al de un gobernante soberano. Por breves instantes enarboló la bandera de lucha "contra la mediación extranjera" y ordenó a la Cámara declarar persona "non grata" a la misión de Welles. Dos días más tarde una radio clandestina hizo circular la noticia de que el dictador había renunciado. El pueblo se volcó a las calles para festejar tan fausto acontecimiento. Y todo ello ocurrió en medio de un movimiento proletario realmente autónomo, en medio de una huelga general que se había venido preparando y extendiendo bajo la dirección inesperada del Partido Comunista y de la Confederación Nacional Obrera Cubana. El dictador se precipitó a mediatizar la lucha. Aceptó todas las demandas obreras y durante un momento llegó a un acuerdo con los trabajadores. Así surgió un juego de equivocaciones: Welles creyó que el dictador había usado a sus "agentes" para provocar y resolver las huelgas, en un desesperado esfuerzo contra la "mediación norteamericana" y contra la intención de Estados Unidos de sacrificar al desprestigiado títere, ahora en rebelión. Los dirigentes sindicales creyeron, en un primer impulso, que era aceptable el nuevo trato con Machado. Machado creyó haber resuelto la situación. Las fuerzas del poder real se siguieron moviendo con movimientos realmente autónomos. Welles se resolvió entonces, terminantemente, por la sustitución de Machado, y el Partido Comunista insistió en la necesidad del derrocamiento de Machado, haciendo ver a los líderes sindicales que habían cometido un error. El pueblo se siguió agitando en forma incontenible. Lo hizo hasta la caída y fuga del dictador, el 12 de agosto de 1933.

Al quedar fuera de combate Machado, objeto de odio universal, empezaron a desmovilizarse algunas fuerzas, mientras otras antes aliadas se enfrentaron entre sí. El cálculo de Welles comenzó a funcionar. La huelga continuó, mientras disminuían las fuerzas opuestas a las nuevas formas de la mediación. Después los trabajadores debieron regresar a su trabajo. "La Revolución popular —comenta la historia de las Fuerzas Armadas Revolucionarias— ya había sido yugulada, y Cuba continuó uncida a la estructura colonial que engendró el machadato." [23]

El imperialismo se dio a ensayar las más sugerentes fórmulas de mediación, con amenaza constante de intervención armada para el caso que fracasaran. Por su parte, los comunistas y los estudiantes radicales continuaron en lucha contra esas nuevas formas de mediación, aunque ya sin contar con algunas fuerzas que no eran revolucionarias.

El sucesor de Machado —Carlos Manuel Céspedes— formó gobierno llamando a "todos los grupos y partidos que habían aceptado la mediación". Intentó apaciguar los ánimos, restituir el régimen constitucional y castigar a los cómplices de la dictadura. El Directorio Estudiantil Universitario se opuso al nuevo intento de mediación con demandas antimediadoras que escandalizaron a los políticos y los hicieron montar en cólera también antimediadora. Exigió la disolución del Congreso; la destitución de los magistrados, gobernadores y funcionarios de elección; el castigo de todos los responsables de la dictadura, y la constitución de un gobierno de facto. El Directorio Estudiantil hizo una especie de declaración de guerra a la clase gobernante, más que una solicitud al gobierno establecido. Con sus demandas buscó que saliera de su escondrijo la clase gobernante, oculta tras las sonrisas de los nuevos políticos. Pretendió plantear así la posibilidad de luchar por un nuevo

---

[23] Dirección Política de las FAR, *Historia de Cuba*, p. 595.

gobierno que fuera del pueblo. "El Directorio —escribe Julio Le Riverend— propuso la constitución de un gobierno popular revolucionario que realizara el programa radical esperado por el pueblo de Cuba."[24] Por su parte el Partido Comunista no sólo decidió luchar contra el "gobierno mediacionista" de Céspedes sino que empezó a plantearse, así fuera en forma incipiente, el problema de un poder proletario y de un estado revolucionario. Sostuvo "como su táctica principal la formación de soviets locales que se convirtieran en centros de poder proletario en las diferentes localidades y que, a la vez, sirvieran de base para la toma del gobierno central. La agitación continuó en todo el país y el gobierno de Céspedes se vino abajo.

La reacción exigió entonces la intervención armada norteamericana. La clase dominante salió a la escena —completa y desnuda— con la traición a "la patria" como recurso final. Sólo que por esa época se encontraba al frente del gobierno de Estados Unidos Franklin D. Roosevelt, quien "rehuía la fuerza directa" y buscaba "un soportable círculo sin salida" para mantener el imperialismo norteamericano en América Latina. Su política de "buen vecino" y "no intervención" provocó una especie de tregua, un escenario político que frenaba las acciones inmediatas y amenazadoras del imperialismo. Y entonces surgió un gobierno, el de Grau San Martín, que planteó problemas distintos a los de la mera lucha contra la mediatización del imperialismo y la burguesía, los de una lucha por el poder político y social, en el interior del gobierno y fuera de él.

En septiembre de 1933 Grau San Martín integró el nuevo gobierno y se vio obligado a incluir entre sus filas a un líder antimperialista, llamado Antonio Guiteras, quien ocupó el Ministerio de Gobernación. Guiteras tenía una trayectoria de lucha intachable. Más

[24] Julio Le Riverend, *La República. Dependencia y revolución*, La Habana, Ed. de Ciencias Sociales, 1971, pp. 297 ss.

tarde moriría al lado del pueblo. Su presencia en el gabinete reveló que las luchas populares ya se estaban expresando en el gobierno. Y se expresaron efectivamente, aunque de manera muy contradictoria. El gobierno de Grau San Martín mostró de inmediato cómo se hallaba envuelto en contradicciones que correspondieron a una gran variedad de luchas, políticas y populares. El propio presidente fue parte de las luchas y resultó contradictorio al no querer tomar partido ni poder encabezar una formación política y popular que constituyera algo más que una mera mediación y mucho menos que una acción revolucionaria, una especie de lucha intermedia.

El gobierno de Grau practicó una política nacionalista con reformas sociales y buscó, simultánea y sucesivamente, enfrentar y apaciguar a las masas, a la burguesía y al imperialismo.

Intervino la Compañía de Electricidad. Repudió la deuda con el Chase National Bank. Disolvió los partidos políticos comprometidos con la dictadura. En la Conferencia de Montevideo defendió la libre determinación de los pueblos. Ilegalizó la Enmienda Platt, afrenta a la soberanía cubana. Cumplió sus obligaciones internas e internacionales. Administró pulcramente las recaudaciones. Decretó la autonomía universitaria. Ordenó la reapertura de los centros secundarios de enseñanza. Respetó las libertades públicas. Convocó a la Asamblea Constituyente. Reivindicó los derechos del negro y de la mujer. Legisló sobre la jornada de 8 horas, el salario mínimo, la sindicalización obligatoria, el contrato colectivo de trabajo. Creó el Ministerio del Trabajo. Proyectó una ley de reforma agraria y empezó a confiscar las tierras de los funcionarios de Machado.

A través del gobierno de Grau —con Antonio Guiteras como principal promotor— se expresaron algunas demandas del pueblo cubano, arrancadas tras muchos años de lucha. La reacción del imperialismo y las clases dominantes no se hizo esperar. Sumner Welles, el ABC

y la burguesía iniciaron de inmediato el contrataque e
incluso organizaron la conspiración. El gobierno se sintió obligado a tomar una serie de medidas conciliado-
ras con el imperialismo y la "burguesía amedrentada",
enfurecida. Trató por todos los medios de apaciguar a
Welles y de lograr el reconocimiento de Washington.
Pagó parte de la deuda externa y se comprometió a pagar el resto en forma inaceptable. Permitió que menu-
dearan las canongías y las concesiones. Pretendió gran-
jearse a los traidores del ejército, como a Fulgencio
Batista, descubierto y perdonado en su conspiración inminente.

Lo que es más, ante las demandas del pueblo y la
agitación de las masas el gobierno de Grau quiso imponer el orden con actos de fuerza que agudizaron su
aislamiento y desprestigio. Quiso imponer la lógica del
gobierno por encima del imperialismo y las clases gobernantes, frente a las demandas insatisfechas de las
masas, acostumbradas al combate, desatadas. Persiguió
al movimiento obrero marxista. Asaltó sindicatos. Liquidó "huelgas a tiro limpio". Realizó horrenda masacre en el pacífico entierro de Julio Antonio Mella. A
la postre se quedó con un proyecto de gobierno vacío,
insostenible. Ni el imperialismo se contuvo ni las masas
se atuvieron a su lógica de gobierno. La tozudez imperialista fue inevitable. La presión de las masas, in-
controlable. El imperialismo atacó por todos lados. Los
grupos revolucionarios de las clases medias continuaron
actuando contra toda medida. Los obreros y las masas
mantuvieron el clima de combate por demandas vitales
y acercamientos al poder, en oleadas. En septiembre de
1933, constituyeron "soviets" en Mabay, Hormiguero,
Jaronú, Senado, Santa Lucía y otros centrales, donde
se apoderaron de las instalaciones y se pusieron a ad-
ministrar las empresas, cuidando la buena marcha de
sus tareas con grupos de vigilancia y destacamentos
de defensa. El 10 de noviembre el Partido Comunista
publicó el llamamiento "Todo el poder para los obre-

ros y campesinos apoyados en comités de soldados y marinos". En él abogó por una verdadera revolución agraria y antimperialista y por la formación de consejos de obreros, campesinos, soldados y marinos, como base para un gobierno popular. Un día antes las tropas gubernamentales y "algunas organizaciones revolucionarias de la clase media" habían destruido un golpe contrarrevolucionario del ABC. En los cuatro meses del gobierno de Grau ocurrió un fenómeno muy distinto al de la mera lucha contra la mediación. Ocurrió una lucha por el poder. En ella chocaron el imperialismo, los "políticos criollos", los elementos radicales de la pequeña burguesía y la clase obrera, todos en pugna por captar el movimiento popular, en especial los dos últimos, relativamente unidos entre sí, aunque con diferencias tácticas, de organización y clase que no siempre pudieron superar. La novedad del fenómeno, durante el gobierno de Grau, consistió en que el problema ya no sólo radicaba en rechazar las mediaciones del imperialismo y la burguesía, sino en aceptar la mediación de un gobierno en parte popular, o en imponer la propia mediación de las masas y la clase obrera. A los revolucionarios se les planteó la alternativa clásica: "trasmutar el gobierno nacional reformista de Grau San Martín en un gobierno nacional revolucionario" o bien librar una "oposición sin cuartel", "implacable", contra el "tormentoso ensayo", sólo en parte popular, que era atacado también por la embajada norteamericana, por los oficiales depuestos, por los viejos políticos, por los fascistas del ABC, por el "alto comercio español", las empresas extranjeras, la prensa y todas las demás fuerzas reaccionarias. El Partido Comunista, la Confederación Obrera de Cuba y el estudiantado de izquierda decidieron atacar sin piedad al gobierno de Grau, sólo defendido entre las fuerzas progresistas por el Directorio Estudiantil Universitario. Tal decisión contribuyó al derrumbe de "un gobierno que no gobernó, sino que fue gobernado" —como dijo de la Torriente—, o que habría sido "un espectáculo divertido si no hubiera sido trágico" —como dijo Raúl Roa. La tragedia alcanzó una intensidad máxima —dramática— en virtud de que la oposición revolucionaria no estaba realmente dirigiendo a las masas hacia un proceso insurreccional de toma del poder y había sido de hecho rebasada por las masas. La decisión de atacar a Grau, en realidad obedeció al "desmandamiento" de las masas, a sus movimientos ascendentes y tormentosos imposibles de contener o encauzar, dadas las contradicciones del gobierno de Grau y de la sociedad cubana de entonces, y a las perspectivas revolucionarias vigentes. La dirección estudiantil y comunista, con su preocupación predominante de lucha contra la mediación, en medio de los torrentes populares y de la agresión imperialista, decidió atacar a Grau con un partido que no era aún de las masas, aunque tuviera entre ellas notables destacamentos. Fue una decisión obligada, casi fatal.

A la caída de Grau, Fulgencio Batista inició una política de represión general, ascendente. Tras sucesivos baños de sangre, Batista se convirtió en el "gran elector" y en el nuevo jefe de la "República mediatizada". Al empezar 1934 instauró el "terror blanco". El movimiento obrero revolucionario fue atacado furiosamente, en especial en los centrales de Jaronú, Senado, Tacajó, Baguanas y Media Luna. Los estudiantes del "instituto" de La Habana fueron ametrallados a la primera manifestación. Las rebeliones y protestas campesinas fueron acalladas sin el menor titubeo y con el pleno apoyo del imperialismo y la reacción. Durante todo el proceso estuvieron presentes en los puertos de Cuba treinta unidades de guerra norteamericanas con miles de marinos y una flotilla aérea.

Dominada la situación por Batista, el imperialismo buscó mostrar otra vez una nueva cara. Sus gestos de "buena vecindad" consistieron ahora en firmar un tratado comercial, ampliamente exaltado por la prensa, y en abrogar, en marzo de 1934, el "derecho" de intervención consagrado en la Enmienda Platt, lo cual dio pie a un decreto por el que el gobierno concedió tres días de fiesta, en simbólica celebración de la nueva y macabra mediación. La resistencia popular continuó hasta 1935 con altas y bajas. En marzo de ese año el Partido Auténtico, encabezado por antiguos miembros del Directorio Estudiantil, convocó a una huelga general cuyo fracaso había sido previsto por los comunistas y otros grupos revolucionarios. El movimiento de resistencia se extendió a varias ciudades. Fue ahogado en sangre y derivó en una oleada de terror: "La derrota de la huelga general de marzo de 1935 —escribe Julio Le Riverend— representó el último hecho de gran fuerza revolucionaria del pueblo cubano dentro del proceso iniciado en 1929... Por otra parte inició también un lento proceso de desprestigio de la tesis llamada insurreccionista".[25]

De 1929 a 1935 se dio en Cuba una de las luchas más tenaces contra la dictadura y la mediación criolla, contra la intervención armada del imperialismo y la "mediación norteamericana". El Partido Comunista de Cuba se propuso enseñar a los trabajadores y al pueblo el carácter claro de las clases gobernantes, actor con políticas alternativas de represión y mediación. Les enseñó también a luchar por "demandas inmediatas" y "victorias parciales". Alcanzó y celebró las "magníficas victorias" de los obreros del ómnibus, de la Habana Electric, de los portuarios de la Bahía de La Habana. Pidió y logró solidaridad, bajo "la gloriosa bandera de la Confederación Nacional Obrera de Cuba, sección de la Confederación Sindical Latinoamericana, con los movimientos de los telegrafistas, los maestros, los empleados públicos, los pequeños comerciantes. Precisó propuestas de lucha exacta contra la dictadura, el imperialismo, la burguesía, los fascistas, los anarquistas y

[25] Le Riverend, *op. cit.*, p. 302.

reformistas. Realizó una "propaganda sistemática y diaria sobre la necesidad de aplicar los métodos sindicales revolucionarios de participación de las masas". Explicó y libró una lucha tenaz por la dirección de las huelgas "en medio del terror". Templó y preparó al proletariado en "la conquista de la calle". Lo adiestró "en el perfeccionamiento de los métodos de lucha" para los combates contra la crisis, la miseria, la desocupación y el terror. Orientó a los obreros para que ellos mismos discutieran y formularan sus demandas concretas. Los condujo de las demandas aisladas a la formulación de "demandas generales por industria", fijadas por los propios sindicatos, las cuales derivaban en "huelgas de industria", que no admitían acuerdos separados con los patronos. Ordenó formar todo tipo de grupos organizados: sindicatos y secciones sindicales, en fábricas, negocios, plantaciones, muelles. Dispuso y apoyó comités de fábrica y comités de auxilio, comités de desocupados y grupos de autodefensa armados. Solicitó fraternización con marinos y soldados. Coordinó acciones conjuntas de obreros, campesinos y "alzados".

De una manera menos precisa postuló la necesidad de "luchar por un gobierno de obreros y campesinos" e inútilmente buscó establecer alianzas para un frente único antimperialista, en el que participaran todas las fuerzas patrióticas y los "sectores revolucionarios de la pequeña burguesía". No planeó, en la práctica, un proyecto amplio de toma del poder. Su consigna de "formación de 'soviets' dificultó el desarrollo de una política de coalición o frente único con las fuerzas revolucionarias de la pequeña y mediana burguesía". Esa política, según observó años más tarde Blas Roca, uno de sus dirigentes, no le permitió "integrar órganos locales de poder que con otros nombres podrían haber contado con representaciones de los obreros, los campesinos, los estudiantes y los sectores urbanos de la pequeña burguesía más radicalizada". En el terreno de la organización sindical "la falla fundamental —según expresó desde entonces el periodista revolucionario Pablo de la Torriente Brau— consistió en la no consolidación de las secciones sindicales de fábricas, que no se pusieron inmediatamente a funcionar, no tuvieron desde un principio un contenido de trabajo ni un cabal conocimiento de sus funciones y formas organizativas...". El movimiento no fortaleció "suficientemente las bases de los sindicatos de empresas". Ése fue el principal error en el terreno de la organización. "El aparato dirigente de los sindicatos, sus relaciones con las secciones sindicales de fábricas, sus finanzas, sus cuestiones organizativas (carnés, direcciones, contactos, etc.) no fueron organizados debidamente sino en muy contados casos. Tampoco hubo una promoción a los puestos de responsabilidad de nuevos obreros surgidos en las huelgas, ni esfuerzo serio alguno por desarrollar cuadros de dirigentes sindicales." La debilidad orgánica sería la causa principal de que los obreros "no pudieran contestar rápida y efectivamente a la represión del gobierno".

En todo caso el error más grave y de más difícil solución que se planteó al movimiento revolucionario de entonces fue el señalado por el propio Pablo de la Torriente Brau, en su "Trayectoria y balance del ciclo revolucionario": "El objetivo inmediato de organizar un amplio frente de lucha contra la reacción y el imperialismo —premisa previa a la conquista del poder por las masas populares— fue sustituido por una propaganda palabrera de consignas utópicas y un planteo de la revolución proletaria que trascendía las condiciones objetivas del país y la disposición objetiva del pueblo." Y el mismo de la Torriente Brau decía: "Nunca razón alguna fue, a pesar de todo, más próvida en conquistas fundamentales para nuestro pueblo".[26]

[26] Cf. Pablo de la Torriente Brau, "Álgebra y política", "El movimiento obrero de 1925 a 1933" y "Trayectoria y balance del ciclo revolucionario" en *Pensamiento Revolucionario*, 1, 416 ss.

El movimiento de 1930-35, dirigido por el Partido Comunista y por la Confederación Nacional Obrera de Cuba "constituyó un importante capítulo en las tradiciones revolucionarias y antimperialistas del pueblo de Cuba" y "contribuyó a la educación revolucionaria de amplias masas". El partido educó y organizó en breve tiempo a mucha gente. En formulaciones autocríticas posteriores, el partido consideró que su política de esa época había sido "izquierdista". La ruptura de las mediaciones burguesas e imperialistas no pudo derivar en una mediación revolucionaria. La historia siguió hecha de mediaciones dominadas por la burguesía. La inmediación de la violencia no acabó con la mediación del imperialismo en la historia de la clase obrera cubana. Vino la lucha mundial contra el nazifascismo y se volvió urgente aceptar algunas reglas de la "Política del buen vecino". En la historia mediada se libró otra lucha.

La ruptura de las mediaciones que terminó en nuevas represiones y en una nueva mediación fue aleccionadora. El Partido Comunista de Cuba puso un interés poco común en la formación política e ideológica de cuadros y masas. Gran parte de sus errores se explican por su derrota. Su derrota por sus fuerzas y medidas. Algunas de éstas estuvieron equivocadas y fueron parcialmente determinantes en la sucesión de los hechos. Otras provinieron de una agudización y aceleración de la lucha de clases que rebasó las posibilidades de cualquier alternativa popular de un gobierno nacional revolucionario, sin que existieran tampoco las de una revolución socialista. Así vino un desbarrancadero de fuerzas en choque, dominado finalmente por el imperialismo, y que ninguna fuerza del pueblo pudo enfilar a la construcción del estado. De todos modos, desde entonces, en Cuba se planteó una de las más avanzadas luchas de América Latina por su liberación.

IV. CUARTA ETAPA: 1935-1959

De 1935 a 1959 las organizaciones de las masas se propusieron proyectos confinados a los límites del capitalismo. El anarquismo había perdido cualquier influencia más o menos orgánica, e incluso había entrado en una especie de vida latente, como lógica de protestar y argumentar en los momentos de crisis. La vía insurreccional y la lucha por establecer frentes desde la base proletaria habían llevado a grandes derrotas. Los partidos comunistas renunciaron a dirigir por sí solos a los grandes movimientos de masas y establecieron distintas políticas de enfrentamientos y alianzas, cuyas variaciones son a menudo difíciles de entender. Enfrentamientos y alianzas se modularon en función de la lucha de clases internacional y de la que se libraba de una manera más concreta en cada país latinoamericano. La defensa de la URSS —primer país socialista— siguió siendo preocupación universal de los comunistas, sustentada en la lógica del internacionalismo proletario y a menudo aplicada con el autoritarismo que había impuesto la corriente estalinista, o la criolla, con ciertos elementos de disciplina más parecida a la burocrática o caudillista que a la revolucionaria. El carácter de esa disciplina no sólo provenía del sentido que le daban los funcionarios de la Internacional comunista, ni sólo de un autoritarismo habitual en las organizaciones políticas latinoamericanas, sino del escaso respaldo de masas de los partidos comunistas de América Latina y de la poca seguridad que ese escaso respaldo daba a los funcionarios de partido para pensar a la vez con una lógica internacional y con una lógica de masas. Ante la dura opción entre la lógica internacional de la lucha de clases y la lógica de masas en la lucha interna, la mayoría de los partidos comunistas optó por seguir aquélla, no sin desgarramientos ni crisis internas, que unas veces se expresaron bajo la forma de disidencias trotskistas, nacionalistas o populistas, y otras más adoptaron la forma del escepticismo, la abstención y la desmoralización.

Las variaciones de la política de enfrentamientos y alianzas siguieron también los cauces concretos de la lucha de clases, según las especificidades de cada estado y de cada gobierno, según la política predominante del imperialismo y la gran burguesía en cada país, según la existencia o ausencia de dictadores personales y, sobre todo, según la fuerza y el carácter de los movimientos populares.

La complejidad del proceso, la variedad de los argumentos, la crisis de la reflexión revolucionaria, la pobreza de una teoría cada vez más dependiente de la línea, y de una línea cada vez más dependiente de los funcionarios de partido, con sus distintas jerarquías, a lo que se sumaba la ignorancia o, bajo nivel de conocimientos del socialismo científico, la cultura de las opciones escolásticas de lo bueno y lo malo, con juicios de autoridad y rebeliones emocionales de autocondena heterodoxa, en que el disentimiento era pecado hasta para los que disentían, con el adjetivo y la injuria como sentencias terminantes, todo ello abrió un panorama de luchas internas y de crisis personales, ideológicas, de partido, gobierno popular y masas que se fueron convirtiendo en hábito para las fuerzas progresistas y de izquierda, mientras el imperialismo hacía de ese hábito un arma de destrucción de sus enemigos, arma que fue perfeccionando cuidadosamente, según sus técnicas tradicionales de dividir a las fuerzas progresistas y revolucionarias con oposiciones internas reales y simuladas.

La historia de 1935 a 1959 trascurrió sin una imagen suficientemente clara de dos hechos previstos por el socialismo científico desde la época de los clásicos, el de la necesaria lucha por la autonomía de las organizaciones revolucionarias y de clase, en cualquier tipo de alianzas, y el de la necesaria utilización de las etapas de alianza para una política de acumulación de fuerzas, entrenamiento de cuadros y bases, profundiza-

ción de conocimientos y prácticas que permitieran en
una etapa ulterior, cuando viniese la inevitable ruptura de los frentes populares antifascistas o antimperialistas, un combate exitoso de las masas. (Entre parén-
tesis esa ruptura a veces fue tan rápida que no dio
tiempo a semejante política, de donde se deduce que
muchas fallas provinieron también de la debilidad de
las organizaciones de masas y no sólo de errores de la
dirección. En febrero de 1936 hubo en Paraguay una
sublevación encabezada por los militares nacionalistas
agraviados por la victoria pírrica de la "guerra del
Chaco". Pretendían encabezar un movimiento popular
y realizar una amplia reforma agraria. El Partido Comunista de Paraguay los apoyó con muchas otras fuerzas populares; y no habían pasado unos meses, tal vez
unas semanas, cuando el Partido Comunista paraguayo
fue perseguido por los propios "febreristas", poco antes
de que éstos cayeran envueltos en sus penosas contradicciones, acosados por la oligarquía.)

La pobreza teórica del período no fue exclusiva de
América Latina, pero en América Latina las fallas de la
teoría sobre alianzas y frentes se acrecentaron por varios factores, entre otros por la preponderancia de trabajadores y clases medias inclinados a una práctica
política que se proponía más que nada obtener concesiones y prestaciones, ya en el interior de los partidos
para sus miembros y simpatizantes, ya fuera de ellos con
demandas de las bases a los funcionarios de partido y
de los funcionarios de partido a los funcionarios de gobierno. Esas demandas con frecuencia estaban fundadas en méritos y fuerzas imaginarias. Eran personales
o de pequeños grupos. En cualquier caso correspondían a perspectivas sólo inmediatas y orientaban la acción política a la mera obtención de concesiones dentro y fuera de los partidos. Así muchos líderes se acos-
tumbraron a informar a sus superiores con una retórica
de "grandes masas" muy distinta a sus propios méritos, a su entusiasmo aparente y a la realidad exacta.

Otros se limitaron a desempeñar un papel en que eran menos competentes que los líderes reformistas: el de gestores. Y entre todos iniciaron un período en que crecieron las organizaciones revolucionarias con advenedizos que lo mismo llegaban que se iban, según obtuvieran concesiones y prestaciones del partido y de los gobiernos respectivos. La acumulación de fuerzas y el cambio en la correlación de fuerzas presentaron un carácter superficial que no se vio complementado siempre ni por una acción constante para mantener la autonomía ideológica y política de las organizaciones de clase ni por una educación o propaganda profunda y rigurosa de la ideología marxista. Las autocríticas más significativas de ese período, aquellas que rebasarían los límites de los juicios personales serían precisamente las que destacaran, en cada condición concreta, las fallas que habían impedido acumular fuerzas reales y permanentes y cambiar la correlación de fuerzas en favor de las organizaciones revolucionarias. Esas críticas serían muy pocas y no lograrían ahondar en la teoría ni precisar un programa práctico de acumulación de fuerzas. Los casos excepcionales de autocrítica a la exigua política de acumulación de fuerzas, resultarían en general empañados por un análisis de errores propios y ajenos predominantemente subjetivo y personalista. No se destacarían suficientemente los orígenes de la desestructuración ideológica, sus bases objetivas en la clase obrera y sus condiciones concretas, las metas posibles a alcanzar y no alcanzadas, la parte atribuible a la correlación de fuerzas y la que impidió mejorar esa correlación cuando era posible, la que era responsabilidad de una persona como individuo y la que era de varias como grupo o partido con papeles y relaciones que se repiten, aunque cambien los individuos, experiencia ésta más importante para mejorar la acción del individuo, el grupo, el partido y la clase.

Dentro de la línea general de los proyectos confinados a los límites del capitalismo, durante el período

1935-1959, se dieron por lo menos tres variaciones que
obedecieron al carácter internacional de la lucha de
clases. De 1935 a 1945 se impuso la lógica de un frente popular que agrupara a todas las fuerzas democráticas en la lucha contra el nazifascismo. Terminada la
guerra se inició una breve etapa que duró aproximadamente de mediados de 1945 a 1947. En ella influyeron
los acuerdos de Yalta (febrero de 1945) y de Potsdam
(agosto de 1945) por los cuales los antiguos aliados de-
limitaron sus respectivas esferas de influencia y trataron
de mantener el espíritu de lucha contra el nazismo. Si el
frente popular había servido de unión contra las potencias del Eje y sus partidarios, en los años inmediatos
que sucedieron a la segunda guerra mundial la URSS
buscó y logró matener esa unión dentro de una lucha
democrática. Sin embargo, desde 1947, ante los avances políticos de las fuerzas comunistas en Europa y
otras partes del mundo, Estados Unidos inició la "guerra fría" que duró hasta 1959, cuando se inició a nivel
mundial la política llamada de la "coexistencia pacífica". En América Latina, la ofensiva desatada por Estados Unidos desde la Conferencia de Río (1947) y la
fundación de la OEA (1948) contra el "peligro de una
intervención extracontinental" y contra el supuesto peligro de una "conspiración comunista internacional"
tuvo por objeto atacar a todo movimiento antimperialista acusando a sus dirigentes de ser comunistas. Los
partidos comunistas, por su parte, tendieron en general
a apoyar desde entonces todo movimiento democrático, antimperialista y antifeudal, incluso cuando sus dirigentes y miembros les manifestaban poca simpatía.
    Las variaciones de la lucha de clases de un país a
otro obedecieron en gran medida a la fuerza de los
movimientos nacionalistas y populares y a su capacidad de imponerse a los dictadores, a las oligarquías
y al imperialismo. La fuerza de los movimientos populares fue mayor de 1935 a 1945, conforme disminuyeron las luchas internas de la izquierda por la línea de

frente popular, y se acentuó en la vida práctica y la guerra la lucha contra el nazifascismo. Si la crisis de 1929-33 había hecho que proliferaran las dictaduras, poco después las clases gobernantes se vieron obligadas a ceder, en algunos países, ante la fuerza de las masas. A las políticas de represión agregaron —como ya les era habitual— las políticas de negociación y mediación, siempre con una estrategia que les permitiera sentar las bases de una etapa restauradora. En 1934 Lázaro Cárdenas alcanzó la presidencia en México apoyado por las fuerzas progresistas mayoritarias. En el curso de los primeros años de su gobierno no sólo sumó a todos los partidos progresistas y revolucionarios, sino a las grandes organizaciones populares. La legalización de las tierras tomadas por los campesinos y la entrega de otras nuevas, el apoyo a las demandas obreras —económicas y políticas—, la organización creciente de obreros, campesinos y clases medias hicieron del cardenismo el fenómeno más amplio y profundo, propio de un gobierno popular antioligárquico y antimperialista. La eliminación de la antigua oligarquía terrateniente y la expropiación del petróleo constituyeron la máxima expresión de triunfo de un movimiento antimperialista que no rebasó los límites del capitalismo. También en 1934 surgieron otros movimientos —menos agraristas y más populistas, menos campesinos y más urbanos. En Ecuador nació el velasquismo y en Colombia Alfonso López Pumarejo intentó gobernar en forma liberal y populista. En 1935 empezó a actuar en Puerto Rico la corriente populista y dos años después Albizu Campos fundó el movimiento nacionalista. De 1936 a 1937 se apoderó del gobierno de Paraguay el grupo surgido de la revolución febrerista con nuevos proyectos de reforma agraria, independencia y derechos cívicos. También en 1936 hubo en Venezuela un notorio auge de los movimientos de masas, las cuales despertaron a la muerte, ya segura, del viejo dictador Juan Vicente Gómez. En 1938 el Frente Popular ganó las elecciones presidenciales en Chile, mientras en Uruguay el dictador Terra restablecía el sistema parlamentario. Y en 1940 —en plena guerra mundial— Fulgencio Batista se vio obligado, ante las presiones populares y las del gobierno norteamericano, a promulgar una Constitución largamente demandada por los comunistas y las fuerzas democráticas. El imperialismo no aceptaba la caída del sargento convertido en dictador, pero lo obligó a ceder, a tolerar la lucha política, dentro de las normas establecidas entonces por los aliados. El Partido Comunista Cubano alcanzó varias ventajas de la legalización de la lucha política e hizo las concesiones mínimas que implicaba ese tipo de lucha, así como otras que sus propios miembros —o algunos de ellos— juzgaron innecesarias.

Varios partidos comunistas tuvieron incluso que apoyar de algún modo a los dictadores del imperialismo norteamericano, entonces aliado de guerra de la URSS. Benavides en 1939, Anastasio Somoza, Rafael Leónidas Trujillo, Medina Angarita, en 1940, recibieron el apoyo de los partidos comunistas de Perú, Nicaragua, Santo Domingo, Venezuela, así fuera por breve tiempo y en medio de fuertes crisis y escisiones. Los ideólogos liberales y socialistas tendieron a interpretar con amplificación principista la extravagante y peligrosa colaboración. Los imperialistas la interpretaron primero como parte del pacto mundial con la URSS y después, conforme se escindieron los partidos comunistas, como una táctica deliberada de éstos destinada a usar dos armas, dos partidos, dos grupos, uno colaboracionista y otro revolucionario, ambos destinados a un mismo fin. Los imperialistas entrevieron así y mistificaron la posibilidad de lo que después se llamaría el brazo legal y el brazo insurreccional de los movimientos revolucionarios. También exacerbaron hasta el máximo posible las divisiones que con ese motivo surgieron entre las fuerzas de izquierda y los propios partidos comunistas.

En general, los partidos comunistas dieron una explicación muy pobre de su alianza provisoria. Utilizaron esa alianza para una lucha política e ideológica entre las masas en condiciones de gran debilidad. Sus esfuerzos se vieron frecuentemente limitados por las luchas internas, agudas y de un nivel a menudo vulgar. Y sin embargo su influencia fue en aumento. "Los partidos comunistas de América Latina crecieron rápidamente durante la guerra y los primeros años de la posguerra. En vísperas de la guerra sus miembros no eran más de 100 000 y dos años después ya alcanzaban aproximadamente medio millón." [27] De acuerdo con otro cálculo parecen haber pasado a 270 000 hacia 1947, con 72 representantes parlamentarios en Chile, Brasil, Cuba, Costa Rica y Uruguay.

De 1945 a 1947 continuaron también los movimientos nacionalistas, contrarios al imperialismo norteamericano e inglés. Algunos de ellos siguieron sosteniendo como en el pasado sus simpatías por el pensamiento fascista, o agrupando en su seno a quienes las sostenían. La derrota de Alemania y Japón obviamente les impuso la necesidad de atenuar su proclividad por las ideologías fascistas. Trataron de enarbolar un nacionalismo más local. El imperialismo norteamericano, en cambio, tendió a definir todo movimiento nacionalista como antidemocrático y fascista. Aprovechó el "espíritu de Potsdam" y su propia fuerza en América Latina para oponerse a los movimientos nacionalistas a nombre de la democracia y para buscar el apoyo de los comunistas en su política antinacionalista.

Ya desde los inicios de la segunda guerra mundial el imperialismo norteamericano había empleado la bandera de la democracia para frenar todo movimiento antimperialista y la de la alianza de guerra para alcanzar un armisticio con los comunistas. Al término de la guerra mundial siguió empleando la misma táctica. Los comunistas cayeron en la más grave contra-

[27] William Z. Foster, *Outlime history of the American*, Nueva York, International Publishers, 1951, p. 385.

dicción a que los había llevado su forma de pensar
en términos de una lucha de clases internacional concebida sin una disciplina respetuosa de la lógica de
masas. Mientras guardaban buena conducta con los dictadores de Estados Unidos, el aliado de la URSS, los
comunistas latinoamericanos se enfrentaron a los movimientos antimperialistas cuyos dirigentes se expresaban
con un lenguaje corporatista más o menos ambiguo y
se opusieron a ellos aunque estuvieran apoyados por las
masas. Con más razón se enfrentaron a los movimientos antimperialistas de lenguaje fascista, cuyos dirigentes hacían lo necesario para hostigarlos.

De 1939 y 1947 los movimientos de las masas contra los dictadores del imperialismo y contra el imperialismo tuvieron que hacerse con frecuencia sin el apoyo
comunista y a veces con la oposición de los partidos
comunistas. Éstos se mostraban muy sensibles ante el
peligro fascista, mientras extremaban el desarme moral
frente a los dictadores del imperialismo.

La lógica comunista pareció válida durante la guerra. Fue una lógica de guerra, y de una guerra muy
peligrosa. Durante la gran confrontación mundial contra el Eje había en América Latina cuatro millones
de españoles y portugueses, tres millones de italianos,
800 000 alemanes, 400 000 japoneses. Entre esos grupos
nacionales existían fuertes corrientes de simpatía por
la España de Franco y las potencias' del Eje. Las organizaciones fascistas y nazis proliferaron en América
Latina. Llegaron a significar un peligro militar real en
una guerra que mostró ser muy peligrosa. A las organizaciones fascistas ligadas con el Eje —llamadas "Quinta
columna"— fácilmente se podían sumar los nacionalistas nativos que, por un odio genuino al imperialismo
norteamericano e inglés, constituían las bases sociales
potenciales de una enorme fuerza imposible de desde-
ñar en cualquier lógica de guerra. Los partidos comunistas tomaron una decisión tajante: enfrentaron a los
movimientos que se agrupaban actual o potencialmen-

te en torno al Eje. La decisión no fue siempre bien interpretada ni explicada; no se aclaró suficientemente que las masas dirigidas por los nacionalistas —más o menos proclives al fascismo— estaban condenadas al fracaso en una guerra mundial contra el fascismo, ya fuera en lo inmediato, ya por las fuertes contradicciones en que tarde o temprano incurrirían sus líderes. Ello por su puesto no quería decir que los movimientos nacionalistas carecieran de un potencial de lucha contra el imperialismo creciente de Estados Unidos. Este potencial se revelaría cuando algunos líderes sucesores de los movimientos nacionalistas se fueran acercando a las posiciones revolucionarias. Pero en 1939-45 las perspectivas internacionales de una guerra contra el fascismo germano-alemán —la manifestación más feroz del imperialismo— tenían necesariamente que discrepar de las perspectivas puramente locales, que no aceptaban la necesidad de atenuar e incluso posponer la lucha contra las potencias aliadas de la Unión Soviética.

La situación concreta de entonces, las formaciones políticas reales, enfrentaron a nacionalistas y comunistas, y aunque en ocasiones aquéllos tuvieron un apoyo de bases mucho mayor, les resultó particularmente difícil superar sus contradicciones nacionalistas originales, mientras a los comunistas les resultó imposible encabezar a los movimientos de masas que en la lucha antimperialista del momento chocaban con el imperialismo norteamericano e inglés, en lucha contra el nazifascismo.

El problema de las contradicciones en que incurrieron los comunistas se acentuó al término de la guerra, cuando el peligro nazi había sido destruido, el fascismo criollo entró en retirada y los partidos comunistas mantuvieron una perspectiva parecida de alianzas. La crisis de los partidos comunistas y su debilidad nunca se manifestaron con tantas contradicciones como entonces. El imperialismo norteamericano continuó su doble política pragmática de mantener a los regímenes represivos dependientes mientras podía y de ceder ante los movi-

mientos populares que lograban imponer regímenes de
tipo democrático, más o menos liberal y burgués. Los
partidos comunistas parecieron hacer otro tanto. Influi-
dos por el secretario general del Partido Comunista
Norteamericano, Earl Browder, que había llegado a sostener el fin del imperialismo norteamericano y el inicio
de una política de Estados Unidos favorable a la paz,
la democracia, la industrialización y la liberación de las
colonias, los partidos comunistas latinoamericanos no
encabezaron ya ningún movimiento antimperialista. Sin
una política de masas —durante la guerra y hasta
1947— sólo apoyaron a los movimientos de masas que
el imperialismo se veía obligado a tolerar, mientras se
oponían a los que aquél atacaba. La lógica de la lucha
de clases internacional y la lógica de masas habían dejado de funcionar en la mayoría de los casos. Todo se
limitaba a una lógica de potencias y de disciplina política entendida en forma burocrática, particularmente
furiosa contra el enemigo y conformista con el aliado
del jefe. Sin proyecto de lucha por el poder ni de hegemonía en los movimientos de masas, sin teoría ni práctica de poder y de masas, la participación de los partidos comunistas en las luchas de liberación fue muy
contradictoria; los debilitó más allá de la necesaria defensa de la URSS, en lucha contra el fascismo y por
la coexistencia pacífica. Tales serían las conclusiones a
que llegarían más tarde los propios partidos comunistas,
durante la etapa autocrítica del pasado "browderista".

De 1939 a 1947 las masas lograron en algunos países derrocar a los dictadores o imponer por otros medios regímenes democráticos que las oligarquías y el
imperialismo debieron aceptar. En 1944 se inició en
Paraguay una etapa de auge democrático que duraría
diez años. En 1945 fue derrocado Getúlio Vargas, mientras Prestes era liberado de la cárcel y se legalizaba
en Brasil al Partido Comunista. También en 1945 Juan
José Arévalo ganó las elecciones a la presidencia de
Guatemala con un proyecto liberal y democrático. Al

año siguiente Gabriel González Videla fue elegido presidente de Chile y formó un gabinete de unidad nacional con radicales, liberales y comunistas. Estados Unidos y la URSS parecían haber llegado a un acuerdo mundial: hacer efectivos los valores democráticos que los habían unido en su lucha contra el Eje. Las fuerzas democráticas criollas y los comunistas criollos parecían proponerse otro tanto, aunque dentro de los límites de una política de poder y de una práctica de lucha que dejó intactos a los dictadores serviles al imperialismo, los cuales mostraron súbitamente una convicción también democrática que ellos mismos pretendían realizar liberando comunistas y permitiendo el registro de partidos. La cuestión nacional quedó pospuesta a cambio de que se manifestara la lucha de clases como pugna democrática.

El proyecto de una lucha legal partió del supuesto de que en ese momento histórico la democracia formal era igualmente posible en las zonas metropolitanas y dependientes. Para los comunistas significó la posibilidad del reconocimiento de su derecho a la lucha en la legalidad. Para Estados Unidos significó seguir luchando por la democracia de los "aliados" y contra las corrientes antimperialistas demasiado agresivas. Todo ello, por supuesto, bajo el sobreentendido de que cada parte lucharía democráticamente por sus intereses y por aumentar sus fuerzas, segura de ganar. Sobre esas bases, un poco ilusorias y muy realistas, el imperialismo se lanzó contra los movimientos nacionalistas encabezados por Juan Domingo Perón en la Argentina (1945) y por Gualberto Villarroel y el MNR en Bolivia (1943-1946). En realidad el ataque del imperialismo en contra de Perón y Villarroel se fundó sobre todo en el carácter nacionalista y antimperialista de los movimientos que llevaron a uno y otro al poder. Pero también existían entre los peronistas y los partidarios de Villarroel corrientes seudofascistas y antisemitas, que se tomaron como único pretexto para atacar a Perón y

derrocar y asesinar a Villarroel. Los voceros y embajadores de Estados Unidos, la oligarquía argentina y
"la Rosca" boliviana, los liberales, los socialistas tradicionales y los comunistas, todas esas tendencias diversas
formaron una extraña unión que exageró el carácter
fascista de los movimientos populistas. El proyecto "democrático" pareció unirlos a todos en medio de sus
diferencias. Todos los "aliados" contra todos los fascistas. Si Juan Domingo Perón pudo enfrentar la ofensiva por la forma en que se apoyó en un movimiento
obrero que él mismo había contribuido a organizar y
que vinculó a los militares nacionalistas, Villarroel en
cambio —menos combativo y menos vinculado a mineros y campesinos— fue derrocado por los dueños del
estaño, el imperialismo y la oligarquía terrateniente,
quienes lograron manejar en su contra a una parte de
las masas urbanas y asesinarlo antes de que pudieran
recibir el apoyo de mineros y campesinos, aislados, des-
concertados, y cuyas protestas tardías fueron seguidas
de una terrible persecución desatada por un movimiento que se había hecho en nombre de la democracia y
con el apoyo de la "izquierda revolucionaria", segura
hasta entonces de una línea de lucha común, puramente dèmocrática.

En realidad el antimperialismo de las masas argen-
tinas y bolivianas se expresó en formas de conciencia
muy pobres, con líderes y organizaciones muy contradictorios. Los comunistas calcularon esos peligros y optaron por no jugar al lado de quienes sostenían a la
vez un discurso antimperialista y popular, mezclado de
símbolos fascistas y antisemitas. Pero no fue ésa la única ni la principal razón de su política.

A nivel mundial, la perspectiva de una lucha democrática les sirvió a los comunistas, en los primeros años
de la posguerra, para disminuir el peligro de las corrientes antisoviéticas que en Estados Unidos llegaban
al extremo de pedir que el ejército norteamericano lan-
zara la bomba atómica sobre la URSS. La perspectiva

de lucha democrática fue un triunfo de la política de
coexistencia pacífica. Le permitió a la URSS consolidar su nueva posición en los países de democracia popular, e iniciar una tarea de reconstrucción urgente,
dada la magnitud de los daños de una guerra devasta-
dora. En América Latina —zona de dominación de
Estados Unidos— el proyecto democrático comunista
fue también la base de una lucha legal y política destinada a obtener el reconocimiento de los partidos y
a incrementar sus fuerzas. Si el imperialismo norteamericano aprovechó el acuerdo para fortalecer su hegemonía en América Latina con el pretexto de la democracia, los comunistas procuraron hacer algo parecido,
aunque con costos tal vez mayores, que no dependie-
ron tanto de la decisión táctica sino de la forma de in-
terpretarla y explicarla. Una decisión distinta, de apoyo al nacionalismo ambiguo y fascistoide, habría traído
otros costos no sólo a nivel mundial sino en la vida de
los partidos comunistas latinoamericanos. Bastante experiencia tenían al respecto con los casos de apoyo a
movimientos de una pequeña burguesía nacionalista que
los había abandonado y atacado incluso cuando no
sostenía previamente símbolos fascistas.

El problema de la táctica que adoptaron los partidos
comunistas provino de su debilidad objetiva y no sólo
de sus errores. Reflejó una debilidad en la correlación
de fuerzas internacionales e internas y expresó luchas
ideológicas y errores en la interpretación. El proyecto
de los partidos comunistas de América Latina, de fines de la segunda guerra mundial y principios de la
posguerra, fue muy mal entendido y explicado por las
fuerzas nacionalistas —a veces como parte de su política anticomunista—, y a esa situación se añadió una
mala explicación de los propios comunistas. Una vez
tomada la opción de las luchas democráticas, los triunfos legales y políticos de los comunistas cupieron rápidamente en el marco de una lucha que no sólo los hizo
relegar la cuestión nacional a un segundo término, sino

extender una carta de crédito al imperialismo norteamericano y a los dictadores aliados a éste, suponiendo
que tenían la decisión y la capacidad de democratizar-
se. Más que un olvido del carácter de clase, contradictorio, de los proyectos democráticos y burgueses, que
debía expresarse en el terreno de las luchas sindicales,
electorales e ideológicas, los comunistas descartaron la
explicación de la lucha democrática como lucha necesariamente antimperialista y eventualmente revolucionaria y socialista. Por hacer énfasis en el acuerdo actual
descuidaron el desacuerdo implícito. No pudieron es-
tructurar el doble discurso del acuerdo y la lucha, con
énfasis en el acuerdo para el discurso coyuntural y
en la lucha para el discurso teórico e ideológico, de
cuadros. Así, sus planteamientos de la lucha de clases
se hallaron al nivel más bajo de explicación que habían vivido hasta entonces y determinaron una época
de azoro, de oportunismo y de rabia que ellos mismos
no pudieron expresar y que sus opositores utilizaron
para reforzar las posiciones liberales anticomunistas, socialistas anticomunistas y trotskistas antiestalinistas, o
anticomunistas. La época del oportunismo, el azoro y la
rabia se caracterizó por un auge de las luchas sectarias,
y fue como una especie de muestra de la incapacidad
de gobernar de toda corriente encabezada por organizaciones progresistas. La lógica revolucionaria no pudo
contribuir a la comprensión de las alianzas, de la lucha de clases y la lucha nacional.

Y a pesar de todo, el imperialismo percibió un peligro en los propios comunistas y en su política de luchas
legales, democráticas. Consciente de la mayor hegemonía que había alcanzado durante la segunda guerra
mundial, y deseoso de incrementarla, el imperialismo
norteamericano no sólo vio con preocupación la forma
en que los comunistas se valían de la legalidad para
seguir luchando —hecho que a la mayoría de sus ideólogos le pareció subversivo—, sino que se aprestó para
dar otro paso ideológico y político: el de una "demo-

cracia" en que se considerara a los comunistas como enemigos naturales de la democracia. Al mismo tiempo, el imperialismo afiló sus armas contra el nacionalismo militar o civil, al que denunció como fascista, fascistoide, o cripto-comunista. Las masas habían expresado en forma separada la lucha nacional y la lucha de clases. El imperialismo las atacó en sus dos formas de expresión y tomó medidas en todos los campos, desde el ideológico hasta el militar. De 1948 a 1959 América Latina no sólo vivió los efectos de la "guerra fría", sino la consolidación del imperialismo norteamericano y su asociación creciente con las burguesías y oligarquías latinoamericanas. Durante ese tiempo aumentó la hegemonía imperial y de clase en empresas, gobiernos, ejércitos, policías, universidades, periódicos, sindicatos, y en la propia sociedad civil. Se acentuaron las diferencias y desigualdades de la ciudad y el campo, de los distintos estratos de la población, de los trabajadores de grandes y pequeñas empresas, calificados y no calificados. La "movilidad social" —la movilidad "rural-urbana" y de un estatus inferior a otro superior— contribuyó a la formación de una clase obrera con numerosos contingentes de origen campesino, satisfechos de sus modestos avances y simultáneamente amenazados por los aparatos represivos del estado y por un "ejército de reserva" compuesto de desempleados listos a ocupar cualquier puesto de quienes intentaran rebelarse y fueran cesados.

El imperialismo recreó la heterogeneidad tradicional de la clase obrera latinoamericana. Unas veces lo hizo en forma natural, por un desarrollo desigual necesario; otras en forma deliberada, intencionada. Las masas pelearon a la defensiva, y sólo en algunos puntos y países de América Latina sus líderes más lúcidos empezaron a recuperar la conciencia del problema nacional como ligado al problema de clase y de la destrucción del imperialismo como algo más que un mero movimiento nacional.

1948 marcó el inicio de una etapa en que la nota
predominante del imperialismo fue la integración de
los gobiernos a un sistema de represión y explotación
conjunta de los trabajadores y los pueblos, "Mal año,
año de ratas", le llamó Neruda. La política imperialista se mostró aplastantemente agresiva, aunque siempre consideró la mejor oportunidad y forma de agre-
dir y actuar. En ocasiones tuvo que esperar unos meses,
o más, antes de someter o derrocar a los gobiernos
que se le oponían. En el terreno social, esa política
afectó a los trabajadores como conjunto; pero no indiscriminadamente, sino a modo de someterlos concedien-
do a unos y golpeando duramente a otros. En el terreno ideológico el imperialismo siguió sosteniendo a sus
dictadores serviles en nombre del realismo político, mientras atacaba a los movimientos nacionalistas acusándolos ahora de comunistas, en nombre de la democracia,
y alentaba a los presidentes partidarios de una democracia sin alternativa de lucha legal por el socialismo,
en realidad proclives a proteger las inversiones monopólicas mediante convenios militares, endeudamientos
externos y "asistencia técnica" norteamericana.

Un motín popular ocurrido en Bogotá, en vísperas de
la fundación de la OEA, con motivo del asesinato del
dirigente Jorge Eliezer Gaytán, sirvió para desatar una
campaña anticomunista por la que se pretendía probar
que era un hecho la amenaza de la "subversión extracontinental". La OEA se fundó haciendo detonar una
crisis social para disponer de las pruebas artificiales de
una "guerra justa". El imperialismo aportó las "pruebas" atizando el fuego del motín popular, e interpretó
su significado. A partir del "bogotazo", en Colombia
se acentuó una era de "violencia programada" que cobró cientos de miles de muertos, y en el continente se
apretaron las tenazas del poder imperial. En 1948,
Odría dio un golpe de estado en Perú e inició su dictadura. En Brasil, Dutra practicó una despiadada política represiva. En Venezuela el presidente demócrata

Rómulo Gallegos fue derrocado por una junta militar y el coronel Marcos Pérez Jiménez inició el camino a una dictadura personal. En México, Miguel Alemán avanzó aún más en el sometimiento del sindicalismo, atacó y expulsó al ala progresista de las organizaciones obreras e instauró un sindicalismo oficial, represivo, contratista y anticomunista. Al mismo tiempo se iniciaron algunos proyectos de democracia dependiente, con líderes partidarios del poderío económico norteamericano, de una asociación creciente con Estados Unidos, de alentar las inversiones extranjeras y la iniciativa privada, sobre la base de distintas variantes de control sindical y de una política anticomunista más o menos abierta. En 1948, Plaza inició en Ecuador una democratización dependiente. Ese mismo año, en Honduras surgió un gobierno "democrático" apoyado por Estados Unidos dentro del nuevo esquema. En El Salvador, terminó la dictadura de Maximiliano Hernández Martínez y comenzó una época "modernizante", muy a tono con la ideología imperial. Y en Costa Rica se dio un movimiento armado dirigido por José Figueres. Ese movimiento presentó la característica de un nacionalismo y. un reformismo anticomunistas. Sus dirigentes pronto pactaron con Estados Unidos, abandonaron el proyecto democrático original de acabar con la dictadura de los Somozas, prohibieron el partido comunista, llamado Vanguardia Popular, y consolidaron algunas reformas y nacionalizaciones —como la de la banca—, dentro de un proyecto avanzado de asociación con el imperialismo. Los comunistas costarricenses, que habían apoyado al régimen derrocado por Figueres, se vieron traicionados por aquél y, aunque lograron entrar en acuerdos con éste, pronto fueron objeto de una persecución por la que Figueres buscó arrebatarles la fuerza que habían adquirido de 1942 a 1948, durante el período legal de sus luchas.

En 1949, en el otro extremo de América Latina, González Videla traicionó en Chile a sus antiguos aliados comunistas, quienes lo habían ayudado a ganar las elecciones y contaban con algunos miembros en su gabinete. González Videla estableció una dictadura legal con un gabinete anticomunista y persiguió con saña a los comunistas. Fue tal vez el caso más evidente de frustración y rabia de los trabajadores ante el fracaso de la política de alianzas. "Los ojos en las minas se dirigen a un punto, a un vicioso traidor que con ellos lloraba cuando pidió sus votos para trepar al trono" —escribió Pablo Neruda en el *Canto general* hablando de Videla, el "caimán nocturno".

La ofensiva del imperialismo empezó a encontrar resistencias crecientes. En unos casos tuvo que ceder durante un tiempo, mientras se dividían los grupos de oposición y él mismo alentaba esas divisiones. En otros, continuó sin grandes obstáculos que vencer. En 1949 estalló una guerra civil en Bolivia. Las clases dominantes se vieron obligadas a convocar a elecciones, mientras se preparaban para nuevos desconocimientos y recuperaciones de los triunfos populares. En Argentina, por 1950, Perón empezó a frenar a los sectores populares y a hacer crecientes concesiones a la oligarquía y al imperialismo, lo que determinaría su caída unos años después. En 1951 en Bolivia, el Movimiento Nacional Revolucionario ganó las elecciones y las clases dominantes impusieron de nuevo su voluntad con un golpe de estado. En 1952 Batista dio otro golpe de estado en Cuba e inició una política que a la corrupción reinante en los gobiernos anteriores añadió una represión cada vez más brutal. Allí también se trataba de acabar con el impulso y la fuerza alcanzados por el partido comunista durante la breve etapa de sus luchas legales. En ese mismo año de 1952, el pueblo de Bolivia retomó su revolución interrumpida y destruyó el aparato represivo. El imperialismo se vio en la necesidad de reconocer el hecho y empezó a actuar para derrocar o corromper al gobierno. De 1952 a 1956 en Chile Carlos Ibáñez intentó una política populista que frenara el empuje de los trabajadores y sus organizaciones autónomas de clase. Todo fue inútil. En 1953 el gobierno chileno se vio obligado a reconocer a la Central Única de Trabajadores (CUT) y tres años después fue legalizado el Partido Comunista Chileno. Mucha fuerza y firmeza por parte de las organizaciones obreras chilenas obligaron a las clases dominantes a aceptar el más sorprendente de los procesos democráticos, sin que los líderes llevaran las luchas a un punto de ruptura, inconveniente mientras aumentaban la fuerza y autonomía de sus organizaciones. La división de la burguesía chilena y de sus grupos políticos contó en parte para que ocurriera un fenómeno tan distinto al del resto de América, precisamente en una coyuntura de agresión imperialista y de guerra fría. Contó sobre todo la fuerza y el estilo de lucha de las organizaciones obreras chilenas. En el mismo año de 1953 Rojas Pinilla inició en Colombia un populismo militar, tan contradictorio como cualquier otro, y a veces todavía más inconsistente, dada la acción simultánea en el gobierno de grupos socialistas y grupos anticomunistas que buscaban destacar sus diferencias externas e internas por realismo o conveniencia. El populismo militar de Rojas Pinilla fue a la vez expresión de las masas a través de un caudillo y expresión de los grupos políticos de una pequeña burguesía que luchaba por imponer un programa de bases populares, antioligárquico y anticomunista, contrario a los partidos políticos de la oligarquía y que no se fuera a entender como proclive al comunismo. Ante las presiones populares, incontrolables en otra forma, y ante el peligro que creciera el movimiento guerrillero iniciado desde 1952, las clases dominantes de Colombia se vieron obligadas a ceder durante un tiempo. No les importó mucho que los partidarios de Rojas Pinilla hicieran declaraciones de fe anticomunista: les bastaba que se dijeran nacionalistas o socialistas para buscar destruirlos en cuanto se hubieran debilitado entre ellos mismos y al enfrentarse a otras fuerzas populares.

En 1954 Stroessner inició su larga dictadura y su "represión programada" del pueblo paraguayo. En ese mismo año, en Brasil, se suicidó Getúlio Vargas al comprobar que los proyectos antimperialistas a que se había ido inclinando en forma creciente no encontraban el respaldo necesario. Sus contradicciones de nacionalista y dictador hicieron de él un prisionero de esa historia final que se negó a aceptar y que le fue imposible superar.

1954 fue un año de triunfo para el imperialismo. En Guatemala Foster Dulles alcanzó la "gloriosa victoria" contra el gobierno de Jacobo Arbenz y contra el pueblo de Guatemala. Un ejército mercenario, apoyado por Somoza y la CIA, invadió el pequeño país centroamericano e inició la masacre que dura hasta nuestros días. En Bolivia, el gobierno del MNR dio muestras clarísimas de ceder ante las presiones del imperialismo y de traicionar al movimiento popular para no ser derrocado. Aceptó la "ayuda" del imperialismo y que los "expertos" de Estados Unidos arreglaran sus finanzas. Su "realismo" político sentó las bases de una derrota a más largo plazo. En 1955 cayó Perón, tras haber cedido ante un enemigo que no le perdonaba su nacionalismo anterior ni su política de apoyo en la masa obrera organizada, a la que en un tiempo hizo concesiones sin precedente en la historia de Argentina. La grave crisis económica y política en que se debatía el país permitió a las clases gobernantes armar una llamada revolución libertadora que contó con el apoyo de las clases medias, poco después frustradas en sus vanas esperanzas. Las clases gobernantes impusieron su propia política y su retórica democrática, tecnocrática, modernizante, desarrollista.

Los nuevos gobiernos y la nueva retórica proliferaron en México con Ruiz Cortines, en Argentina con Frondizi, en Brasil con Kubitschek, en Chile con Alessandri, en Perú con Belaúnde, en Colombia con los alternantes liberales y conservadores. También creció desde entonces la crisis económica y política y el endeudamiento externo.

En general, de 1948 a 1959 el imperialismo norteamericano dio la impresión de estar a la ofensiva. Mientras tanto los movimientos nacionalistas volvieron a contar con el apoyo de los comunistas. Se les interpretó como movimientos democráticos, antifeudales y antimperialistas. Se les concibió incluso como posibilidad de una "revolución nacional" equivalente a la que en la historia del capitalismo europeo correspondiera a las revoluciones democráticas encabezadas por la burguesía. La contraofensiva del imperialismo contra los movimientos nacionalistas confirmó la tesis de que era necesario apoyarlos, y prácticamente todas las fuerzas progresistas y revolucionarias los apoyaron. Al mismo tiempo surgieron nuevas contradicciones internas, propias de los movimientos nacionalistas y de los grupos revolucionarios que los secundaban con una ideología marxista leninista. En la dirección de los movimientos nacionales surgió una diferencia esencial entre quienes consideraron que era necesario armar al pueblo ante la ofensiva del imperialismo y la burguesía y quienes no se atrevieron a dar ese paso por razones ideológicas o de clase. En el dilema se encontraba implícita la posibilidad de profundizar el proceso: un pueblo armado podía llevar la contraofensiva hasta un planteamiento revolucionario, socialista. Por el momento nadie pensó en llevar hasta sus últimas consecuencias esa posibilidad, o nadie la propuso. La polémica se limitó a armar o no armar al pueblo para defender una revolución democrática, antifeudal, antimperialista. Los nacionalistas y los comunistas carecían de un proyecto revolucionario a corto plazo y no modificaron su línea. La modificación ocurrió en una conciencia presente que se iba a manifestar poco más tarde.

De 1948 a 1959 hay varios hechos notables en la

historia de los pueblos latinoamericanos. Unos constituyen derrotas, otros significan triunfos: cae el gobierno popular de Guatemala, se corrompe el de Bolivia y empieza en Cuba el movimiento del "26 de Julio" que iniciará la siguiente etapa de la historia latinoamericana. Esos sucesos parecen estar muy ligados a la historia de las masas y los libertadores. A ellos se añade otro más, que entonces constituyó un éxito político innegable: la consolidación en Chile de la autonomía de la clase obrera en sus luchas sindicales y políticas. Es antecedente de un camino singular en la historia de los pueblos latinoamericanos.

De todas las experiencias de esos años, sin duda las más importantes para la historia de la liberación fueron las de Guatemala y Bolivia. Los dos grandes proyectos de una revolución democrática y burguesa constituyeron experiencias que llevaron las cosas a un punto de ruptura en este tipo de luchas. Las revoluciones antifeudales y antimperialistas de Guatemala y Bolivia encerraban una revolución socialista mucho más posible y real que en la Francia del siglo XVIII. Al ser antimperialistas ya eran de algún modo antiburguesas. La clase dominante no estaba constituida por bizarros señores feudales, sino por hacendados que sólo se les parecían. Muchos de ellos también eran negociantes y había dueños de plantaciones y minas, individuos y "personas morales", patrones y compañías, todos con un fuerte respaldo económico, político y militar del capital monopólico y Estados Unidos. La alianza revolucionaria no estaba constituida sólo por burgueses y siervos rebeldes. Aunque el proletariado era aún primitivo, de origen artesanal y campesino, su presencia como amenaza de clase era incomparablemente superior a la de la revolución democrática clásica. Y más que una alianza de burgueses y siervos contra señores feudales había una alianza de la pequeña burguesía empobrecida y radicalizada con artesanos, obreros, peones de fincas y plantaciones —varios de ellos asalariados—, y campesinos colonizados y recolonizados, todos en lucha contra ese monstruo de una oligarquía colonial, hecha de gerentes, soldadones enmedallados, finqueros, empresarios laicos y católicos, algunos mucho más ricos que otros, y respaldado el conjunto por una de sus partes más preciosas: el imperialismo norteamericano. El cuadro era pues distinto al de la revolución democrático-burguesa. No sólo constituía una nueva revolución de burgueses contra burgueses o de pequeñas burguesías coloniales insumisas contra grandes burgueses coloniales y compañías imperialistas. Presentaba ya entre los elementos revolucionarios el principio social de otra revolución que se veía asomar en los rostros de trabajadores industriales, mineros y asalariados de plantaciones agrícolas. Por pequeña e incipiente que fuera la clase obrera de Guatemala y Bolivia le hacía recordar a la šensibilidad burguesa, oligárquica e imperialista, el reiterado y temido peligro de una "subversión continental". Por remoto que fuera el peligro que para las clases gobernantes significaba el apoyo de la URSS a los pueblos latinoamericanos, ese peligro ya existía y las clases gobernantes lo mistificaban como la posibilidad de que la URSS exportara revoluciones.

La distancia entre las revoluciones del siglo xviii europeo y las del xx latinoamericano era enorme. Éstas resultaban mucho más amenazadoras que aquéllas para todas las burguesías segundonas, señoriales o modernas, primitivas o avanzadas. Las burguesías supieron exagerar y mentir sobre el peligro: llegaron a sostener que los movimientos populares de Guatemala y Bolivia estaban dirigidos por los comunistas y buscaban imponer el comunismo en América Latina. Con ello, más que impedir un liderazgo comunista, seriamente deteriorado, las clases dominantes se proponían intimidar a la pequeña burguesía democrática y nacionalista y usarla como freno; debilitar sus proyectos de reforma y apoyo popular, y disminuir su posibilidad de acción y prestigio. Corromperla o derrocarla a la primera oportunidad para lanzarse contra sus líderes más decididos, contra los agrarios y sindicales, y contra el pueblo "ensoberbecido". Se trataba de una masacre planeada, que debía contar con el temor de los propios demócratas y nacionalistas para ser efectiva como amenaza y realidad, todo a reserva de complementar las inhibiciones, titubeos e impotencia natural y adquirida de los enemigos indecisos, con una acción militar o con un proceso de corrupción sostenida, que a su vez terminaría tarde o temprano en la represión de la pequeña burguesía y del pueblo.

La evolución concreta de la revolución frustrada fue distinta en Guatemala y Bolivia. En Guatemala el proceso se inició como lucha democrática y se fue convirtiendo en movimiento antioligárquico y antimperialista. Esbozó algo así como la posibilidad socialista. En Bolivia el movimiento fue más complejo. Alternativamente encabezado por los trabajadores y la pequeña burguesía nacionalista, se orientó hacia un "frente de masas" en el que el actor azorado fueron las masas triunfantes. El ejército oligárquico fue destruido. De ahí el movimiento regresó a la pequeña burguesía del MNR que hizo las veces dè un puente de playa de la gran burguesía. La proletarización del movimiento guatemalteco y el aburguesamiento del boliviano determinaron un final distinto. El primero, tan indeciso para entregar armas "a los campesinos que se formaban en las carreteras de Guatemala en espera de recibirlas para pelear armados", fue derribado de la manera más brutal. El segundo, que obró con prudencia "reformista" y negociadora, alejado "el peligro del pueblo" entró en tratos con la oligarquía y el imperialismo, se debilitó, se corrompió y subsistió algunos años más —ya sin proyecto nacional— hasta ser derrocado y sustituido por una dictadura servil y demagógica que encuadró a los campesinos, aisló a los obreros, expulsó a los líderes reformistas y declaró una guerra permanente a los insumisos con alarde de asesinatos y masacres.

En esos años de Guatemala y Bolivia ninguna organización popular pensaba que en caso de fallar la revolución democrático-burguesa, nacionalista, antimperialista y antifeudal debería pasarse a la revolución socialista. Y si la necesidad o posibilidad del paso era muy probable, dada la creciente agresividad del imperialismo y las oligarquías locales contra los movimientos nacionalistas, nadie pensaba en dar ese paso, ni el pueblo estaba suficientemente preparado para ello. La alternativa de todas las fuerzas potencialmente revolucionarias parecía ser: o revolución nacional dentro de los marcos de una democracia burguesa, o derrota. En Guatemala los comunistas apoyaron hasta el fin al gobierno de Arbenz y ellos mismos lo ayudaron a redactar su renuncia. Con su línea revolucionaria internacional y con un "proletariado recientísimo", impedido de imponer una línea que emergiera de su seno, y antes bien "muy sensible al sentimentalismo patriarcal",[28] el Partido Guatemalteco del Trabajo (comunista) no sólo siguió la línea de todos los partidos afines de su tiempo, sino que la aplicó imprimiéndole el sentido de un "partido caudillista". Su lealtad a la línea internacional y al jefe, a la organización jerárquica y al presidente nacionalista fueron en general coincidentes. Ante la imposibilidad de profundizar la revolución imprevista, el Partido Guatemalteco del Trabajo se sumó a la lógica de los coroneles, emocional y socialmente ligados a los "esclavistas" e incapaces de enfrentarlos en una revolución social y socialista. Nadie tenía proyecto revolucionario, socialista. Ni los comunistas, ni el sector revolucionario de la pequeña burguesía. No lo tenían en la realidad histórica que vivieron.

En Bolivia ocurrió algo semejante. Con un proletariado mucho más estructurado, "el partido obrero" tam-

---

[28] Luis Cardoza y Aragón, *La revolución guatemalteca*, México, Cuadernos Americanos 1960, p. 155.

poco "se había desprendido del partido democrático general''.[29] Y ninguna fuerza potencialmente revolucionaria se había desprendido del proyecto democrático-burgués. Por eso, comunistas y nacionalistas operaron como ejército de antemano vencido, o como ejército de reserva de la clase dominante, pasándose unos a otros la responsabilidad de mantener la democracia efímera mediante concesiones crecientes a un enemigo que con sus exigencias buscaba deshacerlos. Las divisiones y pugnas internas de los grupos populares sin proyecto socialista dejaron el poder decisivo del gobierno en hombres cada vez más obsecuentes y corrompidos. Hasta que unos aprisionaron a los otros, y los generales a todos.

A pesar de obstáculos inmensos, la clase obrera desempeñó en ambas revoluciones un papel más significativo del que generalmente le atribuyen los testigos de la época. En Guatemala, apareció originalmente mezclada con el pueblo y como parte de un movimiento dirigido por políticos liberales, estudiantes y jóvenes militares, contra un dictador que llevaba en palacio más de catorce años. Cuando el dictador se vio obligado a renunciar, en junio de 1944, y la oligarquía intentó mantener su propio dominio, la clase obrera siguió luchando dentro de objetivos comunes que culminaron el 20 de octubre en una insurrección triunfante. El nuevo gobierno se propuso entonces implantar un sistema democrático y la clase obrera empezó a distinguirse con sus agrupamientos y demandas. Poco a poco rehízo las organizaciones que el dictador había destruido, formuló pliegos petitorios y esbozó una política nacional en la que aparecían expresados sus intereses. El nuevo gobierno contestó a las demandas obreras con simpatía limitada e incluso en algunos casos con abier-

---

[29] René Zavaleta Mercado, *El poder dual. Problemas de la teoría del estado en América Latina*, México, Siglo XXI, 1974, pp. 80 *ss.*

ta oposición. El presidente demócrata Juan José Arévalo (1945-51) y todo el aparato social mostraron su "temor de clase", instintivo, su "carácter de clase", insuperado. Arévalo se opuso a la sindicalización de los trabajadores del campo, a la fundación del partido comunista, a la creación de una escuela de cuadros llamada "Claridad". Quiso construir una democracia atenta sólo a las formas y reglas de un juego político que efectivamente abrió, aunque años después también lo traicionara. Los trabajadores por su parte se propusieron un proyecto de mayor contenido. Se les vio salir de manufacturas, talleres, estaciones ferrocarrileras y plantaciones con sus propios planes contra la dominación patronal del "criollo" y el "yanqui". Se les vio iniciar una política notable en cálculos incipientes. Apoyaron al gobierno demócrata y presionaron al burgués. Lucharon en forma rudimentaria y magistral para obligar al presidente a aceptar parte de su programa, mientras lo defendieron de las fuerzas más reaccionarias y sus embates. Revelaron así que estaban dispuestos a hacer política y que aprendían a hacerla. Aprovecharon cuantas oportunidades estuvieron a su alcance para introducirse en el proceso revolucionario, como clase cuyas demandas ya no podían ser ignoradas y cuyo apoyo resultaba indispensable para preservar el poder.

Con Arévalo, los trabajadores hicieron acto constante de presencia. Organizaron "movilizaciones permanentes" para apoyarlo. Formaron guardias después de sus labores, en "diarios desvelos", para cuidarlo. Y lo salvaron de treinta y dos complots, el último luchando contra una rebelión encabezada por el jefe de las fuerzas armadas. En esa ocasión "se fajaron a tiros" cerca de veinticuatro horas. Y obraron con tal celeridad que al llegar a la capital miles de campesinos en su auxilio, ya ellos y los militares leales habían dominado la conjura. Entre los militares leales se encontraba Jacobo Arbenz, a quien los obreros se asociaron estrechamente apoyándolo en las elecciones para suceder a Arévalo.

Arbenz llegó así a la presidencia de Guatemala con un respaldo obrero mucho mayor al de Arévalo. En el curso de su gobierno, los trabajadores estuvieron más cerca de palacio y siguieron mostrando notable sagacidad para presionar al nuevo presidente al tiempo que moderaban sus intereses de clase mediante una disciplina cuidadosa y consciente de no entorpecer la revolución. El II Congreso del Partido Guatemalteco del Trabajo (1952) planteó "la orientación de luchar por profundizar el contenido agrario y antimperialista, democrático y popular de la revolución". Su línea expresó el sentir general de los trabajadores y fue naturalmente seguida por éstos, incluso en forma exagerada que habrían de reconocer más tarde. En la rápida dialéctica, "línea", "orientación" y sagacidad se propusieron no cometer errores de ruptura aunque cayeran en otros de excesivo freno o falta de preparación para el relevo eventual de la pequeña burguesía revolucionaria.

En realidad las diferencias de clase de los revolucionarios fueron un problema constante. Los trabajadores intentaron acallarlas o moderarlas, no sólo para mantener la fuerza de los líderes más progresistas, sino la de un gobierno envuelto en fuertes contradicciones. Desde el principio hasta el fin de la revolución guatemalteca, los trabajadores aparecieron como clase apremiada de plantear sus problemas frente a la que seguía gobernando. Ésta apareció y reapareció en las "convicciones de buen burgués" del presidente Arévalo, en la "desconfianza a la fuerza de masas de los trabajadores" del presidente Arbenz, y también en partidos democráticos, pequeños comerciantes, pequeños industriales, artesanos, capas medias urbanas, altos jefes del ejército, en ligas y conspiraciones con la antigua oligarquía y el imperialismo. La clase dominante reapareció en la imagen de los propios héroes revolucionarios, de su papel protagónico tomado como hecho natural, que daba por descontado el papel secundario, de coro, reflejo o eco de las masas, y la necesidad de organizar y controlar a las falanges militares al modo de la oligarquía. Los trabajadores percibieron en sus propios jefes, caudillos o presidentes y en la preservación del ejército profesional la nueva dominación de clase. Pero también la olvidaron o descuidaron, entre otras razones, por la muy válida de que siguieron considerando al imperialismo y la antigua oligarquía como sus enemigos principales. En los grandes acontecimientos y en la vida cotidiana, advirtieron los obreros en los líderes demócratas y nacionalistas, en sus empleados y subalternos, cómo estaban acostumbrados a "servir a los patrones" y cómo en general les resultaba muy difícil identificarse totalmente con el indio y el obrero. Durante siglos la cultura colonial del criollo y la Iglesia habían adiestrado a los propios rebeldes de las clases medias a mantener distancias de clase y raza que ni el nacionalismo ni un espíritu democrático más bien paternalista habían logrado vencer. Entre discriminaciones y nuevas amenazas, los obreros vivieron y revivieron las más peligrosas del imperialismo y la vieja reacción, con sus clamores contra "el peligro comunista" y sus múltiples y renovados gestos coloniales. No les fue difícil, en esas condiciones, apoyar a sus contradictorios jefes y caudillos, mientras reorganizaban su partido y sindicatos, y hacían crecer sus propias fuerzas, más con el propósito de consolidar la revolución existente que para preparar una propia. La actividad desplegada por obreros y dirigentes fue notable desde un principio y adquirió especial relieve a partir del II Congreso del Partido Guatemalteco del Trabajo. Durante ese tiempo, pasaron de dar primordial importancia a la estructuración de sus propias organizaciones, a plantear sus vínculos con los campesinos y a formular una política en el terreno nacional e internacional. En el régimen de Arévalo importantes núcleos de trabajadores fundaron el Partido Guatemalteco del Trabajo, comunista (1949), y la Confederación General de Trabajadores de Guatemala (1951), y en 1952, ya durante el gobierno de Arbenz,

fundaron la Confederación Nacional de Campesinos de
Guatemala, que llegó a contar con 200 000 afiliados.
Más tarde, lograron vencer la oposición de los jefes
del ejército y organizaron los Comités de defensa de
la revolución, que contaron con 350 000 miembros. A
esas organizaciones les dieron un sentido de las "tareas
políticas nacionales", procurando que no se limitaran
sólo a formular "demandas laborales". Ellos mismos
empezaron a participar en la integración de un frente
democrático nacional cuyo objetivo principal era agrupar a organizaciones y partidos para respaldar al gobierno y movilizar a las masas.

Los triunfos en el terreno laboral rompieron servi-
dumbres de siglos. La "joven, combativa y poco nume-
rosa clase obrera" de Guatemala "barrió con los sistemas de trabajo gratuito, con las multas y castigos cor-
porales en los centros de trabajo"; conquistó la jornada de 8 horas; impuso un código de trabajo y un régimen de seguridad social; acabó con las "humillantes
expresiones" de jefes y empresarios, familiares al hombre colonial, y abanderó la reforma agraria contribu-
yendo a impulsar su aplicación. Durante el proceso,
nada obtuvieron los obreros en forma gratuita. "Aunque no faltan —escribe uno de ellos— quienes siguen
asegurando que a los trabajadores todas las conquistas
se les sirvieron en bandeja podemos asegurar que desde la madrugada del 20 de octubre de 1944, y en el
difícil y peligroso camino del proceso revolucionario,
los trabajadores fuimos conquistando a puro pulso nuestras mejores conquistas sociales y económicas. No pocas
veces —añade— enfrentándonos a algunos de los propios gobernantes que por los intereses de clase que representaban estaban temerosos de la fuerza que iban
tomando los trabajadores organizados en todas sus
formas..."

Los triunfos en el terreno nacional se debieron también, en gran medida, al apoyo que los trabajadores
prestaron a la política revolucionaria del presidente

Arbenz. De 1952 a 1954, el gobierno guatemalteco expropió 555 000 hectáreas, entre ellas 160 000 a la United Fruit Company. Distribuyó 400 000 hectáreas entre 100 000 familias campesinas. Rompió la servidumbre en el campo. Promovió un desarrollo agrícola que a pesar de su carácter desigual implicó visibles ventajas para el peonaje liberado de los lazos serviles y para el trabajador agrícola, ya organizado y capaz de contratar en mejores condiciones. Formuló un programa de obras públicas que liquidaba el monopolio de trasportes y energéticos de la United Fruit, entre las que destacaron la carretera del Atlántico, el puerto nacional de Santo Tomás, la hidroeléctrica de Jurún-Marinalá. En medio de presiones financieras, económicas y políticas, con amenazas de no comprar café y de prohibir la venta de gasolina, el gobierno logró un ritmo de desarrollo sin precedente, al grado de que en 1952 Guatemala importó 20 veces más tractores que en 1948. El producto nacional, el producto percápita y la producción de alimentos subieron como nunca y, con la riqueza acumulada, se distribuyeron en forma que tampoco tenía precedente.

En el terreno internacional, las organizaciones de avanzada obrera dieron un nuevo sentido antimperialista a la lucha de Guatemala. Difundieron la noción del imperialismo como capital monopólico, exaltaron la organización de los estados socialistas, estrecharon vínculos con organizaciones como la Federación Sindical Mundial y, sin proponer un proyecto socialista, por su sola presencia y actividades imprimieron un tinte proletario e internacional al proceso de una revolución que sólo aspiraba, efectivamente, a crear las condiciones de un país democrático, en el que desapareciera el trabajo servil y la economía de enclave imperialista.

La reacción vino en forma de escalada. El imperialismo desató una intensa campaña anticomunista cuya finalidad fue "atemorizar y dividir a las fuerzas democráticas, en especial a los sectores más vacilantes; volver contra el gobierno a las capas menos desarrolladas de la población, y en lo internacional, desorientar a la opinión pública". En esa campaña destacó el papel jugado por el arzobispo y los sacerdotes reaccionarios, quienes utilizaron los sentimientos religiosos para satanizar toda medida de progreso, en especial la reforma agraria, amedrentando y exacerbando los ánimos de los antiguos siervos y terratenientes. El imperialismo coordinó todas las acciones. El Departamento de Estado ejerció innumerables presiones diplomáticas a través de la embajada, la OEA y de otros organismos internacionales y, mientras prohibió la venta de armas al gobierno guatemalteco, organizó, financió y armó a un ejército mercenario, con base en Honduras y con apoyo de los gobiernos de este país, de Santo Domingo y Nicaragua. Al acercarse el momento de la invasión y el golpe de estado, el imperialismo acentuó la campaña anticomunista, tachó todo el proyecto democrático de comunista y acusó de comunistas a todos sus participantes, incluidos los más liberales, moderados y timoratos. Con ello buscó y logró desunir y desarmar a buena parte de las clases medias y aislar a las organizaciones obreras y campesinas, mientras preparaba un ataque de proporciones que superaran cualquier expectativa.

Los trabajadores de Guatemala observaron en el curso de la revolución cómo la pequeña burguesía progresista —o buena parte de ella— se atemorizaba a la vez de las presiones del imperialismo y de las organizaciones de los obreros y los campesinos. Descubrieron cómo "la sucia y monumental difamación de la prensa y la radio reaccionarias" calaba hondo en no pocos partidos políticos democráticos y "revolucionarios" haciéndolos "echar pie atrás" e incluso corear la campaña que los desprestigiaba. Advirtieron cómo la ofensiva anti-"comunista" incitaba a "los cobardes jefes militares traidores para acelerar el golpe de estado", acentuando sus instintos de clase, mientras debilitaba los ímpetus de demócratas y nacionalistas, los cuales más que temer al socialismo o al "comunismo" empezaron a asustarse de sus propios proyectos de democracia, independencia y justicia social. "Así comprobamos por nuestra propia experiencia —escribe el antiguo obrero— cuán limitados son en los momentos realmente decisivos de un proceso revolucionario, los sentimientos nacionalistas de una pequeña burguesía democrática." En los momentos decisivos ocurrió un hecho desconsolador. Los trabajadores apoyaron cada vez más al presidente, hasta convertirse 'en su principal apoyo, mientras el presidente mostró gran indecisión para apoyarse en ellos. En varias ocasiones y a tiempo, cuando aún tenía la fuerza necesaria para hacerlo, le pidieron que les entregara armas. El presidente les dijo que con sus demandas sólo estaban "sembrando desconfianza en los militares" y les pidió que no insistieran. Cuando al fin se animó a darles algunas armas faltaban veinticuatro horas para que renunciara.

Hasta el fin los trabajadores se impusieron una amarga disciplina y fueron leales a un presidente que mostraba más confianza en "su ejército de clase" y en lo que él llamaba con vehemencia retórica "el honor del ejército nacional". Los trabajadores y sus organizaciones nunca tuvieron un proyecto alternativo de relevo y en los hechos carecieron de la fuerza indispensable para no ser excluidos de las grandes decisiones, impidiendo que se les colocara en calidad de coro, y de coro burlado. Cuando al fin el presidente ordenó dotar de armas a los obreros, éstos fueron llevados a marchar en el Campo de Marte "como si se tratara de prepararlos para un desfile militar..." Y los obreros marcharon poco antes del desastre final, unos inconscientes de la burla y otros conscientes, y sin poder hacer nada. Al día siguiente del desfile vino la traición de los jefes del ejército: unos se negaron a pelear en el frente mientras otros, en palacio, le exigieron a Arbenz la renuncia.

El presidente no entregó las armas. Los obreros aceptaron marchar sin sentido. Aquél fue incapaz de romper las prisiones de su clase. Éstos no pudieron enfrentar a todas las burguesías, incluidas las democráticas y nacionales que, bamboleantes y todo, constituían su gobierno. El Che Guevara —testigo de la tragedia y aún oscuro combatiente— advirtió que unos no daban las armas y otros no las tomaban. Él mismo "quería pelear, dar armas al pueblo", pero no pudo decidir. Él planteó eso, pero nunca se lo aprobaron. Animó a los compañeros guatemaltecos que estaban a su lado diciéndoles: "ustedes tienen que pelear". Incluso participó en algunas acciones de defensa, exponiéndose a los mayores riesgos. Observó los dos cursos de la lucha, el de los que no querían dar las armas y el de los que no las tomaban. Dos años después intentó el encuentro bajo el mando de Fidel Castro, y más tarde por su cuenta, en Bolivia.

Al triunfo del ejército invasor, el nuevo gobierno acabó con todas las conquistas del pueblo, pero no pudo someterlo. Un cuarto de siglo de genocidio no logró acallar la resistencia de Guatemala. En sus montañas y ciudades se extendió la esperanza socialista y la práctica para alcanzarla.

Cuando en 1960 se reunió el Partido Guatemalteco del Trabajo en su III Congreso, celebrado en condiciones de la más severa clandestinidad, explicó cómo la lucha desplegada en aquellos años "fue en lo fundamental acertada", y al mismo tiempo analizó algunos de los principales errores y de las más ricas experiencias. Entre los errores más importantes señaló los siguientes: No hubo la claridad necesaria del papel dirigente de la clase obrera como garantía del desarrollo consecuente de la revolución guatemalteca, lo que en el trabajo práctico condujo a no luchar consciente, decidida y cotidianamente por asegurar ese papel dirigente. El partido no destacó suficientemente su programa y línea de las otras fuerzas populares, lo cual permitió

un cierto grado de influencia ideológica de la burguesía
nacional y del gobierno sobre los militantes. El partido
no mantuvo informadas a sus organizaciones y a las
masas sobre los problemas y obstáculos del Frente Democrático Nacional, lo cual impidió la formación política de un verdadero frente de las masas y facilitó la
labor divisionista de los líderes en la cúspide. El partido
no prestó suficiente atención a ganar para el frente
a los pequeños comerciantes, industriales, capas medias, ni luchó para desvanecer las calumnias anticomunistas, sin darse cuenta que éstas estaban envene-
nando a una población a la que podría haber ganado.
El partido siguió la orientación de vigorizar el respaldo de masas a Arbenz, como manera de reafirmar la
posición de éste en el seno de su gobierno y frente
al ejército. Esa política fue completamente acertada.
No obstante los dirigentes del partido incurrieron en
extralimitaciones y, al mismo tiempo, no la completaron
con la debida crítica del oportunismo y el arribismo
de muchos políticos y miembros del gobierno; con la
crítica a los fenómenos de corrupción política y enriquecimiento ilícito que se multiplicaban en las esferas
oficiales; a las posiciones capituladoras frente a la ofensiva de la reacción interna y el imperialismo, etc. No
habiendo procedido así subestimaron en la práctica la
labor de educación política de las masas, pues éstas no
llegaron a conocer la verdadera situación interna del
gobierno y los partidos que formaban parte de éste.
Dejaron con ello un amplio margen para el caudillismo
y el presidencialismo, en "campo abonado"; y no hicieron evidente ante las masas la necesidad de luchar
por un gobierno más avanzado, más firme y homogé-
neo en sus posiciones democráticas y antimperialistas.
El partido no se esforzó suficientemente por denunciar
la traición de los jefes militares, ni puso particular empeño para desmontarla, presionando fuertemente, con
las masas, para que se entregaran armas al pueblo. No
se opuso, con las masas y los elementos patrióticos, a la

errónea decisión del presidente Arbenz de renunciar. Menospreció el papel que podían jugar en la crisis los partidos democráticos partiendo de que en éstos había muchos dirigentes arribistas y capituladores, lo cual le restó la posibilidad de atraer a las bases democráticas. Por todo ello, no obstante que la línea general había sido correcta, la dirección del partido "no estuvo a la altura de las circunstancias" —según dijo—, hecho que se explicó porque "en 1954 el partido era aún muy joven, no cumplía los cinco años de vida, y su nivel político e ideológico eran muy bajos".

Entre las lecciones de Guatemala, el III Congreso destacó las siguientes: "1] La política de frente único que el partido debe seguir en relación con un gobierno democrático-burgués nacionalista debe combinar la lucha por el fortalecimiento de las posiciones democráticas y revolucionarias del gobierno, con la crítica de los errores y los fenómenos negativos de éste. Así el partido preserva su independencia dentro del frente. 2] Sin la traición de los jefes militares reaccionarios, que impidieron armar al pueblo y sustrajeron al ejército de la lucha contra los invasores, se hubiera podido derrotar a éstos en corto tiempo y aplastarlos. 3] La experiencia guatemalteca enseñó también que en situaciones como la que vivió el país en 1954, en que la participación de amplias masas es muy activa, se crean rápidamente condiciones para que la clase obrera asuma el papel dirigente de la lucha revolucionaria, nacional, patriótica, de todo el pueblo. Sobre este último punto no profundizó suficientemente." [30]

En Bolivia la clase obrera había vivido, mucho antes

---

[30] Cf. José Alberto Cardoza, "Remembranzas obreras a treinta años de la Revolución de octubre de 1944", en *Alero*, Universidad de San Carlos de Guatemala, 8, octubre 1974, pp. 89-93. Humberto Alvarado, "En torno a las clases sociales en la Revolución de octubre", *ibid.*, pp. 71-75. *Informe del comité central al Tercer Congreso del Partido Guatemalteco del Trabajo*, Guatemala, 1960.

de 1952, intensas experiencias sindicales y políticas, algunas de las cuales terminaron en violentas confrontaciones y verdaderas masacres. En 1946 los trabajadores se apoderaron de las minas de Catavi, Siglo XX y Llallagua para echarlas a andar por su propia cuenta; en 1947, los mineros nuevamente se apoderaron de Catavi y Siglo XX, hasta que fueron reprimidos y cesados por cientos, mientras a los técnicos nacionales se les daban los puestos de los extranjeros, en un intento de atenuar la presión de la pequeña burguesía boliviana separándola de los trabajadores; en 1949, un día antes de que estallara la huelga en Catavi, varios dirigentes fueron asesinados, y una semana después el ejército disparó contra los mineros, desde las diez de la mañana hasta las tres de la tarde, matando a más de cuatrocientos. Todas esas huelgas tenían como origen las espantosas condiciones de vida y trabajo del minero boliviano, acentuadas por la crisis de la posguerra.

Los mineros de Bolivia habían vivido también la experiencia política, hecha de ilusiones y fracasos, de tres gobiernos nacionalistas, pródigos en el uso de la palabra "socialismo" y terriblemente contradictorios, el de David Toro, el de Germán Busch y el más reciente de Gualberto Villarroel. Habían conocido su demagogia y flaquezas y visto cómo las autoridades, jueces, policías, ejército luchaban contra las demandas más elementales del trabajador, en defensa de los Rotschild, los Patiño y las propias burguesías locales y pueblerinas. También guardaban memoria de la cruel guerra del Chaco y de los dictadores directamente ligados a los amos, a las compañías y el imperialismo.

Todos esos hechos, ocurridos con una velocidad extraordinaria, radicalizaron a los mineros y sus dirigentes de distintas maneras, dentro de un mismo proceso de "polarización de los intereses del capital y el trabajo". La conciencia de la clase obrera boliviana se profundizó con experiencias sindicales y políticas y con las de un poder incipiente probado en minas y caseríos.

Esa conciencia evolucionó en distintos niveles ideológicos. Muchos obreros mantuvieron la idea de que existían "benefactores", dignos por sus propias virtudes de confianza y cariño. Otros, percibieron la posibilidad de aliarse a los técnicos y políticos, en proyectos de interés común contra el gran capital y los expertos extranjeros. La filosofía providencial —o paternalista— se matizó en éstos con un sentimiento nacionalista. Otros más empezaron a afirmar su propio proyecto proletario. Habían vivido la sensación deslumbrante de su fuerza, de su capacidad de echar a andar por cuenta propia las plantas procesadoras y las minas y de imponer en socavones y solares autoridades y guardas salidos de sus filas. Como las derrotas y masacres sufridas no ocurrieron sin episodios heroicos y escaramuzas victoriosas, el ejército les había revelado ser un enemigo potencialmente vulnerable siempre que la guerra popular fuera mejor organizada.

En el variado y difícil combate la dirección expresó las contradicciones de la clase obrera particularmente en los enfrentamientos por el liderazgo. Esas contradicciones afloraron cada vez más. Algunos líderes continuaron afirmando que las luchas sólo eran por demandas vitales pretendiendo reducir el camino a una mera lucha sindical. Otros más pensaron en la posibilidad de una batalla múltiple, a la vez económica, sindical y política, de alianza con la pequeña burguesía nacionalista. Y hubo quienes plantearon la "guerra a muerte contra el capitalismo" y contra la "colaboración reformista" aunque en términos sólo aparentemente radicales. Estos últimos produjeron el documento más famoso de entonces, conocido como "Las tesis de Pulacayo",[31] fundo minero donde se celebró en octubre de 1946 el congreso de trabajadores que las estudió y aprobó. Esas tesis, y las de otras fuerzas revolucionarias, revelaron

---

[31] Guillermo Lora, *Documentos políticos de Bolivia*, La Paz, Los Amigos del Libro, 1970, pp. 361 *ss.*

hasta qué punto la clase obrera boliviana se inclinaba
en ese momento por ciertas posiciones "trotskistas" y
anarquistas.

En 1946 los comunistas y las fuerzas progresistas que
se agrupaban en el PIR (Partido de Izquierda Revolucionaria) se hallaban muy desprestigiados. Pocos meses
antes habían contribuido al derrocamiento del gobierno nacionalista y populista de Villarroel, creyendo poder sustituirlo por otro democrático, desprovisto de
todo vínculo con fuerzas acusadas por ellos de fascistas.
En su lugar se estableció un nuevo gobierno de la oligarquía y el imperialismo que se ensañó especialmente
contra los trabajadores. Con esos antecedentes, los "pi-
ristas" no pudieron influir en el Congreso de Pulacayo. Carecían en ese momento de cualquier autoridad
política o moral. Su modo de razonar fue rechazado
con cólera y desprecio. Un pequeño partido trotskista
llamado POR (Partido Obrero Revolucionario) se les
enfrentó clamorosamente, acusándolos de estalinistas,
burócratas y reformistas. El pequeño partido trotskista
logró que la Federación de Trabajadores de Bolivia
aprobara sus propias tesis, brillantemente presentadas
a la asamblea por la delegación de Llallagua, de la
mina Siglo XX. Las "Tesis de Pulacayo" representaron
algo más y algo menos que un pensamiento trotskista:
fueron la manifestación de una difusa cultura anarquista, de un anarquismo lógico más que ideológico, expresado con lenguaje parecido al marxista-leninista y
con retórica amenazadora, totalmente inconsecuente en
los programas de acción. La brillantez del documento
y la fuerza de sus expresiones verbales ocultaron las
circunstancias reales de la lucha. La ausencia de un
análisis mínimo del proceso anunciado impidió planear
al menos algunos acciones prácticas acordes con las
declaraciones. La revolución se planteó como amenaza, como acoso y desahogo. Las "Tesis de Pulacayo"
exacerbaron el entusiasmo que habían despertado las
experiencias espontáneas del poder popular, manifes-

taron la cólera natural contra el imperialismo y contra
la burguesía y expresaron el menosprecio generalizado
contra los líderes "reformistas" que habían establecido
alianzas con la oligarquía, sólo para que cayera Villarroel y se impusiera un gobierno de cuyas represiones todos eran víctimas. Paradójicamente, los autores
de las tesis propusieron como alternativa una especie
de "revolución permanente" de tipo casi evolucionista.
La clase obrera —según esquema propuesto tras dura
crítica al "reformismo"— habría de iniciar una revolución democrático-burguesa que sería un "episodio"
de la revolución proletaria. En el documento se le decía al gobierno con un lenguaje reformista: "Si se
cumplen las leyes, en hora buena; para eso están los
gobernantes [sic]. Si no se llegan a cumplir enfrenta-
rán nuestra enérgica protesta" [sic]. En el terreno práctico los autores del documento formulaban un programa de presiones con demandas laborales y amenazas
de ocupar las minas. Y no establecían relación alguna
entre ese tipo de acciones y el largo proceso de la
"revolución permanente". No planteaban para nada
la cuestión del poder, como cuestión del estado, ni la
de la revolución y la contrarrevolución como hechos
reales y posibles. Con un legado anarquista fácil de
advertir, daban preeminencia a la "acción directa"
de las masas. "En esta etapa de ascenso del movimiento
obrero —afirmaban los autores— nuestro método preferido de lucha constituye la acción directa de masas
y dentro de ésta la huelga y la ocupación de minas."
El documento renegaba de los "frentes populares", y
sin decir una sola palabra del partido de la clase obrera sostenía la conveniencia de "formar bloques y firmar compromisos con la pequeña burguesía como clase y no con sus partidos políticos". Dejaba así en blanco
cualquier acción práctica y real que correspondiera a
las vagas y truncas propuestas, sólo verbalmente am-
biciosas.

Las "Tesis de Pulacayo" —tan influyentes en el liderazgo de un movimiento obrero que creyó ser radical— reflejaron de hecho muchas debilidades objetivas e ideológicas; [32] correspondieron a un modo de pensar antiguo y extendido, compañero de historia del paternalismo y el reformismo que decían atacar. Hicieron de la revolución una retórica que enfrentaron a la del reformismo, sin la menor voluntad de poder y sin la menor visión o práctica política que correspondiera a una inminente "guerra de maniobras" o a una larga "guerra de posiciones". Carentes de una teoría mínima del partido y del estado dejaron a la clase obrera en los límites de su cultura inmediata: de sus fábricas, pueblos, sindicatos, huelgas, "tomas", tumultos. Nada le dieron que tuviera que ver con un plan político en relación al estado y al partido de la clase obrera, nada que precisara las distintas etapas y programas de una "revolución permanente" en forma que la clase obrera no se quedara permanentemente en el mismo sitio: su mina, su pueblo, su huelga, su toma, su tumulto, su cárcel, su acción inmediata.

En esas condiciones, los obreros bolivianos participaron desde el 27 de agosto de 1949 en un movimiento que cobró las características de una "guerra civil". De hecho la insurrección, más que por ellos, había sido desencadenada, y en forma prematura obligada, por dirigentes del MNR (Movimiento Nacionalista Revolucionario) descubiertos en sus planes conspirativos. Los obreros actuaron en rebelión contra el estado burgués con una visión confusa del estado, burgués o proletario. Fue una nueva y formidable rebelión de protesta y desesperación. Y no pudieron ir más lejos. Su situación se había empeorado con la crisis económica de la posguerra y con la implantación de la tiranía. Los despidos masivos, el desempleo, la inflación, los ataques a los sindicatos, las persecuciones y asesinatos de líderes

---

[32] Para una autocrítica, cf. Guillermo Lora, *Bolivie: de la naissance du POR à l'Assemblée Populaire*, París, Études et Documentation Internationales, 1972, LVIII.

estaban al orden del día, y todavía fresca la sangre de
la masacre de mayo en Catavi, donde habían ido a
la huelga, tomado rehenes y fusilado a dos de ellos
como protesta por la aprehensión de Lechín, Torres y
Lora, sus dirigentes sindicales. Gobernaba Bolivia Ma-
merto Urriolagoitia, un miembro de la oligarquía llamado "El Carnicero", quien con los patrones usaba
automáticamente la violencia como única respuesta
frente a cualquier demanda social. Una nueva huelga
en Catavi dio pie a una nueva masacre y a una nueva
derrota. Todas las demás acciones mostraron la imposibilidad de una revolución, permanente o transitoria,
puramente obrera, y no sólo por la pobreza de la ideología en relación al problema del partido y del estado
sino porque en el curso de la lucha los trabajadores
se encontraron combatiendo al lado de militantes, organizaciones y movimientos de la pequeña burguesía, de
cuyo concurso y fuerzas necesitaron para enfrentar a
patrones y gobiernos y con quienes no pudieron llegar
a un acuerdo ni a una movilización conjunta, a falta
de un plan y programa previos y de una idea más o
menos clara en materia de alianzas. Las tesis de Pulacayo no les servían para el combate. Habían expresado el espíritu de una irritación visceral, pero los dejaban aislados, sin alianzas. Y aunque no fueran el origen de todos sus problemas, ni pudieran serlo por no
haberse difundido en toda la clase obrera, en nada
habían contribuido a orientar su práctica o aumentar
sus fuerzas. Todas las circunstancias anteriores hicieron
que poco a poco los trabajadores se fueran acercando
otra vez, y en forma creciente, a los líderes antes ta-
chados de reformistas y a las organizaciones nacionalistas, que al menos significaban la posibilidad de una
junta de fuerzas capaz de sacarlos del círculo vicioso
de las acciones y reacciones inmediatas, de las inme-
diaciones sin salida. La clase obrera se alió así progresivamente al Movimiento Nacional Revolucionario dirigido por la pequeña burguesía reformista y naciona-

lista, que había apoyado al gobierno de Villarroel y cuyos líderes cobraron nuevo prestigio entre muchos de los trabajadores que no creían en ellos. De las entrañas mismas de la clase obrera —de sus organizaciones sindicales y sus experiencias reales y limitadas de lucha— surgió cada vez más la conciencia de que la clase obrera aislada no podía enfrentar a la dictadura. El nacionalismo antimperialista era aún una poderosa fuerza ideológica y un vértice objetivo capaz de aglutinar a los campesinos, de atraer a los obreros, de entusiasmar a los estudiantes, a los intelectuales y a algunos sectores de las clases medias.

Desde la guerra del Chaco el nacionalismo-reformista se había convertido en la forma principal y popular de la lucha y tras la insurrección de 1949 fortaleció su capacidad de agrupar a políticos, militares y masas. En 1951 el MNR logró ganar las elecciones. La dictadura desconoció los resultados y anuló el triunfo popular. Entonces estalló una verdadera revolución con increíble desbordamiento de las masas. En abril de 1952 los obreros y el pueblo lograron destruir, desarmar y disolver al ejército de la oligarquía. En las luchas de la calle y de la guerra, los obreros tomaron la iniciativa y ante el azoro de los políticos del MNR fueron mucho más allá de lo imaginado por éstos. Sin embargo, poco después del impulso multitudinario, valeroso e inmediato, los trabajadores sufrieron una nueva dominación de clase. Sus antiguos líderes sindicales se volvieron políticos, se dividieron y se enredaron en una política que no era la suya, la obrera. En el mejor de los casos se limitaron a apoyar al sector más progresista del gobierno contra el más conservador. Ellos mismos se fueron integrando a las organizaciones de la pequeña burguesía. Sus acciones determinaron una serie de medidas contradictorias, muchas efímeras. El 31 de octubre de 1952 el gobierno boliviano decretó la nacionalización de las grandes empresas mineras y decidió indemnizar a los antiguos propietarios no obstante la oposición de los sindicatos. A fines de 1952 y principios de 1953 el movimiento campesino cobró gran fuerza propia. En algunas regiones del país adquirió las proporciones de una guerra campesina contra los grandes terratenientes. El 2 de agosto de 1953 el presidente Víctor Paz Estenssoro firmó un decreto de reforma agraria. La reforma constituyó una ruptura definitiva del antiguo modo de producción y dominación rural. El trabajo servil —el pongueaje— fue eliminado. Los campesinos pobres pasaron a ser pequeños propietarios de pegujales o se convirtieron en trabajadores asalariados. Su situación mejoró en relación al pasado, al tiempo que mejoraba todavía más la suerte de los dirigentes políticos que pasaron a ser nuevos propietarios. Durante el ascenso democrático y revolucionario iniciado en 1952, y que mantuvo sus ímpetus hasta 1955, las leyes de un desarrollo dependiente y desigual siguieron operando. En ese período las medidas más progresistas se vieron siempre limitadas por una pequeña burguesía cautelosa y oportunista que iba poniendo cada vez más límites a su acción, conforme más se corrompía y acomodaba. Surgieron así obstáculos infranqueables. La nacionalización de la minería llevó a la creación de una empresa de estado con participación de capital privado. El estaño se convirtió sólo en parte en riqueza nacional. Su venta quedó inserta en las mallas de un mercado mundial controlado por los monopolios, los cuales se dedicaron a reducir las compras y los precios del metal, a quebrar empresas, cerrar minas y volver angustiosa la situación del gobierno. Un acelerado proceso inflacionario —muy lucrativo y de innegables efectos políticos— alcanzó 335% entre 1953 y 1956. La inflación enriqueció a monopolios y comerciantes, limitó los incrementos de salarios e ingresos de los trabajadores y debilitó el alcance de las medidas populares del gobierno. El imperialismo hizo todo tipo de malabarismos con las leyes del mercado, la política y el hambre. Si desde 1952 el gobierno del MNR le había hecho importantes concesiones, a partir de la crisis y caída de Guatemala viró todavía más hacia una política de moderación y prudencia. En 1953 aceptó "donativos" de trigo y alimentos, proporcionados por el gobierno norteamericano y cubiertos con un alto costo de gratitud, simpatía y nuevas concesiones. En 1955 suscribió el Mutual Security Act por el que las inversiones norteamericanas quedaron fuera de la legislación boliviana. En ese mismo año lanzó el llamado "Plan de política económica" de "puertas abiertas a las inversiones privadas". En 1956 adoptó una política de "estabilización monetaria", complementada en 1959 con otra de "congelación de salarios". El gobierno hizo pagar así a los trabajadores el incontenible proceso inflacionario, producto de una economía de saqueo.

El gobierno del MNR dio el gran viraje en 1955. Desde entonces todo fueron concesiones crecientes al imperialismo y la oligarquía. Y la clase obrera, que había contribuido de una manera inusitada a la destrucción del antiguo régimen, se encontró en una situación similar a la del pasado, como si todos sus esfuerzos hubieran sido vanos. En el segundo período de gobierno de Víctor Paz Estenssoro (1960-64) los trabajadores sufrieron todo tipo de agresiones económicas, políticas y policiales. En 1961 Paz Estenssoro, a petición del gobierno norteamericano y sus técnicos, acordó despedir a varios miles de trabajadores para "racionalizar el trabajo". Desesperados, los mineros se lanzaron en 1963 a una huelga que paró a varias empresas. Sus líderes fueron encarcelados. Uno de ellos, Federico Escobar, murió en un hospital, posiblemente asesinado. A su muerte el movimiento obrero ya no sólo estaba dividido por las luchas en la cúspide. Habían surgido serias diferencias entre los líderes locales con vínculos naturales en las bases trabajadoras y los líderes más cercanos a los altos círculos políticos. En 1963 de nuevo empezó a manifestarse el malestar minero y de las clases medias. Los estudiantes protestaron contra Paz y fueron masacrados. En 1964 estalló una huelga general. Dos militares de alta graduación —Barrientos y Ovando— dieron entonces un golpe de estado con el apoyo del gobierno norteamericano. De inmediato se pusieron a coordinar las fuerzas que había acumulado Paz Estenssoro contra los trabajadores: un ejército con armas modernas que ellos mismos dirigían, una burocracia mejor organizada, un campesinado pobre que había recibido tierras y estaba encuadrado por el gobierno. Esas y otras fuerzas se unieron bajo la égida del imperialismo y bajo la dirección del gobierno militar para amenazar, reprimir y cercar a los mineros. Barrientos se convirtió en la culminación de Paz Estenssoro. La burocracia militar en la progenie de la civil. La traición paulatina de la pequeña burguesía nacionalista culminó en su derrocamiento y dio pie a una represión y explotación más sistemáticas de los trabajadores. Un minero dijo de lo ocurrido en esta época, refiriéndose a una de las muchas escenas que entonces se repitieron: "Los soldados entraron y ocuparon posiciones en las colinas. Nos tenían bien cuidados, así que no pudimos pelear más. Nos tomaron presos y después nos desarmaron. Desde ese día nos tratan como esclavos." Así terminó un viejo proyecto acariciado por las clases medias bolivianas en el que habían puesto su esperanza muchos obreros y campesinos.[33]

La represión brutal de Guatemala y de Bolivia dura hasta nuestros días. En Guatemala el gobierno invasor acabó con todas las victorias del pueblo: desnacionalizó la economía, devolvió las tierras a los antiguos propietarios de la oligarquía y el imperialismo, liquidó la legislación social. En Bolivia el gobierno golpista hizo otro tanto, aunque mantuvo algunas ba-

[33] Cf. Guillermo Lora, *Documentos políticos de Bolivia*, *op. cit.* y J. Nash, "Conflicto industrial en los Andes: los mineros bolivianos del estaño", en *Estudios Andinos*, 1974-76, vol. 4, núm. 2, pp. 219-257.

ses sociales entre los campesinos pobres con tierras, de los que se sirvió para cercar y esclavizar mejor a los obreros. La "lección de Guatemala" fue la de una desmedida confianza en el ejército. La de Bolivia: que el licenciamiento del ejército no asegura por sí solo los éxitos del pueblo. Ambas lecciones se grabaron claramente en la conciencia de los revolucionarios, por un tiempo. Otras fueron rescatadas más tarde y muchas olvidadas.

El largo período que va de 1935 a 1959 reveló —una vez más— que incluso en condiciones particularmente adversas, cuando un pueblo entero se rebela, el imperialismo y la oligarquía entran en retirada. Reveló también que se retiran para regresar y para acabar con todas o muchas de las conquistas alcanzadas. Las experiencias nacionalistas, agraristas, sindicalistas de los años 1935-1959 mostraron que las fuerzas populares podían ser recuperadas, como en México, por una burguesía más moderna y negociadora, capaz de acometer la contrarrevolución de una revolución que otros no habían podido profundizar. Las experiencias democráticas del siglo xx latinoamericano —con sus incipientes alternativas socialistas, muchas veces no contempladas como proyecto práctico— confirmaron que estaban condenadas a la derrota si sus dirigentes obreros, campesinos y de clases medias no se decidían a contestar con firmeza los embates del imperialismo y la reacción, apoyados en un ejército popular y practicando nacionalizaciones y reformas que eventualmente llevaran el proyecto más allá del capitalismo.

El período reveló otro hecho importante: los triunfos nacionalistas y populistas se limitaron en buena medida a mayores beneficios para algunos sectores de las clases medias y del proletariado. La lucha real —fuera de los mitos— en general no fue por una mayor independencia y justicia social sino que buscaba de hecho beneficiar solamente a los sectores más avanzados de las clases medias, los obreros y los campesinos.

Los impulsos originales fácilmente se olvidaban. Los ideales generales perdían su fuerza social e individual. Satisfechas las demandas de los miembros y organizaciones más agresivos, muchos de ellos manifestaban disposición para conservar los triunfos alcanzados y apoyar a los gobiernos que se los aseguraran, así llevasen a cabo actos poco o nada nacionalistas, e incluso entreguistas en el terreno internacional, o tomasen medidas económicas y sociales que tendían a hacer pagar los costos sociales del capital y el estado a los miembros más numerosos y superexplotados de cada país, a los más oprimidos y reprimidos.

Así, un importante capítulo de la historia de las masas fue la reducción de sus demandas nacionales y sociales a ciertos sectores y regiones, dentro de un proceso de desarrollo neocolonial y neocapitalista en que no sólo tendió a aumentar en lo inmediato el poder del imperialismo y las burguesías en las inversiones económicas, las finanzas públicas y los ejércitos, sino en los propios sindicatos de trabajadores. La desigualdad social misma, sus nuevas distribuciones y estructuras fueron la resultante cosificada de ese proceso de luchas parciales.

El período reveló algo aún más complejo: la crisis del nacionalismo, el reformismo y el populismo, y las dificultades para superar esa historia. A fines de los cincuenta existía en el terreno ideológico una situación muy distinta a la que prevalecía en los años veinte, cuando los gobiernos nacionalistas y populistas llegaron a constituir una esperanza muy extendida entre las capas medias, los intelectuales, el campesinado y la mayoría de los trabajadores. A mediados de los cincuenta esa esperanza había fracasado una y otra vez. Ya no podía asegurar con la misma ingenuidad del pasado la solución de los problemas esenciales y generales de la independencia y la justicia social. Había revelado hasta la saciedad su incapacidad para resolverlos. Lo que es más, en todo ese tiempo la composición de las clases y las fuerzas había cambiado considerablemente. Muchas bases sociales del populismo, el nacionalismo y el reformismo se habían deteriorado. Las burguesías nacionales se habían integrado cada vez más al imperialismo y al capital monopólico; las formaciones de las viejas oligarquías familiares y de los caudillos personales habían cedido ante la nueva burguesía; los trabajadores asalariados del campo tendían a predominar frente a los trabajadores aún sometidos a relaciones serviles. La clase obrera de fábricas y trasportes era más amplia y poderosa. Había perdido su carácter artesanal, superado el "esclavismo fabril" y olvidado la cultura campesina de sus antecesores. Todo indicaba un debilitamiento ideológico y social de los proyectos populistas y reformistas. Planteaba nuevas posibilidades de lucha por el socialismo y permitía pensar en un papel más significativo del obrero en el proyecto de una lucha por el poder. A las nuevas posibilidades liberadoras se añadían sin embargo limitaciones acarreadas del pasado, o antes inexistentes, que renovaban los impulsos del reformismo, el populismo y el nacionalismo y que impusieron en muchos casos proyectos y gobiernos de ese tipo; políticas de reformas y nacionalizaciones, a veces centradas en la dirección de un líder carismático y de una psicología providencial y otras producto de un cálculo político con bases suficientes como para proponer luchas democráticas que se vieran acompañadas de reformas estructurales e intentaran aumentar la resistencia de los gobiernos a la penetración imperialista. En todo caso las nuevas limitaciones a la lucha por el socialismo mostraban fisuras que las fuerzas revolucionarias buscaron aprovechar cada vez más. La Revolución cubana fue la expresión máxima de la utilización de las nuevas posibilidades y conformó un parteaguas de la historia. Las dificultades se expresaron con las crecientes acometidas revolucionarias que derivaron en nuevos fracasos, aun cuando al mismo tiempo iniciaran un proceso original de acumulación de experiencia, reflexiones y prácticas. La doble historia del reformismo y la revolución adquirió nuevos perfiles, por el largo tiempo que llevaba el nacionalismo de fracasar y por las esperanzas inusitadas que despertó la Revolución cubana.

En Cuba el movimiento "26 de Julio" clausuró toda una época histórica e inició otra. Al llevar hasta sus últimas consecuencias un movimiento antimperialista y democrático forjó la primera revolución socialista del Nuevo Mundo y puso en el orden del día un nuevo tipo de liberación de las masas en que se planteó otro proyecto revolucionario, ya socialista. La Revolución cubana fue la última revolución nacionalista de América Latina y la primera revolución socialista. Hasta Cuba la historia de la liberación de las masas se había hecho, durante más de un cuarto de siglo, como una revolución antimperialista y antifeudal; a partir de Cuba, la liberación se volvía anticapitalista. Ese hecho tenía implicaciones difíciles de percibir: la principal era la correspondiente al papel central que la clase obrera estaba llamada a jugar en ese nuevo tipo de liberación. Repetir la hazaña de Cuba en un proceso parecido de profundización era prácticamente imposible y lo sería más conforme el imperialismo y las burguesías latinoamericanas descubrieran el peligro que para ellos representaba cualquier revolución de masas de signo nacionalista, que se podía volver socialista, tener éxito y consolidarse. La nueva época ponía en un primer plano de la escena política a la clase obrera, aunque no lo percibieran así todos los revolucionarios que intentaron repetir la hazaña cubana. Y era la clase obrera real, con sus fuerzas, sus debilidades, su potencial revolucionario, su ideología predominantemente reformista, la que tendría que evolucionar hasta asumir en la organización, en la ideología y en la práctica de masas las responsabilidades de la nueva etapa de la liberación. La historia anterior de Cuba fue muy importante para el desarrollo de una revolución nacional que fue al encuentro de la clase obrera. La historia anterior de la clase obrera en todos los demás países de América Latina sería en lo sucesivo esencial para una liberación necesariamente socialista, que sólo triunfaría cuando el trabajador, unido y consciente, se pusiera a marchar por su propia cuenta. Es por ello que el nuevo perfil del proletariado, de la pequeña burguesía y de la sociedad civil latinoamericana resultaron ser esenciales para la comprensión de la nueva etapa histórica.

De 1935 a 1959 ocurrieron varios hechos muy significativos para desentrañar las nuevas limitaciones y posibilidades de la clase obrera latinoamericana, aquellas con que el imperialismo pretendió seguirla dominando al nivel de la propia sociedad civil y las que mostraron su nuevo potencial revolucionario, que pareció desarrollarse en forma contradictoria, a veces discontinua y casi siempre inconsciente, pero en claro ascenso cuando se analizan las tendencias a largo plazo y se eliminan las variaciones circunstanciales.

De 1935 a 1959 entró en franca descomposición el trabajo semiesclavo y semifeudal. Aumentó la proletarización de los campesinos y se extendió la economía de mercado. Durante ese tiempo la clase obrera no sólo creció y se consolidó en la inmensa mayoría de los países latinoamericanos. A partir de entonces empezó a actuar dentro de un modo de producción en que tendieron a predominar las relaciones de tipo capitalista.

Esas tendencias no impidieron sin embargo que subsistieran viejos modos de producción, ni que el imperialismo y las burguesías reformularan los términos del desarrollo desigual. Subsistieron grandes números de trabajadores con remuneraciones .en especie. "Con frecuencia —escribiría Ernest Feder todavía en 1970— los trabajadores no perciben ninguna remuneración debido a que en muchas regiones los campesinos aún tienen que proporcionar días de trabajo sin remuneración, casi como 'tributo' a los grandes terratenientes..." Subsistieron también ciertas formas de explota-

ción de origen colonial y racista, por las que varios
millones de campesinos serían explotados en forma dis-
criminatoria en la producción, en el mercado, en la
tributación. Miembros de las "culturas oprimidas" desde la conquista española, sometidos y vejados por antiguos encomenderos y hacendados, los trabajadores surgidos de su seno siguieron sufriendo a los herederos de
conquistadores y piratas, habituados a la explotación
colonial: a los hacendados, a los políticos criollos, a
las policías y los ejércitos semicoloniales, a los comerciantes, industriales y compañías de una sociedad dominada por el imperialismo. Y aunque también entre
las poblaciones indígenas empezó a darse un proceso
de proletarización, de politización y "aculturación", el
grueso de ellas siguieron constituyendo las reservas de
una sociedad colonial renovada por el capitalismo dependiente y por el imperialismo.

Conforme se desarrolló el trabajo asalariado y creció
la clase obrera surgieron nuevas diferenciaciones. De
un lado se ampliaron ciertos núcleos de trabajadores
relativamente privilegiados. Al mismo tiempo aumentaron los trabajadores asalariados con distintos grados de
privilegio y los superexplotados, los marginados de campos y ciudades, con derechos precarios o sin derechos.
Al predominar el trabajo asalariado desaparecieron
unas diferencias de la clase obrera y surgieron otras.

Las luchas sindicales y políticas, que impusieron medidas reformistas y populistas como contrapartida de
los éxitos inmediatos y necesarios, condujeron a un proceso histórico por el que se acentuaron las diferencias
de salarios y derechos entre trabajadores industriales y
agrícolas, urbanos y rurales. Esas diferencias se acrecentaron en cada rama de la producción, entre grandes y
pequeñas empresas y en el interior de las grandes empresas. Con el desarrollo de las compañías multinacionales, desde los años cincuenta las diferencias selectivas
de trabajadores privilegiados aumentaron todavía más.
Algunos núcleos de trabajadores, colocados en posicio-

nes estratégicas, recibieron salarios y derechos incluso superiores a los de los trabajadores de las capas medias.

También en los años cincuenta aumentó un subproletariado urbano formado de trabajadores eventuales, subempleados y desempleados. Las ciudades de América Latina se vieron rodeadas de "cinturones de miseria". Sus pobladores se convirtieron en reservas de mano de obra barata, dispuestos a aceptar cualquier condición en los términos del trabajo. Las empresas monopólicas organizaron en forma sistemática la explotación variada del trabajador. Así, en torno de las compañías y fábricas más importantes, organizaron redes de pequeñas y medianas empresas subsidiarias y asociadas que con distintos propietarios y regímenes de propiedad tenían también distintos regímenes de salarios, prestaciones y derechos para sus trabajadores. Los monopolios renovaron y ampliaron una antigua combinación de la grande y la pequeña empresa, cuyos antecedentes se encuentran en la hacienda, el latifundio y la plantación de América Latina, y en la forma en que combinaban sus relaciones directas de producción con otras de pequeños y medianos propietarios, de medieros e intermediarios, a cargo del control de los trabajadores superexplotados. El fenómeno de esa explotación asociada y diferenciada ya se había extendido a principios del siglo xx entre las grandes empresas mineras y de trasportes y las medianas y pequeñas empresas mecánicas y metalúrgicas. De hecho constituía, en el terreno económico y en la explotación asociada y semidependiente, el equivalente a la dominación neocolonial en los organismos políticos, en parte independientes de las potencias coloniales y con sus propias atribuciones y responsabilidades en la represión.

La explotación asociada y diferenciada, de grandes y pequeñas empresas, adquirió las características de una sociedad cada vez más desigual, sobre todo en la segunda mitad del siglo xx. Las grandes empresas, combinadas con otras pequeñas, formaron unidades económicas y políticas destinadas a una dominación y explotación diferencial de la clase trabajadora que no le permitiera a ésta tener idea de la unidad dominante, dadas las diferencias aparentes de las empresas asociadas, su nombre distinto, su ubicación separada, su dueño o patrón de disímil figura, el estatus jurídico variado de empresas y sindicatos.

Los combinados de la explotación y de la desigualdad procuraron integrar a la vez a una parte de la mediana y pequeña burguesía y a una parte del proletariado. La concentración del capital en los grandes monopolios buscó que las medianas y pequeñas empresas industriales y artesanales no fueran a la quiebra. Los monopolios contrataron con ellas la producción de las partes e insumos necesarios. Así buscaron impedir que la quiebra de los medianos y pequeños propietarios los llevara a luchar innecesariamente en su contra, e hicieron de ellos colaboradores para la dominación y explotación de los núcleos más desvalidos de trabajadores a su propio cargo, sin que éstos percibieran que una parte del plusvalor beneficiaba a la gran empresa.

Todavía en 1960 la mitad de los trabajadores asalariados estaba contratada por pequeñas empresas.[34] En los setentas aproximadamente el 48% de la población económicamente activa trabajaba en empresas artesanales, con un máximo de cinco personas.[35] Y aunque por supuesto sólo una parte de las pequeñas empresas se hallaba directamente articulada a los combinados, todas revelaban el peso considerable del trabajador artesanal, con sus formas antiguas de dominación y explotación y sus gremios patronales, que separaban a buena parte de los trabajadores superexplotados de los trabajadores "privilegiados".

[34] José Candemártori, "Economic integration of Latin America and the position of the working class", en *World Marxist Review*, febrero de 1969, p. 38.

[35] Claude Collin Delavaud *et al.*, *L'Amérique Latine, approche géographique générale et regionale*, París, Bordas, 1973, t. I, p. 162.

A las formas antiguas y modernas de diferenciación de la clase obrera se añadió otra más que provino de su número creciente: de 1940 a 1950 la fuerza de trabajo no agrícola aumentó a más del doble.[36] Muchos de los nuevos obreros de las empresas fabriles y monopólicas eran de origen no sólo artesanal sino campesino y conservaron modos de pensar y actuar que los distinguían de los obreros antiguos. Con un desempleo y subempleo que incluso en los momentos de auge alcanzó tasas muy superiores a las de los países imperialistas, el origen artesanal y campesino de la nueva clase obrera fue utilizado como una forma más de dominación y sobreexplotación, tanto a través de las organizaciones de los trabajadores como en las empresas mismas. Las clases dominantes desarrollaron diferencias notorias entre trabajadores "permanentes" y "estacionarios" o "eventuales" e hicieron del trabajador "eventual" un trabajador permanentemente privado de derechos. En algunos países y regiones los patrones llegaron al extremo de asignar varias plazas a un mismo trabajador, quien las entregaba a sus parientes o allegados, en forma gratuita o mediante cobro de una regalía de la que se beneficiaba el trabajador-contratista, al tiempo que se comprometía a mantener la disciplina de sus contratados. La necesidad de obtener trabajo para hijos y parientes o la de mejorar el ingreso, negociando con los puestos, hizo del sistema de "cuijes", como se le llama en México, una de las relaciones laborales más contrarias a la unidad política del proletariado.

A pesar de esas y otras diferencias entre las que ocuparon lugar muy importante el crecimiento de las capas o sectores medios de la población y la movilidad relativa de individuos y familias enteras que pasaron a convertirse en trabajadores de "cuello blanco", el dominio de las burguesías en la sociedad civil mostró se-

[36] Luis Figueroa, "Some problems of the working class movement in Latin America. (Notes of a Trade Unionist)", en *World Marxist Review*, marzo de 1966, p. 36.

rias fisuras en los momentos de crisis. Y en esas fisuras empezó a entreverse una novedad: la de la integración y asociación de las clases dominantes, por una parte, y la de las clases dominadas por otra. Durante la crisis del capitalismo ocurrida a finales de los años cincuenta la explotación de unas clases por otras apareció con relativa claridad a los trabajadores diferenciados de las grandes y pequeñas empresas, calificados y no calificados, permanentes y eventuales, proletarios y subproletarios, empleados y desempleados, industriales y agrícolas, indios y ladinos, obreros y oficinistas, profesores y estudiantes. Durante las grandes huelgas y movimientos de masas que ocurrieron desde 1958 y principios de los sesenta emergieron organizaciones de lucha que revelaron en algunas regiones, a veces a nivel nacional, una combatividad unificante y una solidaridad inesperada. Los trabajadores "privilegiados" tendieron a ocupar posiciones de lucha que desempeñaron con gran eficacia por su mayor formación y proximidad a los núcleos centrales del sistema productivo. Y se establecieron "cordones de solidaridad" no sólo política sino logística, esto es, destinada a proveer de informaciones, alimentos y otros recursos a los trabajadores que luchaban en las primeras filas. Como había ocurrido en crisis anteriores —desde Río Blanco, en México, o la "Semana trágica" en Buenos Aires, o la huelga de las bananeras en Colombia—, cada uno de los trabajadores diferenciados jugó papeles complementarios en los que sus antiguas debilidades y diferencias se trasformaron en fuerzas de ayuda mutua. Los trabajadores de origen campesino y los venidos de comunidades indígenas mostraron en muchos casos ser los líderes más capaces para conducir la resistencia en las empresas agrícolas y para coordinar fuerzas heterogéneas que le eran familiares. Los subproletarios y colonos, como en otras partes del mundo colonial, jugaron papeles de apoyo y resistencia muy importantes en la protección a los grupos de enfrentamiento fabril.

Los trabajadores industriales más organizados, con mayores ingresos y derechos, con mayor cultura política revelaron por momentos no hallarse sometidos ni comprometidos por las victorias del pasado: y ocupaban posiciones particularmente estratégicas. Las capas medias, que se suponía debían obrar como factor "equilibrante" y moderador del "sistema", presentaron destacamentos de oposición particularmente peligrosos para el sistema. Los estudiantes universitarios fueron la vanguardia de esa otra inconformidad. Y de ellos surgieron nuevos dirigentes que acometieron la organización y dirección de las acciones de masas y empezaron a unir la lucha contra las dictaduras a la lucha contra el imperialismo y a la lucha contra el capitalismo.

Desde la crisis de los cincuenta se inició en América Latina un proceso de "igualación" de los trabajadores que tendió a acentuarse. En varios países los trabajadores comenzaron a perder los niveles de vida y los derechos que habían alcanzado durante la segunda guerra mundial. Y aunque las clases dominantes procuraron mantener las diferencias que dividían a la clase obrera, el desempleo creciente, la inflación, la congelación de salarios llegaron a golpear con dureza incluso a la llamada "aristocracia" obrera, numéricamente pequeña y políticamente significativa.

Al triunfo de la Revolución cubana se daban en la sociedad civil síntomas equívocos de la debilidad y la fuerza de la clase obrera. Desde luego el desarrollo del capitalismo y su predominio sobre los demás modos de producción eran ya una realidad subyacente. También se podía advertir una integración cada vez mayor de las burguesías antiguas y nuevas, nacionales e imperialistas. Al mismo tiempo el proyecto de una revolución nacional democrática, antifeudal y antimperialista entró en crisis sobre todo después de los éxitos extraordinarios de Cuba y de los renovados fracasos de regímenes puramente democráticos dentro del marco del capitalismo, entre los cuales el más sonado fue el de

Venezuela, a la caída del dictador Pérez Jiménez, donde tras un primer ímpetu popular impresionante el nuevo gobierno se volvió tan represivo como el anterior, tras deshacerse de todas las fuerzas democráticas y revolucionarias que lo habían ayudado a subir. Fidel Castro planteó en el curso mismo de la lucha la necesidad de una liberación anticapitalista. Después la pequeña burguesía revolucionaria plantearía la liberación anticapitalista, socialista, como proyecto abierto de lucha. Con ella, lo plantearían algunos grupos revolucionarios del proletariado, muy pocos. Ese proyecto suponía que la clase obrera asumiera un papel para el que no había sido preparada durante 25 años de políticas de frente popular, de lucha antifascista y de lucha nacionalista, reformista. Su fuerza numérica, su nuevo paso social y su potencial combativo se veían limitados por tales causas y por una tenaz política del imperialismo, que había logrado con el desarrollo desigual inducido, con el trato diferencial y con sus propias ideologías reformistas y desarrollistas, impedir que surgiera entre los trabajadores "una oposición general a las condiciones de existencia" e impulsarlos a reducir sus objetivos a una "oposición parcial a las consecuencias de la sociedad existente", de tal modo que no libraran un combate revolucionario ni tuvieran una conciencia y una praxis revolucionaria, en una o varias etapas.

Muchos de los triunfos y fracasos populares del período iniciados en 1959 se debieron a esa situación real de la clase obrera, a las ideologías y experiencias anteriores de sus dirigentes socialistas y comunistas y a las de la llamada "nueva izquierda" que pretendió con frecuencia hacer la revolución socialista sin el proletariado, en una imagen deformada de la Revolución cubana. También se debieron al nuevo carácter de la revolución y la contrarrevolución en América Latina.

V. QUINTA ETAPA: DE 1959 A NUESTROS DÍAS

La Revolución cubana iluminó casi toda la historia de
las masas latinoamericanas desde 1959 en adelante.
Como creación revolucionaria fue el resultado de la
historia latinoamericana anterior y de la propia historia
cubana. Sus líderes —en particular Fidel Castro— tenían muy presentes las experiencias de Guatemala y
Bolivia. También disponían de una larga experiencia
práctica de luchas contra la dictadura y el gangsteris-
mo político y diplomático. Muchos hechos anteriores
confluyeron en el desarrollo y triunfo de la Revolución
cubana. La revolución ocurrió en un país donde todos
los proyectos reformistas y nacionalistas habían fracasado sistemáticamente. La pequeña burguesía cubana
—en particular sus estudiantes e intelectuales— habían
encontrado obstáculos infranqueables para ocupar mejores posiciones, obtener prestaciones, entrar en negociaciones de tipo social. Toda mejora en una posición,
en una prestación, toda negociación, había derivado
frecuentemente en fenómenos de corrupción individual
y de traición. La historia de las mediatizaciones sociales que se dio en otros países de América Latina, desde
México hasta la Argentina o Chile, no se había dado
en Cuba. Ahí la pequeña burguesía no tenía la menor
esperanza de mejorar su suerte dentro del sistema establecido, sino mediante el abandono de los ideales más
modestos. Y eran siempre pocos los beneficiados. Al
mismo tiempo Cuba había contado desde los años veinte con uno de los partidos comunistas más combativos
y más armados ideológicamente para la lucha de liberación y para la lucha obrera. La decadencia que había
sufrido el Partido Comunista Cubano durante los años
cuarenta, como tantos otros partidos afines, no había
afectado ni a todos sus líderes ni a sus cuadros. Aunque el partido estaba incapacitado para dirigir el proceso de liberación por su aislamiento, su debilidad y
su falta de un proyecto revolucionario, a pesar de eso,

su gran influencia en los trabajadores más conscientes y la combatividad y honestidad de muchos de sus líderes no se prestaban a dudas. Al surgir el Movimiento del 26 de Julio, que en 1953 dirigió el asalto al cuartel Moncada, estaban sentadas las bases históricas de la alianza potencial de dos tipos de organizaciones, una dirigida por revolucionarios surgidos de la pequeña burguesía combativa, de principios y práctica, y otra de trabajadores, estudiantes e intelectuales comunistas. Ambas organizaciones —la de liberación y la comunista— en medio de sus diferencias tenían viejas tradiciones de alianza y mutuo respeto, desde los tiempos de José Martí y Carlos Baliño, éste fundador del Partido Comunista Cubano y también del partido martiano.

El encuentro no fue fácil y al principio presentó obstáculos que parecían insuperables. Fidel Castro y otros dirigentes, como Carlos Rafael Rodríguez, lograron sumar al fin ambas fuerzas.

A los hechos anteriores, tendientes a acercar las organizaciones de la liberación, se añadían otros que producían un efecto parecido en el terreno social.

En Cuba buena parte de los trabajadores campesinos eran asalariados y estaban directamente ligados en su modo de producir y luchar a los trabajadores industriales, también asalariados. Unos y otros constituían una fuerza potencialmente socialista, capaz de organizar y consolidar una sociedad socialista. Al mismo tiempo existían en la sierra los otros campesinos, los que tradicionalmente han luchado por recuperar sus tierras y han apoyado los movimientos de liberación dirigidos por la pequeña burguesía. En el asalto al cuartel Moncada buena parte del contingente era de obreros y a la Sierra Maestra también subieron obreros para sumarse a los rebeldes. A esas circunstancias se añadió una más entre los líderes. Éstos no sólo representaban el vigor, la intrepidez, la moral y la práctica común de las masas cubanas en su lucha contra dictadores, gángsteres, policías y militares neocoloniales, burguesías pasajeras y salvajes, conservadoras esclavistas y reformistas de burla, claudicantes sin tardanza. También heredaban la amargura del fracaso de los hombres morales y valientes, desde Céspedes, Calixto García, Maceo, Martí y, en otro nivel, más cercano y amargo, Chibás. Es decir, tenían presentes las experiencias tanto de los que habían organizado cientos de expediciones de liberación con sus barquitas y movimientos campesinos y esclavos, hasta los que desesperados por la impotencia de una reforma política, convencidos de que ni el fracaso podía quebrantar la moral, antes habían preferido suicidarse que doblarse, en un suicidio —como el de Chibás— que fue una especie de propaganda destructiva, un intento de demostrar con el sacrificio de la vida propia que las ilusiones democráticas creadas por los gobiernos "auténticos" (1945-52) eran pura mentira y de hecho una exacta continuidad de la corrupción, el estancamiento, la injusticia social y otros males que conlleva el colonialismo.

Fidel Castro representaría toda la historia pasada de Cuba y América Latina y empezaría la nueva historia sobre esa base. Y sobre tres líneas de conducta que irían destacando en su actuación: una democrática, otra humanista y otra comunista. El grupo del "26 de Julio", del que fuera líder indiscutible, sería el equivalente desde 1953 del Partido Revolucionario Cubano que Martí organizó a fines del siglo XIX y al que el Apóstol invitó a sumarse a los socialistas, algunos de ellos futuros comunistas. Sólo que Fidel Castro conocería toda esa historia de Cuba y de América Latina que Martí no había conocido, la que iba de 1893 a 1956 cuando desembarcó del "Granma" en las playas de Cuba y empezó la lucha armada que culminaría con el triunfo de la Revolución cubana. Fidel Castro tendría también la experiencia de lucha del Moncada y no sólo poseería una idea muy clara de las luchas de liberación de América Latina, hasta las más recientes de Guatemala, Bolivia y el Moncada, sino que a diferencia de otros líderes revolucionarios que encabezaron movimientos de liberación, él y los suyos se habían preocupado y ocupado de estudiar el marxismo y el leninismo. Cuando a mediados de 1950, desde México, Fidel organizó el grupo revolucionario que había de zarpar en el "Granma" parece haber tenido muy clara la idea del proceso de liberación que iba a vivir. Ignoraba el detalle de los episodios, pero conocía el destino socialista, la voluntad del grupo, la historia de luchas parecidas, los hombres amigos, los enemigos inevitables. Sabía que él y muchos de los suyos no iban a claudicar. Sabía que otros iban a claudicar. Y sabía que para tener éxito la revolución debía contar con las masas y éstas necesitaban estar conscientes —como actor colectivo— de los requisitos del éxito. Como en el momento de empezar la lucha las masas no eran socialistas sino que tenían objetivos nacionalistas, agraristas, democráticos, reformistas, Fidel empezó con ellas una lucha que se proponía alcanzar esos objetivos. Y esos objetivos —abstractos, generales— correspondían al programa democrático enunciado espléndidamente en su alegato de prisión, en *La historia me absolverá*. Fidel empezó con los objetivos democráticos una lucha que se proponía alcanzar esos objetivos, darles un sentido concreto, real, en serio. E inició su lucha a partir de un grupo revolucionario surgido de la pequeña burguesía y compuesto también de los desposeídos, desheredados, maltratados por el sistema neocolonial, entre los que se hallaban varios obreros. El grupo original del Moncada y el Granma se ligó al sector campesino más combativo y más atrasado: el de los campesinos de la sierra que querían tierras. Con ambos protagonistas de los principios de la liberación, Fidel Castro planteó una política de alianzas muy variada, que debía cambiar conforme avanzara la lucha —para que la revolución no se perdiera y nuevas fuerzas se sumaran a ella, apuntalando a las primeras, sosteniendo lo que por ellas solas era insostenible. Desde el principio tuvo

una estrecha vinculación —simbiótica más que de alianza— con el frente urbano organizado por Frank País
en Santiago de Cuba, apoyo esencial de la lucha en la
sierra. Y siempre procuró mantener lazos de comunicación con los comunistas, en particular con aquellos que
mostraban más simpatías políticas y personales con el
movimiento y con los líderes del movimiento. Además,
al plantear su lucha como proyecto revolucionario democrático, esto es, como el proyecto que la mayoría
del pueblo se planteaba en serio, en concreto, buscó
todas las alianzas necesarias con la mediana burguesía
reformista y con todos los grupos enemigos de la dictadura. Les dio la oportunidad de empezar y seguir el
proceso liberador. Y no descuidó ganar el máximo de
apoyos entre los grupos democráticos de los propios Estados Unidos y entre los líderes reformistas de América
Latina que en ese momento luchaban contra los dictadores y por objetivos afines, por objetivos todavía abstractos, que él estaba a punto de concretar: la democracia, la justicia social, la independencia del imperialismo. El desarrollo de la lucha en la sierra, de la lucha
en la guerrilla no sólo se hizo en la sierra ni sólo se
hizo con las armas. El grupo rebelde repartió tierras
mientras combatía, fundó escuelas y hospitales, practicó una educación política y militar de los campesinos
combatientes y de sus propios cuadros. Tuvo una diplomacia guerrillera muy abierta con todas las fuerzas
cubanas, latinoamericanas, norteamericanas que se decían o se creían democráticas. Y practicó una labor
de acercamiento creciente con los comunistas procurando que sus diferencias con ellos nunca fuera insalvables. En cuanto al enemigo, Fidel operó con una doble firmeza: a los soldados cautivos se les liberaba, a
los verdugos, informantes y traidores comprobados, se les
fusilaba. A una parte del enemigo se la desmoralizaba
y neutralizaba, a otra se la aislaba, a otra más se la
eliminaba de la escena política. Al triunfo del ejército
rebelde, Fidel Castro fue inflexible en un punto: el

ejército de la dictadura debía ser disuelto. Aunque no lo dijera expresamente estaba disolviendo al ejército de la burguesía y aplicando con ello una medida que aseguraba el éxito, o la posibilidad de alcanzarlo, de acuerdo con todas las experiencias históricas anteriores. Esa medida era necesaria, aunque insuficiente. A partir de ella se planteaba un proceso de luchas que determinaría por fuerza un cambio de alianzas. Muchos aliados que en abstracto creían o decían luchar por la democracia; la justicia social y la independencia, en la práctica primero preferirían traicionar al movimiento y enfrentarse a él que aplicar las medidas necesarias para alcanzar esos objetivos. El desprendimiento y la oposición de los antiguos aliados era inevitable y debía ser compensado por la suma y el apoyo de las fuerzas populares, de las organizaciones progresistas y revolucionarias todavía no comprometidas, por los trabajadores y el pueblo cuya conciencia revolucionaria iba en ascenso, que descubrirían nuevas y originales perspectivas de lucha. En esas condiciones Fidel Castro inició la segunda etapa de la Revolución cubana: con el monopolio legal de las fuerzas represivas en manos de los elementos revolucionarios empezó a cumplir su ofrecimiento de democracia. Nunca en Cuba había habido tanta democracia como entonces. Sólo que esa democracia —todavía formal, burguesa, esto es, distante de una coherencia real, de un poder popular práctico— estaba de un lado vigilada por el ejército rebelde y de otro iba a ser utilizada como un arma de desmistificación y de toma de conciencia del pueblo. Democráticamente el ejército rebelde y el gobierno revolucionario dejarían que el pueblo advirtiera a través de las luchas democráticas cómo se planteaba la lucha de clases. Libertad de prensa, libertad de expresión y de crítica sirvieron para que la oligarquía, la burguesía dependiente, el imperialismo expresaran su oposición a la independencia, a la justicia social, a la propia democracia. Las clases dominantes del pasado se expresaron con libertad contra

las medidas de justicia social, de independencia, y sólo
se les prohibió que conspiraran contra la democracia,
aplicando las leyes de conspiradores contra antiguos y
nuevos enemigos· que hacían sabotajes y cometían otros
tipos de crímenes.

La etapa de la democracia formal sirvió para que se
exhibieran los enemigos del pueblo en tal forma que
aumentara la conciencia y la fuerza del pueblo. Fue
una etapa de educación de masas con hechos y palabras. Los dirigentes revolucionarios no dejaron que las
masas aprendieran sólo con las luchas ni sólo con
los discursos. Las hicieron cobrar conciencia y adquirir
un lenguaje exacto, con actos revolucionarios que provocaban actos contrarrevolucionarios, y la necesaria defensa del pueblo muchas veces prevista en los discursos.
Las armas del ejército rebelde resguardaban el gran
acto de desmistificación colectiva. Fidel hizo un arte
del discurso de los hechos y las palabras. Utilizó los viejos y los nuevos métodos de comunicación para razonar
con el pueblo sobre las distintas alternativas de acción,
las reacciones previsibles del enemigo, las respuestas mejores del pueblo. Cuando el 17 de mayo de 1959 promulgó la ley de la reforma agraria, la lucha de clases
se expresó más clara que nunca en la lucha democrática y Fidel empezó ese tipo de discursos-razonamiento
—hechos—, masas pensantes y actuantes, que hicieron
del pueblo de Cuba un espectáculo de la inteligencia, de la moral y la fuerza, parecido al de los clásicos.
Así fue enfrentando todos los contrataques del imperialismo y la reacción, los más brutales e ineficaces en la
historia de América y del imperialismo, que culminaron con la invasión de Playa Girón, la derrota de las
fuerzas intervencionistas y la instauración del primer
estado socialista en el Nuevo Mundo (abril de 1961).
Y entonces las alianzas internas e internacionales revelaron un cambio profundo. Lo que permitió construir
el socialismo en Cuba fue la clase obrera cubana y el
mundo socialista, encabezado por la URSS. En torno

a aquélla se fortaleció y consolidó el poder del pueblo y del gobierno y éstos lo apoyaron contra la embestida y el bloqueo del imperialismo. Ni la clase obrera ni menos el mundo socialista habían iniciado el movimiento. Ni la teoría leninista fue aplicada en forma de generalizaciones automáticas, en el sentido de que sólo el Partido Comunista habría podido hacer una revolución socialista en Cuba, ni menos se dio el mito macartista de que la URSS fomentaba revoluciones en América Latina. La teoría leninista no fue aplicada en generalizaciones automáticas: Fidel mismo aclaró en el "Manifiesto núm. 1": "El '26 de Julio' no es un partido político sino un movimiento revolucionario..." Y los más convencidos y sorprendidos de que la revolución cubana no era "extracontinental" fueron los propios imperialistas. Tenían demasiadas pruebas de ese hecho y de que ellos mismos habían impedido una revolución democrática y burguesa.

El éxito de los revolucionarios cubanos en el terreno militar y político fue tan impresionante como los que alcanzaron en la educación, en la justicia social, el desarrollo económico, la democracia concreta, popular y socialista. Y aunque la construcción del socialismo implicó una disciplina distinta —de clase— que alejó las simpatías de algunos ideólogos europeos, más entusiastas de la desmistificación crítica que de la creación revolucionaria, puede decirse que a partir de la Revolución cubana, en América Latina surgió un entusiasmo creciente, recurrente, por identificar todo movimiento de liberación con un proceso parecido al cubano. El nacionalismo y el reformismo continuaron en la escena política latinoamericana, pero con una vida efímera, con éxitos parciales y pasajeros, con derrotas finales dolorosas. Y así se planteó la más reciente etapa de la historia latinoamericana.

Después de la Revolución cubana todas las luchas de liberación y todas las luchas de las clases trabajadoras tuvieron en mente ese proceso histórico. El problema de los revolucionarios latinoamericanos fue el de saber qué elementos de la Revolución cubana se aplicaban a otros países y cuáles eran exclusivos de Cuba. No fue un problema teórico, originalmente intelectual. Fue un problema que sólo surgió tras innumerables intentos de repetir la experiencia de Cuba y que hizo caer a los revolucionarios unas veces en errores de imitación y otras en errores de diferenciación.

Desde 1959 la historia de las masas en América Latina fue tan activa, tan rica, como no lo había sido desde las guerras de Independencia contra España. Y fue mucho más rica en la magnitud y profundidad de los debates teóricos, estratégicos y tácticos. Un número enorme de estudiantes, de trabajadores, de campesinos participaron en las luchas y polémicas de la liberación, y quizá sólo los intelectuales estuvieron por debajo del gran empuje de las masas, unos porque subordinaron en forma tajante la disciplina intelectual a la de grupo o partido, otros porque carecían de esa tradición profunda, crítica, que alcanzó el intelectual progresista de los países donde más avanzara la democracia burguesa. El intelectual de izquierda no tuvo siempre en miras el hacer investigación sistemática y crítica para el proletariado aludido y eludido. Se fijó más en sus colegas y atendió más a la discusión de sus esquemas. La historia se hizo con pocos historiadores, la teoría con tanteos demasiado separados de una novedad inmensa: la ocurrida en Cuba y la que vino después de Cuba.

La historia de las luchas populares y de las interpretaciones de esas luchas arrastró el duro fardo de la crisis del movimiento revolucionario en el período anterior (1935-1959) y se complicó porque una pequeña burguesía revolucionaria, menos preparada y sagaz, menos sistemáticamente perseguida y entrenada que la cubana, empezó a tomar parte activa en un proyecto revolucionario y socialista que no encontraba en otros pueblos y dirigentes la misma circunstancia cubana. En los países donde éstos actuaban no se daban las mismas

condiciones que en Cuba, ya por la composición y las
experiencias de lucha distintas de trabajadores, campesinos y clases medias, ya por los cambios objetivos que
habían ocurrido después de Cuba. El imperialismo aler-
tado había "aprendido" y se preparó para una guerra
contrarrevolucionaria cuyo propósito puntual fue impedir otra Cuba. Después de 1959 ocurrió en América
Latina lo que en Europa después de 1917: quiso imi-
tarse aquí a la Revolución cubana como allá a la rusa
y se fracasó en imaginar las nuevas formas que había
de adquirir la revolución, para cuya forja parecieron
como inevitables los nuevos fracasos y las nuevas acciones precursoras.

De 1959 a 1973 se dieron tantos movimientos y experiencias entre las masas y las organizaciones de liberación que sólo una historia concreta muy detallada y
que tomara rigurosamente en consideración los datos
esenciales podría dar cuenta de ellos. En el terreno de
las clases dominantes se manifestaron variaciones notables. Las distintas burguesías se integraron cada vez más
entre sí y con el capital monopólico. El estado y sus
órganos represivos hicieron otro tanto, bajo la dirección
técnica y militar de Estados Unidos. En el terreno de
las relaciones de producción aumentó la explotación
con salarios congelados y precios galopantes. El comercio internacional e interno neocolonial fijó precios y
salarios de invasión. Estos fenómenos afectaron también a las clases medias, antiguo sostén y esperanza de
regímenes que habían conservado las formas de una
democracia precaria. Muchos gobiernos perdieron esas
formas. Los ciudadanos parciales dejaron de serlo totalmente, conforme proliferaron golpes de estado e invasiones imperialistas, ambos ya coordinados. Ciudadanos, trabajadores y clases medias, en distintos puntos
y países de América Latina, comenzaron a perder derechos y prestaciones que habían alcanzado en etapas
anteriores. Y los perdieron en forma más general que
en la crisis de los cincuenta o en otras anteriores. El

fenómeno no ocurrió sin embargo en un universo mecánico. El imperialismo y las clases gobernantes siguieron actuando con su doble o triple política del *second best*. La eliminación de derechos, prestaciones, vidas, no fue absolutamente regular e inequívoca. Tampoco presentó algo así como tasas de tiranía constante. Las clases dominantes se afanaron en seguir confundiendo a las capas medias y a los trabajadores en todo lo que podían, con movimientos seudorreformistas y demagógicos de vida efímera, o tuvieron que detenerse ante otros, también nacionalistas y reformistas, también efímeros, cuya eliminación implicaba costos excesivos políticos y económicos. Los distintos tipos de reformismo, desde los más conservadores hasta los que tenían una base popular y nacional supérstite empezaron a encontrar rápidas dificultades y fracasos. Los desprendimientos de las capas medias y los trabajadores organizados fueron zigzagueantes y crecientes. El reformismo y el nacionalismo mantuvieron variadas bases sociales, aunque se advirtió que la utilización de la pequeña burguesía como mediadora de la burguesía y el imperialismo resultaba cada vez más impracticable. La crisis económica, la crisis de la ideología dominante, la resistencia contestataria e incluso revolucionaria a los movimientos nacionalistas y reformistas, la esperanza menguante de resolver los problemas sociales en un capitalismo dependiente en crisis, cada vez más represivo, monopólico y fascista tendieron a acabar con el papel mediador de las clases medias progresistas y con su seguridad o sus ilusiones de dirigir el cambio. Y a esos hechos se añadió otro no menos significativo, que ocurrió ya más entrada la década de los sesenta y sobre todo en los setenta: empezó un nuevo tipo de ruptura de los encuadramientos obreros, una nueva insurgencia obrera frente a las antiguas formas de control sindical y partidario. Fue también una ruptura y una insurgencia zigzagueante, variada. Su novedad relativa consistió en un impulso obrero por recuperar o alcanzar una política propia, una autonomía sindical y partidaria, una ideología, vaga o precisamente socialista en que incluso las políticas de reformas tendieran a preservar la autonomía de la clase y a acumular sus fuerzas para ulteriores y necesarios enfrentamientos. El impulso fue visible. No siempre reveló una combatividad de la clase obrera al nivel de los requerimientos revolucionarios. Pesaron sobre ella, a la vez, la estructura desigual a que la habían llevado otros combates, la ideología que por varios años habían enarbolado sus organizaciones y una crisis de estructuras, ideologías y clases que no anulaba la política neocapitalista de los tratos diferenciales, ni siempre ni en todas partes.

De hecho la historia de la liberación latinoamericana desde 1959 y, sobre todo, desde 1961 se planteó de una manera mucho más abierta como un proceso revolucionario anticapitalista. Partidarios y enemigos de la liberación cobraron conciencia de que las luchas de las masas, dirigidas por grupos revolucionarios de la pequeña burguesía, podían derivar en una revolución socialista. Y no todos los partidarios de la liberación y de la revolución socialista percibieron los cambios de esa posibilidad después de Cuba y fuera de Cuba. Concretamente no comprendieron siempre la imposibilidad de un desarrollo de la liberación igual al cubano, esto es, la imposibilidad de iniciar un movimiento de liberación originalmente humanista y que en el curso de la lucha se volviera socialista. No percibieron que la revolución continental tendría que contar de una manera mucho más activa y consciente con la clase obrera y no sólo en las etapas finales del proceso sino en las iniciales. No advirtieron que la liberación anticapitalista en Cuba ya había rehecho las armas de la reacción y del imperialismo y que en lo sucesivo la posibilidad de la liberación necesaria sólo se daría con el encuentro de los partidos revolucionarios que expresaran el movimiento simultáneo y masivo de las masas obreras y campesinas y de la pequeña burguesía, en particular los estudiantes, los intelectuales y empleados rebeldes. La historia de las masas tendría que replantearse nuevamente la relación pueblo, proletariado, movimiento, partido, en una historia de la liberación más visiblemente socialista, en sus posibilidades y peligros, para amigos y enemigos. Esa historia de una liberación socialista suponía un nuevo encuentro de las luchas por la liberación y de las luchas por el socialismo, de los pueblos y de los proletarios, de las organizaciones de liberación y las de clase, de las viejas luchas nacionales y las viejas luchas obreras.

La historia de las masas de 1959 a 1975 fue la de encuentros y desencuentros en los movimientos de masas y las organizaciones revolucionarias. Fue una etapa que puede ser interpretada a la vez como de acción creadora y de imitación automática, simpática; de actos heroicos y duros fracasos; de fuertes disensiones internas, tácticas y estratégicas. También fue una etapa de acumulación de fuerzas —a distintos niveles de conciencia, de entrenamiento teórico, político y revolucionario— con variantes naturales y morales que a veces parecen seguir el curso de las contradicciones naturales y otras de las políticas organizadas. Fue una etapa de desmistificación de la sociedad dominante y de crítica a muchas falsas rebeldías anteriores que se unieron a otras nuevas, reconocidas sobre la marcha con dificultades inmensas. Y tal vez fue una etapa precursora.

Para acercarse a la comprensión de la historia de la liberación entre 1959 y 1975 parece indispensable considerar los períodos de acción de las masas [37] y de las organizaciones de la liberación, revolucionarias y marxistas, tal y como se sucedieron en esos años. Sus variaciones coincidentes o desajustadas ayudan a explicar el carácter de las acciones y las polémicas de las orga-

[37] Cf. Vania Bambirra, "Ascenso y descenso del movimiento popular e insurreccional en Latinoamérica", en *Diez años de insurrección en América Latina*, Santiago de Chile, Ed. Prensa Latinoamericana, 1970, pp. 27-75.

nizaciones tanto o más que la clase de donde provienen sus participantes considerada en abstracto, como condicionante del ser de los protagonistas. El origen de clase de los líderes y organizaciones influyó en el comportamiento de los mismos dentro de condiciones históricas concretas variantes. Fueron éstas las que determinaron su conducta precisa más que el origen —general y cosificador— de la clase donde habían nacido o en la que se habían educado. También influyó en toda esta etapa y en sus variaciones el largo período anterior de política reformista. Los revolucionarios de los años sesenta entraron a la escena de una revolución anticapitalista con un conocimiento del marxismo-leninismo que empezó en 1920 y se detuvo, desvió, o empobreció de algún modo desde 1935. Toda su teoría y su práctica previas habían sido anarquistas y reformistas en un alto grado. Ello explica, en parte, la naturaleza de su doloroso aprendizaje. La responsabilidad moral pareció estar constantemente a prueba entre los venidos de la pequeña burguesía: su decisión del salto revolucionario fue objeto de muestras y dudas, de rabias por la duda, de injurias frecuentemente calumniosas. De las muestras surgió la voluntad de hacer y la demostración de la voluntad revolucionaria, la prueba heroica. De la pobreza teórica general, sobre la coyuntura histórica que se vivía y sobre el carácter de la nueva lucha de liberación, mucho más proletaria, surgió el calificativo sustituto y el apremio de actuar. De la cultura anarquista renovada, una intención sin plan de amplios rasgos y detalles prácticos. Y así aparecieron muchos revolucionarios que cambiaron la historia y cambiaron el modo de reflexionar y actuar, en medio de grandes sacrificios y tumbos, tal vez inevitables cuando se piensa en sus puntos de partida.

El proceso histórico precursor de la revolución socialista latinoamericana tuvo una característica más en sus propias bases sociales. A lo largo de toda América, sobre la estructura de clases se había montado una formación social y política de tipo corporatista, que enfrentaba y reconciliaba a los grandes sindicatos patronales y obreros, mientras quedaban en condiciones de dominación y explotación neocoloniales grandes núcleos de trabajadores que carecían de las organizaciones, los derechos, las posibilidades de lucha política y sindical, la conciencia y las ideologías necesarias para organizar el gran proceso revolucionario. Penetrados y cooptados los obreros de los grandes sindicatos y sometidos a una explotación y represión coloniales la inmensa mayoría de los trabajadores de América Latina, ni aquéllos podían encabezar un proceso revolucionario y socialista ni éstos iniciarlo con el apoyo de los núcleos obreros más poderosos. La vinculación de los trabajadores marginados o superexplotados —sobre todo de los campesinos— y de los núcleos revolucionarios de las capas medias estuvo en los prolegómenos de una revolución que para triunfar necesitaba contar con un creciente apoyo obrero, muy difícil de obtener en sus primeras etapas. Las nuevas manifestaciones del reformismo y el anarquismo no sólo eran una herencia del pasado: eran expresión de la estructura social actual y de sus formaciones políticas. Durante todo el período se las vio reproducirse y rehacerse, conforme avanzaba la crisis económica y política de América Latina y el capitalismo y al tiempo que aumentaban las fuerzas revolucionarias, cada vez más atentas a la necesidad de contar con una clase obrera profundamente consciente, en sus grandes sindicatos y poblaciones marginadas, de la necesidad de implantar y dirigir el socialismo, antes de intentar una empresa revolucionaria, incapaz de alcanzar el éxito deseado sin el concurso activo de la clase obrera.

De 1960 a 1963 o 1964, en la mayor parte de los países latinoamericanos hubo un período de acción creciente de las masas. En Venezuela y Cuba las masas adelantaron sus ímpetus desde 1958 y en la República Dominicana entraron en escena hasta 1965 cuando se

dio "la insurrección popular más poderosa de los sesenta", que al derrotar al ejército de la burguesía dominicana obligó a Estados Unidos a sacar su propio
ejército —como ha sido habitual— y a organizar una
intervención multinacional con el máximo despliegue
de fuerzas.

Después de la Revolución cubana los movimientos guerrilleros empezaron a surgir por todas partes, a modo de
pequeños focos e incluso de frentes. Las guerrillas de
Paraguay (1959-62), la del Frente Sandinista de Liberación Nacional de Nicaragua (1961), los primeros
movimientos guerrilleros de Guatemala (1961-63), el
movimiento campesino dirigido por Hugo Blanco en
Perú (1961-1964), la guerrilla de Tucumán (1961), las
guerrillas de Honduras (1962), las del Ecuador (1962),
las de Venezuela, que empezaron en 1962 y que en
1963 llegaron a prever el derrocamiento del gobierno;
las guerrillas de Jorge Ricardo Masetti en Argentina
(1963-64); las guerrillas de Fabio Vázquez y Marulanda en Colombia (1964), las guerrillas de Lobatón
y de la Puente Uceda en Perú (1965) correspondieron a una gama vastísima de experiencias con diferencias en su composición, en su dirección, en su ideología,
en las alianzas de organizaciones existentes, en el apoyo de masas, en el apoyo del movimiento revolucionario urbano o de los estados socialistas. Esas acciones
coincidieron con un incremento notorio de los obreros
en huelga por demandas vitales: 8 a 9 millones en
1957; 12 millones en 1958; 20 millones en 1959 y otro
tanto en 1960; 21 millones en 1961. Después, durante
un tiempo disminuyó el número de huelguistas: bajó
a 15 o 13 millones en 1962 y a 16 o 14 en 1963.[38]
La crisis se manifestó también en las universidades en
un creciente proceso de contestación y crítica al sistema. Y hubo países en los que se desarrollaron grandes

[38] Cf. "Latin America, yesterday and today. Chronology of
political struggle", en *World Marxist Review*, agosto de 1965,
pp. 65-70.

movimientos populares, como la resistencia masiva de
Brasil en 1961 contra el intento de golpe militar reaccionario. América Latina se agitó en todos los campos.
Un número cada vez mayor de estudiantes, campesinos,
militares, obreros se rebelaron y plantearon la necesidad
de la insurrección. En Cuba Ernesto Che Guevara,
desde 1959, encabezó la corriente revolucionaria que
consideraba factible extender la experiencia guerrillera
al resto de América Latina. El 27 de enero de 1959
sostuvo que "la lección básica" de la Revolución cubana era que un "pequeño grupo" de hombres resuel-
tos, apoyados por el pueblo, a partir de una insurrección rural podía derrotar al ejército regular e iniciar
un proceso revolucionario. En 1960 publicó un folleto
titulado *La guerra de guerrillas* en que a las tesis anteriores añadió que no era necesario esperar a que existieran todas las condiciones revolucionarias para iniciar
la revolución. En su libro no se refirió al papel central
del partido proletario como vanguardia. En cierta forma pensó que la revolución que él empezaba en América Latina iba a parecerse a la que había realizado
en Cuba, en el sentido de que serían movimientos más
que partidos los que echarían a andar la historia. Tal
vez serían los dos aunque con grandes diferencias entre
sí y con tan duras experiencias y tan notorios cambios,
que en la balanza siguieron pesando uno y otro impulsos —el del movimiento y el de partido— con distintas razones de respeto a los héroes y de esclarecimiento táctico para nuevas batallas.

En abril de 1961 Ernesto Che Guevara criticó en
un artículo de *Verde Olivo* a quienes sostenían que "la
forma y caminos" de la Revolución cubana no se podían repetir en el resto de América Latina. Contestó que
el proceso en otros países no sería diferente al cubano
en algunas características esenciales. Y rechazó, sobre
todo, la idea de un "pretendido excepcionalismo de la
Revolución cubana". El Che y Fidel, al pensar en la
nueva historia y la nueva lucha, convergieron original-

mente en sus posiciones. Y sus diferencias ulteriores, más que ideológicas, se debieron a la distinta responsabilidad de cada uno, como en reiteradas ocasiones lo señalaron ambos. Fidel Castro había dicho desde 1955: "Pensamos como Martí que es criminal quien promueve en un país la guerra que se le puede evitar; y quien deja de promover la guerra inevitable" (*Desde la prisión,* marzo de 1955). El 26 de julio de 1960, en el discurso conmemorativo que pronunció en la Sierra Maestra, el primer ministro afirmó que los cubanos continuarían haciendo de su patria el ejemplo que había de convertir la cordillera de los Andes en la Sierra Maestra de América. En sus discursos, Fidel Castro destacaba siempre las condiciones que llevaban a la revolución. "En muchos países de América Latina la revolución es hoy inevitable" —afirmaba en la Segunda Declaración de la Habana (febrero de 1962). "Ese hecho no lo determina la voluntad de nadie. Está determinado por las espantosas condiciones de explotación en que vive el hombre americano, el desarrollo de la conciencia revolucionaria de las masas, la crisis mundial del imperialismo y el movimiento universal de lucha de los pueblos subyugados." Más lejos añadía: "Frente a la acusación de que Cuba quiere exportar su revolución respondemos: las revoluciones no se exportan, las hacen los pueblos." Su pensamiento era claro para todo revolucionario. Hacer de Cuba un ejemplo revolucionario, no pensar en exportar la revolución y "no sentarse en la puerta de su casa para ver pasar el cadáver del imperialismo" eran acciones compatibles. Dentro de ellas la posición cubana consistió en colaborar con las fuerzas revolucionarias para que "aceleraran la liberación de América Latina", a sabiendas de que la liberación sólo podría ser obra de la "inmensa mayoría del pueblo". Los hombres, los dirigentes, los "reducidos núcleos de combatientes" tendrían que realizar la "lucha inicial", "los obreros y los intelectuales revolucionarios" tendrían que desatar el movimiento de las masas campesinas. Al fin la clase obrera y las masas urbanas decidirían la batalla. En la segunda independencia de América —en la verdadera— los pueblos jugarían un papel más importante que los dirigentes, al quedar en sus manos la conquista y consolidación definitiva del poder. Argumentos semejantes manejó Fidel Castro en su "Discurso a las mujeres de América" (enero de 1963).

Con esa perspectiva Cuba apoyó a los movimientos guerrilleros y revolucionarios en la reunión de los partidos comunistas en La Habana de 1964, en la Tricontinental de 1966, en el Congreso de la OLAS de 1967. En torno a Cuba surgió un gran movimiento revolucionario con nuevas características de organización y nuevas expresiones ideológicas. Entre las múltiples polémicas destacó una: la que los nuevos revolucionarios tuvieron con los antiguos partidos comunistas. Esta polémica fue muy rica, sin duda la más rica en la historia del pensamiento socialista latinoamericano. Nunca antes se había discutido tanto sobre la estrategia y la táctica de la revolución latinoamericana. La experiencia de los grandes guerrilleros, la de algunos líderes comunistas como Rodney Arizmendi o Luis Corvalán, la de socialistas como Salvador Allende; el estilo de razonar cubano, menos inclinado a apoyarse en la exégesis de los textos clásicos; la responsabilidad y tensión de la lucha, sus novedades innegables desde el punto de vista de la teoría leninista del partido, todo ello logró por momentos levantar la polémica encima de las habituales diatribas, dogmatismos, esquematismos, trampas teóricas y verbales, aunque tal vez los distintos contendientes no siempre percibieron la tragedia necesaria que divide al hombre que trata que la humanidad diga "¡Basta!" del que espera a que diga "¡Basta!", sin que entre aquél y éste existan siempre diferencias sustanciales, sino de tiempo, de estilo, de táctica, y otras de lenguaje, de disciplina, de clase activa.

Durante el período de ascenso creciente de las masas

(1960-1963 o 64) se dieron dos etapas en el liderazgo y las tácticas de las organizaciones revolucionarias: una de 1959 a 1961, que Richard Gott ha calificado como "Años de esfuerzos utópicos y heroísmo efervescente", y otra de 1962 a 1965 de importantes movimientos de guerrilla, que en ocasiones alcanzaron un alto nivel de organización entre las propias masas. En la primera etapa, el liderazgo recayó con frecuencia en revolucionarios noveles, algunos de ellos estudiantes y otros campesinos, movidos por el entusiasmo que despertó el triunfo de Cuba y también por una rebelión de bases objetivas, en tanto surgieron en países donde la tiranía no dejaba más alternativa a la lucha que la sumisión, la prisión o la muerte pasiva, fenómeno difícil de percibir para quienes piensan siempre en términos de revoluciones electivas cuando en realidad hay momentos y lugares donde la opción no existe en materia de tácticas, tiempos, lugares y organizaciones más adecuados para asegurar el éxito. Los esfuerzos utópicos existieron. También los de quienes preferían morir peleando, hecho que habría de repetirse en esta época y que había existido siempre, quizá con menor significado ideológico y difusión internacional, en actos aldeanos, campesinos, de ciudades y países, llanos y sierras antes ignorados. En 1960 ya había movimientos campesinos y "zonas de autodefensa" en Guatemala, Colombia, Venezuela. Durante ese período las derrotas fueron impresionantes, como si las fuerzas rebeldes lucharan ingenuamente contra ejércitos invencibles. Y precisamente entonces ocurrió un solo triunfo, el más notable y sonado y de un enfrentamiento directo contra el imperialismo, el de Playa Girón (1961), primero en la historia de América y que dio un prestigio universal todavía mayor a los dirigentes cubanos. En la seguda etapa (1962-1965) el liderazgo y las organizaciones revolucionarias adquirieron características más sólidas en varios terrenos. Muchos de los guerrilleros sobrevivientes aprovecharon sus experiencias pasadas. Y a ellos se sumaron otros nuevos con experiencia política, militar y revolucionaria mayores. En el terreno internacional Cuba empezó a prestarles apoyo y asesoramiento. En el interno algunos partidos comunistas dejaron de oponerse e incluso encabezaron las luchas guerrilleras. Hubo países y regiones donde los campesinos actuaron en forma masiva, mientras en las ciudades se agitaban estudiantes, colonos y obreros, o de ellas salían para sumarse a focos y frentes.

En esas condiciones se desarrolló la lucha ideológica entre los distintos revolucionarios y partidos que reclamaban para sí el título de marxista-leninistas. La polémica alcanzó su clímax entre los últimos años de la acción creciente de las masas y el inicio de una acción decreciente entre las masas rurales que se hizo notoria a partir de 1964 con diferencias de tiempo en los distintos países. La polémica llegó a la máxima tensión cuando el imperialismo ya había armado su nueva política contrarrevolucionaria, su táctica de "contrainsurgencia", de "acción cívica" y de "counter-guerrilla warfare".

El imperialismo alentó la desmovilización de las masas con la represión, con la retórica y con el endeudamiento externo a corto y largo plazo para atenuar las demandas sociales peligrosas y generar falsos auges. De 1963 a 1968 subió en flecha el endeudamiento de los gobiernos latinoamericanos con Estados Unidos. La ilusión reformista-imperialista de la Alianza para el Progreso, ya en crisis, fue suplantada con el gasto inmediato, a cuenta. Para 1963 ya habían sufrido serias derrotas las guerrillas de Nicaragua, Brasil, Ecuador, y habían ocurrido golpes militares en Guatemala, Ecuador, República Dominicana, Honduras, Colombia, a los que sucedieron otros, un año después, en Bolivia y Brasil. Entre 1964 y 1965 empezó la recuperación económica de varios países latinoamericanos. Todo ello ocurrió dentro del marco de una ofensiva múltiple del imperialismo, que realizó una política continental ten-

diente a dividir y confundir a los pueblos y a las fuerzas potencialmente revolucionarias en varios niveles y
con una perspectiva práctica de corto y largo plazo. La
Alianza para el Progreso generó esperanzas pronto frustradas que permitieron sin embargo al imperialismo
aumentar los ofrecimientos de los gobiernos latinoamericanos en materia de justicia social y desarrollo económico y realizar algunos programas sociales en las
zonas críticas, tendientes a apaciguar los ánimos y a
aumentar las posibilidades de penetración de sus servicios de inteligencia y de manipulación política. Al mismo tiempo el imperialismo adiestró a las fuerzas represivas convencionales para emplearlas contra los guerrilleros. Separar a la guerrilla de la población, dividir
a la población en núcleos de dirección reformista y fal-
samente revolucionaria, con agentes del imperialismo y
las burguesías disfrazadas de revolucionarios, y atacar
a las guerrillas con los ejércitos, mientras las penetra-
ba y dividía en su interior y las enfrentaba a los campesinos más atrasados, fue una estrategia combinada.
Los agentes disfrazados de revolucionarios jugaron uno
de los papeles más importantes en la historia de la
simulación de diferencias ideológicas, tácticas y estratégicas. Pudieron operar con particular eficacia por las
características mismas de los movimientos y núcleos
guerrilleros y revolucionarios cuya heterogeneidad social e ideológica se prestaba especialmente a ese tipo
de manipulación. El imperialismo adiestró y empleó
sistemáticamente a los simuladores para actuar en el
seno de la comprensión y la discusión ideológica del
proceso revolucionario. Núcleos de agentes especialmente destacados y preparados aprovecharon las diferencias internas reales y la dificultad de comprensión del
original proceso revolucionario para realizar un juego
de confusiones y enfrentamientos que provocara rupturas más profundas y confusiones mayores a las que
de suyo habrían surgido, dada la presencia de revolu-

cionarios venidos de los más distintos medios campesinos, universitarios y obreros.

La política de la Alianza y la política de endeudamiento de los gobiernos latinoamericanos crecieron en forma exponencial para alimentar a los gobiernos aliados y dependientes y permitirles la repetición múltiple de la política de confusiones y ofrecimientos desarrollistas y reformistas cuyo término estaba previsto para el momento en que los gobiernos tuvieran que pagar no sólo los intereses sino las deudas de capital. En ese momento el imperialismo habría de pasar a nuevas acometidas de una "guerra interna" ampliada y, eventualmente, a una intervención militar directamente a cargo del ejército metropolitano. Pero en esos primeros años de la década de los sesenta era difícil que una parte importante de la población e incluso de los gobiernos civiles advirtieran los efectos secundarios de la política de ilusiones y endeudamiento diseñada por el imperialismo. El imperialismo logró con ella una serie de triunfos en la desmovilización y división de las masas, de las organizaciones y las direcciones. Impidió una acción conjunta y clara que habría significado grave peligro para la continuidad de su predominio.

Al término del período de ascenso de las masas, y tras las derrotas anteriores, los puntos de unión a que habían llegado los antiguos y los nuevos revolucionarios encontraron nuevos motivos de división y nuevas urgencias de esclarecimiento, de unión. A principios de 1964 la línea predominante de los partidos comunistas era la de una lucha por la legalidad que "brindara a las fuerzas democráticas las condiciones necesarias para ligarse a las grandes masas, a sus organizaciones y sus batallas". La mayoría de los partidos comunistas seguía sosteniendo sus perspectivas anteriores a la Revolución cubana sobre un largo proceso revolucionario latinoamericano y la necesidad de aumentar las posibilidades de la lucha política e ideológica. Entre sus citas preferidas se encontraba aquel pensamiento de

Engels que aparece en el prólogo de *La lucha de clases en Francia:* "Nosotros los revolucionarios... prosperamos mucho más con los medios legales." Los partidos comunistas de Brasil, Chile y Uruguay luchaban por "la consolidación de la legalidad democrática", los de Argentina y Perú por su reconquista paulatina. En otros países los partidos comunistas se habían visto en la necesidad ineludible de "responder a la violencia por la violencia". Habían actuado así donde la reacción hacía imposible el desarrollo pacífico y donde la movilización de masas rurales y urbanas orientadas en dirección de una lucha insurreccional había adquirido un impulso propio. Era el caso de Venezuela, Paraguay, Guatemala y Colombia.[39]

La posición de los antiguos y nuevos revolucionarios era distinta: unos estaban a la ofensiva insurreccional y otros no, unos parecían basarse en la táctica de que nunca se debe llevar la ofensiva cuando el enemigo ya la tiene y otros no cedían frente a la contraofensiva del imperialismo. Pero en el seno de los propios partidos comunistas había diferencias que obedecían a su situación específica, concreta. En noviembre de 1964 se celebró en La Habana una conferencia de partidos comunistas. Asistieron la totalidad de los partidos. En primer lugar manifestaron su apoyo abierto a Cuba. Además, propusieron un programa de luchas fundamentalmente democráticas y antimperialistas. Y lo que fue muy importante: acordaron "organizar a escala continental la solidaridad activa de todos los pueblos latinoamericanos con la lucha liberadora del pueblo venezolano". (En abril de ese mismo año el comité central del Partido Comunista de Venezuela había acordado "la organización, la preparación y el ulterior desarrollo de la lucha armada".) Acordaron algo más: "apoyar en forma activa a quienes se hallaban actual-

[39] Cf. Alcira de la Peña *et al., Los pueblos de América Latina defienden sus derechos,* R. Inter., 1964.

272

LA LIBERACIÓN

mente sometidos a dura represión como los combatientes venezolanos, colombianos, guatemaltecos, hondureños, paraguayos y haitianos". Con todo ello parecían a la vez mantener la línea general de las luchas políticas y apoyar las luchas insurreccionales ahí donde ya existían, en compromiso activo de direcciones y masas. En relación a las "divergencias surgidas en el movimiento comunista internacional" se acordó también luchar por la unidad y se pidió "el cese de la polémica pública". Se trataba de atenuar la violencia de la lucha entre el Partido Comunista chino y el soviético, que desde fines de 1963 había llevado a la "línea china" a intentar dividir a los partidos comunistas latinoamericanos.[40]

La reunión de los partidos comunistas en La Habana logró acercar las posiciones de los viejos partidos con la dirigencia cubana y con los nuevos grupos revolucionarios afines a ésta. En La Habana hubo un acercamiento táctico de lucha simultánea por las libertades y los derechos democráticos en América Latina y de apoyo a los movimientos de liberación, en especial al de Venezuela. Cuba cumplió su compromiso con más libertad de movimiento. De inmediato emprendió la lucha en defensa de dirigentes populares y revolucionarios perseguidos y encarcelados. Y de una manera que valdría la pena analizar a fondo emprendió la lucha por las libertades y derechos democráticos, al tiempo que aclaraba cómo esa lucha era importante para que "las amplias masas fueran convenciéndose de la necesidad de profundos cambios revolucionarios". La dialéctica parecía impecable desde el punto de vista de una lógica revolucionaria, con perspectivas que incluían el corto y el largo plazo, con variantes por países y tiempos, según el desarrollo de la conciencia de la clase necesaria —de la clase obrera— y de las or-

---

[40] Cf. *Política Internacional*, La Habana, enero-marzo de 1965, pp. 153-154.

ganizaciones de liberación. El pensamiento cubano señaló al capitalismo y al capital monopólico como la causa profunda del terror y como el problema real que debían comprender las masas en sus luchas libertarias y democráticas,[41] sin que para ello tuvieran que proponerse el fracaso del proyecto democrático del imperialismo y del capitalismo, pues éstos, por sus propias leyes, estaban destinados a hacerlo fracasar, a anular libertades democráticas y derechos humanos.

Y del seno de Cuba se desprendió el comandante Ernesto Che Guevara para hacer efectivo el apoyo a los movimientos de liberación. En septiembre de 1965 Fidel Castro leyó la carta de despedida del Che: "Hago formal renuncia de mis cargos en la dirección del partido, de mi puesto de ministro, de mi grado de comandante, de mi condición de cubano... Otras tierras del mundo reclaman el concurso de mis modestos esfuerzos... Me enorgullezco —afirmaba el Che en su carta al primer ministro— de haberte seguido sin vacilaciones, identificado con tu manera de pensar y de ver y apreciar los peligros y los principios." El Che quería "liberar a Cuba de cualquier responsabilidad, salvo la que derive de su ejemplo", el del país revolucionario que causaba admiración por sus progresos y hazañas.

Cuba siguió encabezando las múltiples presiones que ejercían los "nuevos comunistas" por llevar la lucha a sus "niveles más altos". E hizo un nuevo esfuerzo de unión. La Tricontinental (marzo de 1966) fue una respuesta a la ofensiva del imperialismo y un proyecto mundial de acercamiento entre los movimientos de liberación nacional, los partidos comunistas, el Tercer Mundo potencialmente revolucionario y los países socialistas. En la Tricontinental la liberación de los pueblos se planteó como una lucha antimperialista y anticolonialista. La liberación nacional se concibió como

---

[41] Cf. "Comentario", en *Cuba Socialista*, La Habana, febrero-marzo de 1965, pp. 115-122.

relacionada con la revolución social; la lucha de clases
del proletariado como coincidente con la lucha de liberación de los pueblos de Asia, África y América Latina; la lucha por la independencia política y la soberanía de los pueblos como un derecho inalienable que
se debe defender por todos los medios necesarios, in-
cluyendo la lucha armada. Se apoyó a los movimientos
nacionalistas que pugnaban por incrementar la propiedad del estado y por la eliminación de la propiedad
feudal y semifeudal. Se apoyó la lucha armada de los
pueblos de Venezuela, Guatemala, Perú, Colombia. Se
proclamó el derecho y el deber de los pueblos agredidos a emplear la violencia revolucionaria. Se instó a
los países de los tres continentes a dar todo su apoyo
moral, material, político y diplomático "a los movimientos revolucionarios en lucha armada o política, que
es necesaria para asegurar la victoria sobre el imperialismo, el colonialismo y el neocolonialismo". El grueso del documento era antimperialista y anticolonialista.
En medio de su riqueza y variedad, sus puntos esenciales y más profundos apoyaban a los movimientos
armados de liberación y llamaban a asociar todas las
fuerzas de liberación a esos movimientos revolucionarios. El documento no dejaba de relacionar la lucha
antimperialista con la lucha anticapitalista. Proclama-
ba "su adhesión a los principios de la eliminación de
la explotación del hombre por el hombre, a través del
desarrollo no capitalista, y su culminación en el socialismo, de acuerdo con las condiciones concretas de cada
país". El documento era otro paradigma de esa forma
de razonar que plantea todas las etapas de la lucha
haciendo énfasis en la primera de ellas.[42]

Cuba siguió tomando la iniciativa. La mejor forma
de defensa era permanecer a la ofensiva. Con los dirigentes cubanos, muchos miles más de América Latina
siguieron creyendo en la necesidad actual de la libera-

[42] Cf. *Cuba Socialista* núm. 54, febrero de 1966, pp. 40-71.

ción y la revolución. Pero empezaron a aumentar las diferencias con los partidos comunistas. Desde 1964 se había iniciado el período descendente de acción de las masas rurales. Aun antes habían disminuido las presiones obreras. El imperialismo había logrado más victorias de las esperadas con su nueva política contrainsurgente. La reacción había invertido en gastos sociales de emergencia. Se había preparado militarmente. En 1965 había llegado a la intervención directa y colectiva. Había mostrado que detrás de cada estado latinoamericano estaba siempre el norteamericano, hecho diariamente comprobado. Las bases objetivas de las diferencias internas se hallaban dadas. Siempre se dividieron las fuerzas revolucionarias en los momentos contrapuestos de victorias posibles que no a todos parecen necesarias en lo inmediato. Las acciones fueron errá29tiles. Mientras en Perú, Lobatón y de la Puente Uceda habían sido "cruelmente destruidos en virtud del carácter declinante de los movimientos populares" (1965), se desataron importantes movimientos estudiantiles en casi todos los países y en 1966 las guerrillas de Guatemala preveían el derrocamiento del gobierno. En enero de 1966 el Partido Comunista Colombiano reconoció como suyas las fuerzas dirigidas por Marulanda, que recibieron el nombre de Fuerzas Armadas de Colombia (FAR). Un mes antes el sacerdote católico Camilo Torres había entrado a combatir en otra guerrilla, llamada Ejército de Liberación Nacional (ELN), y un mes después (febrero de 1966) fue muerto en acción. Desde abril de 1965 el Partido Comunista Venezolano empezó a dar prioridad a la lucha legal y abandonó la lucha armada. El cambio de línea del Partido Comunista Venezolano fue el más significativo, en virtud de que era el partido que más se había comprometido con ese tipo de lucha y el único que había señalado consistentemente la existencia de una "situación revolucionaria". La polémica con otros grupos revolucionarios y con los dirigente cubanos adquirió una gran violencia verbal. Más tarde se advertiría cómo de 1966 a 1968 los partidos comunistas irán abandonando su apoyo a la guerrilla.

En medio de ese viraje de la historia, con natural repercusión en los órganos directivos de las masas, Cuba continuó a la ofensiva. A la reunión de la Tricontinental sucedió un año después la conferencia de la OLAS, Organización Latinoamericana de Solidaridad. Antes, Régis Debray había publicado en la revista de la Casa de las Américas de La Habana su libro ¿Revolución en la revolución? (enero de 1967), donde aparte de las conocidas y debatidas tesis sobre la guerra revolucionaria —síntesis de las sostenidas por los grandes dirigentes cubanos— afirmó que los partidos comunistas se hallaban en una debilidad indiscutible para dirigir el proceso revolucionario: en ellos no valía la pena "crear anticuerpos", pues "la infección oportunista, lejos de detenerse se agravaría y exacerbaría". Tampoco valía la pena oponerles nuevos "focos" políticos que sólo provocarían reajustes internos en el "gremio". Había que crear nuevas organizaciones "marxista-leninistas", organizaciones "simultáneamente políticas y militares, por encima de todas las polémicas existentes", (cf. Debray, pp. 103-110). La dureza de Debray obedecía en parte a su estilo un poco "normalien". También expresaba los sentimientos que vivían entonces los revolucionarios partidarios de la acción guerrillera, creciente e inmediata.

En mayo el Che envio un mensaje a la Tricontinental. Sonó su voz congruente. "No se trata de desear éxito al agredido, sino de correr su propia suerte... No hay más cambios que hacer; o revolución socialista o caricatura de revolución... En definitiva hay que tener en cuenta que el imperialismo es un sistema mundial, última etapa del capitalismo, y que hay que batirlo en una confrontación mundial." El Che preveía que conforme aumentaran las fuerzas de liberación de los pueblos aumentaría la reacción del imperialismo norteamericano y éste enviaría "cantidades crecientes de tropas regulares". Conforme los pueblos lucharan por liberarse, el imperialismo haría contra ellos lo que hacía contra Vietnam y los pueblos habrían de luchar heroicamente como el pueblo de Vietnam. "Dos, tres, o muchos pueblos" lucharían como el pueblo de Vietnam "con su heroísmo cotidiano, con sus golpes repetidos al imperialismo, con la obligación que entraña para éste el dispersar sus fuerzas, bajo el embate del odio creciente de los pueblos del mundo". El Che preveía que la lucha sería larga y cruenta. "Toda nuestra acción —decía— es un grito de guerra contra el imperialismo y un clamor por la unidad de los pueblos contra el gran enemigo del género humano: los Estados Unidos de Norteamérica." La carta del Che era un trazo de la nueva línea en que ya combatía: "casi todos los países de este continente —afirmaba— están maduros para una lucha de tipo tal, que para resultar triunfante, no puede conformarse con menos que la instauración de un gobierno de corte socialista".

El Congreso de la OLAS se celebró en agosto de 1967. En su declaración general proclamó "un derecho y un deber de los pueblos de América Latina hacer la revolución". Reconocía las raíces históricas del movimiento de liberación en los héroes patrios y afirmaba con la mayor claridad: "el carácter de la revolución es el de la lucha por la independencia nacional, la emancipación de las oligarquías y el camino socialista para su pleno desarrollo económico y social". El documento, escueto y exacto, sostenía que el marxismo-leninismo orienta al movimiento revolucionario de América Latina. La lucha revolucionaria armada constituía la línea fundamental de la revolución en América Latina. Todas las formas de lucha debían servir y no retrasar el desarrollo de la línea fundamental. La guerrilla, como embrión de los ejércitos de liberación, era el método más eficaz para iniciar y desarrollar la lucha revolucionaria en la mayoría de nuestros países. La dirección de la revolución exigía la existencia del mando unificado político y militar como garantía para su éxito. El lema final postulaba: "El deber de todo revolucionario es hacer la revolución." La asamblea estaba presidida en forma impresionante por los retratos de Bolívar y el Che. El Che luchaba en Bolivia.

Aparte de la firmeza revolucionaria de los dirigentes cubanos y de otros más de América Latina, a nadie escapó la profundidad de sus diferencias con la mayoría de los partidos comunistas. Éstas eran visibles en los discursos, en la declaración, en la vida revolucionaria y sus luchas. A raíz de la reunión Haydée Santamaría —la mujer notable del Moncada— dijo en una entrevista: "Esta conferencia dio un paso adelante. Para ser marxista-leninista no hay que militar en un partido comunista." Y añadió: "Muchas veces los partidos comunistas hablan de vanguardia, dicen que deben ser la vanguardia de su país, y en esta conferencia quedó bien claro que la vanguardia de los pueblos son los que luchan con la expresión más alta de la lucha que existe, que es la lucha armada..." "Si en un país —añadía más lejos— se lucha con todas las formas de lucha, y hay quien lucha con las armas en la mano, ése es la vanguardia de ese país." En los países donde no hay lucha armada, la vanguardia está constituida por "el primero que logre las condiciones para ir a esa forma de lucha necesaria en nuestro continente..." Para saber si la tesis sustentada era marxista-leninista o no, Haydée Santamaría se remitía al futuro, a la vida de la organización creada. En el mismo número se publicaba la "Declaración de la Primera Conferencia Latinoamericana de Solidaridad" con el lema final conocido: "El deber de todo revolucionario es hacer la revolución." También se publicaba la noticia de la muerte del Che. El término de una larga batalla ocurría con la afirmación táctica más inequívoca y con la noticia tremenda de la muerte del comandante Ernesto Che Guevara. "En él fue enteramente digno el ser humano", decía el editorial citando a otro hombre de su estirpe. Y añadía: "Por supuesto que su grito de guerra ha sido y será escuchado" (cf. *Casa*, noviembre-diciembre de 1967, pp. 1 y 102-108).

Tal vez antes los precursores no eran marxistas-leninistas y ahora, aún siéndolo, se veían obligados a ser precursores. Y esos precursores de nuevas revoluciones ya habían construido el primer estado socialista del Nuevo Mundo. Habían cambiado ya la correlación de fuerzas del mundo y luchaban por seguirla cambiando. Fidel, Che, Haydée y los suyos habían alcanzado un triunfo revolucionario para el que la inteligencia de los textos clásicos había sido sólo parte de un acto simultáneo de análisis y coraje, de comprensión de lo peculiar y organización de núcleos y masas, en formas nunca antes previstas. Asediados y cercados por el imperialismo habían logrado que Cuba se mantuviera inexpugnable y en pleno desarrollo de la justicia, la economía, la libertad y la independencia. No sólo habían dirigido o actuado en la revolución antimperialista más corta de la historia, ahorrando mil sufrimientos a su pueblo, sino que al defenderla se veían impelidos a apoyar a todas las fuerzas de liberación del mundo, aquellas que para contratacar al imperialismo optaban por tomar la ofensiva en busca de las masas y con las armas en la mano. Las derrotas de las vanguardias latinoamericanas —como las suyas al intentar apoyarlas— exigían una comprensión que tampoco podía basarse en los meros textos clásicos (aunque no podía ignorarlos), o para encontrar las leyes exactas de la aproximación revolucionaria, en medio de la lucha, o para desentrañar en ella sus peculiaridades. Descubrir la decisión, la imaginación, la malicia, la organización, el partido revolucionario, la coyuntura internacional e interna, la crisis de la represión, la crisis del reformismo, la crisis del neofascismo, la multiplicación de la masa política rebelde —desordenada para el orden— con suma de obreros conscientes, reflexivos, políticamente activos, ideológicamente preparados, que piensan que es posible y necesaria la revolución, decididos ellos también a vencer o morir con otros que los siguen en acciones múltiples de campesinos, estudiantes, familias modestas empobrecidas y desesperadas, soldados que rompen el duro símbolo de la sumisión al patrón por la jerarquía militar y recuperan su acallado origen. Tales eran algunos de los problemas que se planteaban los revolucionarios de la "isla mágica", práctica, y del continente en lucha.

La crítica no fue fácil y era muy dolorosa, apasionada, no siempre profunda a decir de los propios participantes. Como en el pasado pesó sobre ella ese dualismo que encuentra siempre oposiciones radicales entre la razón y el error, el ideal y lo real, lo posible y el ser de las cosas hechas, el derecho y el hecho y hasta el espíritu y la materia, como grandeza o mezquindad. La herencia aristotélica de lo dual, la positivista de lo empírico, la anarquista de la voluntad se coló en la polémica de los grupos menos rigurosos dentro de una aparente involución de ese pensar nuevo revolucionario que había iniciado la Revolución cubana. La derrota es también del pensamiento. Lo fue de todos los grupos revolucionarios derrotados, nuevos y viejos. Las urgencias de la lucha, el peso en el pensar del cambio del mundo, parecieron impedir su comprensión.

En el campo cubano Fidel Castro hizo el primer esfuerzo de análisis para desentrañar lo ocurrido, cuando anunció que había sido confirmada la muerte del Che y explicó las bases de la noticia sobrecogedora. (Comunicación del 3 de octubre de 1967). Y por su parte los comunistas viejos, de partido, se retrajeron con más o menos profundidad a su punto de partida, a sus clásicos. Muchos habían mostrado resistencia a la adopción de la línea de la OLAS o se habían plegado a ella citando las palabras de Lenin: "dejemos que el camino se decida en la despiadada lucha". A la defensiva frente a los nuevos líderes del movimiento revolucionario, de cuya experiencia, honestidad y seriedad revolucionaria no se podía dudar y que a todos esos hechos sumaban un gran prestigio, los partidos comunistas sostuvieron su derecho a ser la vanguardia del pueblo, aunque "no reclamaran el monopolio de las ideas revolucionarias ni el liderazgo único del movimiento revolucionario". Pero con el movimiento descendente de las masas cada vez más claro y tras la derrota del movimiento guerrillero venezolano que en parte puede explicarse por las diferencias entre partido y guerrilla, los partidos comunistas volvieron a sostener su línea más familiar y recurrieron a los clásicos para sancionarla, para actuar y para comprender, con algunas incursiones en el análisis histórico exacto, desmistificador en pasos y fechas, concreto en personas, organizaciones y clases, en conductas y acciones varias, a veces sucesivas, a veces encontradas.

Con todas sus limitaciones, la polémica fue la forja de líderes y masas por todos prevista. Los textos de Lenin contra el izquierdismo y contra el blanquismo fueron aducidos casi siempre por la mayoría de los dirigentes comunistas y salieron a luz sobre todo en el momento del repliegue de las masas y con las catástrofes de las derrotas. ¿Qué explicaban y qué ocultaban esas citas? Con Lenin también se comprobaba que en la línea guerrillera había bases de la ciencia revolucionaria. Entre los antiguos comunistas, Rodney Arismendi, secretario general del Partido Comunista Uruguayo, hizo tal vez el esfuerzo de comprensión más penetrante. Su libro *Lenin, la revolución y América Latina* constituyó, con *La revolución continental,* una sistematización intelectual y militante del pensamiento comunista latinoamericano más deseoso de explicar el proceso. Arismendi fue a los clásicos para buscar su carácter "extremadamente profundo y multilateral". Procuró no traerlos fuera de contexto y se reservó el hallar fuera de ellos lo peculiar de América Latina.

El arte de no hacer de las citas meros "argumentos", de descubrir en los clásicos ciertas necesidades históricas relativamente 'generales y de buscar la novedad en la lucha reciente y más cercana permitió a Arismendi levantar el nivel de la polémica de los partidos comunistas. Uno a uno, se vio revisar a Arismendi los textos leninistas: *La bancarrota de la II Internacional, La enfermedad infantil del "izquierdismo" en el comunismo, Consejos de un ausente* —donde Lenin resume las ideas de Marx—, *Carta a los camaradas...,* las palabras de Lenin al III Congreso de la Internacional comunista (cf. Arismendi, *Lenin,* pp. 411-427). Todo ello dio idea de un rigor intelectual del leninismo que sólo sería avasallado en algunos lectores por la propia ignorancia consciente o subconsciente. Y Arismendi concluyó de textos y luchas que "lo más importante de las guerrillas es que no se producen en una situación revolucionaria concreta, sino general" (cf. Arismendi, *Lenin,* p. 474). Señaló que las guerrillas son un fenómeno histórico de nuestra época (*op. cit.,* pp. 466-67). E imaginó la revolución latinoamericana como un fenómeno histórico en que a la hora final habrán existido —como hechos y episodios— guerrillas, luchas políticas e insurrecciones. Su conclusión a la experiencia de los sesenta en América Latina parecía un resumen histórico: "no será posible —escribió por 1970— entender nada de lo que está ocurriendo en gran parte del mundo, en particular en América Latina, si no advertimos —o tememos advertir— que la guerra de guerrillas se desarrolla por causas histórico-sociales y que seguirá creciendo su importancia a medida que se endurezcan las confrontaciones antimperialistas y de clase. Además no debemos medir el papel histórico de un fenómeno determinado o estimar las causas de por qué se desarrolla y se torna un ingrediente de gran importancia en la revolución de los pueblos coloniales y dependientes, a la luz engañadora de ciertos errores y fracasos, y menos todavía desnivelar la perspectiva al colocar, en un primer plano, sólo o principalmente los fracasos. Ante esta

óptica, ninguna forma de lucha soportaría la crítica..."
(Arismendi, *op. cit.*, p. 462).

La "voluntad de hacer la revolución" varió en la
década de los sesenta. Su fortaleza recurrente no sólo
se debió a la crisis que se agudizaba sino a la lucha de
los precursores. "En último análisis —como ha escrito
Severio Tutino— la Revolución cubana mostró la existencia de un nuevo tipo de partido, que aprovecha
todas las tendencias revolucionarias, incluso latentes, sin
desviarlas nunca de la lucha por el poder, que es la
razón de ser de un partido revolucionario".[43] Algunos
nuevos y viejos partidos empezaron a cambiar en ese
sentido, en medio de las luchas y las derrotas, con una
preocupación mayor a la del pasado por la formación
ideológica, por la propaganda política de las ideas socialistas y del marxismo-leninismo, como base de un
proceso revolucionario que ya nunca podría ser igual
al cubano. Y mientras tanto en varios países latinoamericanos los movimientos guerrilleros se volvieron
permanentes, como formas de liberación acosada e in-
destructible o como formas de resistencia campesina a
veces reforzada por elementos revolucionarios. En Colombia, en Guatemala, en Nicaragua no dejaron de
existir esos movimientos. Nacieron de la represión más
brutal y aprendieron a subsistir en ella.

De 1968 a 1973 hubo un ascenso de las masas urbanas. La muerte del comandante Guevara causó un
impacto enorme en los medios estudiantiles y universitarios. Coincidió en varias partes del mundo con el
auge de un marxismo contestatario, esencialmente intelectual, que provocó efectos parecidos en Estados Unidos y Europa. 1968 fue el "fin de la edad de oro del
capitalismo". En América Latina surgieron desde entonces varios movimientos simultáneos de gran magnitud. En México estalló un movimiento estudiantil y

[43] Severio Tutino, *L'octobre cubain*, París, Maspero, 1969,
p. 307.

popular sin precedente. Terminó en la masacre de
Tlatelolco donde fueron asesinados varios cientos de estudiantes y puso en grave crisis de hegemonía a los
gobiernos surgidos de la Revolución mexicana. Una
gran parte de la juventud y de la intelectualidad empezó a replantear desde entonces todo el proceso histórico del México contemporáneo. La reciedumbre de
los mitos de una revolución nacional antimperialista
que había derivado en la formación del estado hege-
mónico más poderoso en el contexto latinoamericano
sufrió los máximos resquebrajamientos en sus propios
centros de estudio: la develación del carácter de clase
del estado, de sus vinculaciones y concesiones al gran
capital mexicano y extranjero, de su naturaleza represiva y negociadora, de su ideología mistificadora que
buscaba ocultar la lucha de clases interna con un nacionalismo inconsecuente, con una "economía mixta"
cada vez más útil al capital monopólico, con un apoyo
obrero y campesino cada vez más ilusorio, en tanto no
impedía ni la creciente penetración del imperialismo,
ni uno de los procesos de desarrollo más inequitativos
y desiguales de América Latina, ni la existencia de organizaciones oficiales para el encuadramiento popular,
obrero, campesino, ni la ausencia de derechos políticos
para los partidos revolucionarios, todo ello constituyó
la crisis más profunda del estado mexicano desde los
años treinta. Es cierto que la crisis del 68 envolvió originalmente a sectores de la clase media, pero en el
campo coincidió poco después con el desarrollo de guerrillas; en las ciudades, con la formación de grupos terroristas y paulatinamente derivó en un movimiento de
"insurgencia obrera" y en "una tendencia democrática"
de base proletaria, que a pesar de su carácter minori-
tario dentro del proletariado organizado fueron constituyendo una presión inquietante para un estado cuya
fuerza dependió durante más de cincuenta años del reclutamiento organizado de los trabajadores por los líderes aliados o dependientes del propio estado.

En Brasil, durante el mismo año de 1968 surgieron grandes demostraciones urbanas contra la dictadura militar instaurada cuatro años antes. Y empezó un movimiento de guerrillas urbanas cuyo líder principal fue Carlos Marighella, antiguo miembro del Partido Comunista Brasileño y quien fundó el Partido Comunista Revolucionario de Brasil a principios de 1968. La lucha armada empezó en ese mismo año y se prolongó hasta 1969, cuando fue muerto Marighella. Con un planteamiento de la guerra de guerrillas que señalaba a las ciudades como punto de partida para llevar desde ellas el proceso revolucionario hasta el campo, fue a fin de cuentas un movimiento predominantemente urbano. Se llevó a cabo en medio de fuertes luchas de la izquierda revolucionaria, cuyas posiciones tácticas variaban sustancialmente, ora sosteniendo la necesidad de una lucha política de masas, ora la de una lucha armada de masas, fenómenos que nunca se dieron en forma más o menos exitosa. Los asaltos a bancos, los secuestros de embajadores y otros actos similares derivaron en un endurecimiento aún mayor de la dictadura. Hacia 1970 ésta logró aislar y desmantelar el movimiento rebelde, mientras revelaba una y ᵗ otra vez su incapacidad de gobernar sin la pena de muerte, la represión selectiva y la tortura generalizada.

De 1968 a 1972 entró en auge otro movimiento guerrillero urbano, el de los Tupamaros en el Uruguay. Raúl Sendic, miembro del Partido Socialista Uruguayo, había empezado desde antes de 1960 a politizar a los trabajadores del arroz y el azúcar. En 1962 había organizado con los cañeros una marcha a Montevideo. En 1963 había penetrado en el elegante Club de Tiro y realizado la primera acción armada del Movimiento de Liberación Nacional después conocido por el nombre de "Tupamaros", en recuerdo de las bandas que a principios del siglo XIX habían luchado contra la oligarquía colonial y que eran calificadas por ésta de "maleantes tupamaros", en alusión a Túpac Amaru, el dirigente indio más notable en la historia de las rebeliones anticoloniales. La organización tupamara logró formar una amplísima red político-militar, al grado de que en 1972 sus dirigentes pensaron en la posibilidad de derrocar al gobierno y prepararon, al efecto, el conocido "Día J".

En 1969 el pueblo de Córdoba, Argentina, tomó prácticamente el mando de la ciudad durante tres días, del 29 al 31 de mayo. La policía tuvo que rendirse y sólo el ejército controló la situación. El movimiento cordobés tuvo origen obrero y conforme se fue desarrollando participaron en él los estudiantes, las capas medias y el grueso de la población. Precedido por paros y movilizaciones de los trabajadores automotrices y del trasporte, sobre los que pesaba una situación de desempleo y de inflación crecientes, se convirtió en un movimiento general de rechazo a la dictadura de Onganía y a sus proyectos fascistas. La ira popular se manifestó por los más distintos medios, sin una dirección unitaria ni un proyecto político que se propusiera tomar el poder en la Argentina. Fue una inmensa manifestación de descontento, en que la mayoría de los trabajadores seguía siendo peronista y en que a las antiguas direcciones sindicales se sumaron otras fuertemente influidas por los grupos universitarios de izquierda. El reformismo predominante en unos y el anarquismo de nuevo cuño, frecuente en otros, hicieron del "cordobazo" una manifestación coyuntural y discontinua en el campo de las acciones revolucionarias. Fue una enorme explosión dentro de una tendencia a la agudización de luchas que exigían una mayor claridad ideológica. La combatividad de los trabajadores y la del pueblo de Córdoba fueron notorias, así como las diferencias entre la dirección y entre ésta y las bases. Combatividad y diferencias continuaron manifestándose en forma intermitente y creciente en las más distintas formas.

El inicio de la década de los setenta se caracterizó por un nuevo intento de soluciones políticas. Las organizaciones progresistas y revolucionarias buscaron en varios países una vuelta a las luchas legales, políticas. El proyecto más importante de entonces y el de mayor alcance en la historia de las luchas por el socialismo, dentro de la legalidad y en el marco de la política, fue el del gobierno de la Unidad Popular en Chile (1970-1973). Coincidente con ese proyecto hubo otro de gran significado y de aspiraciones más modestas: el del Frente Amplio en Uruguay (1971). Ambos lograron un apoyo variable entre los grupos partidarios de la lucha armada: en Chile un apoyo más crítico y distante, en Uruguay más pasajero, como el proyecto mismo. Por esos mismos años (1970-71), en Bolivia, el general Juan José Torres intentó implantar un gobierno progresista al tiempo que la clase obrera organizaba una asamblea popular, ambos derrocados en agosto de 1971 por un golpe que restableció el fascismo.

La Unidad Popular, una coalición de partidos encabezada por el Partido Socialista y el Partido Comunista, logró en Chile un antiguo proyecto: alcanzar el gobierno por la vía electoral. La profundización de la lucha de clases en el terreno político e ideológico llevó a plantear el programa de gobierno como el de un camino pacífico al socialismo. Los partidos de la Unidad Popular no podían constreñir su programa a la mera implantación de reformas que derivaran en un capitalismo de estado de bases más o menos populares. El desprestigio del reformismo no sólo se había visto confirmado por los hechos ocurridos en otros países de América Latina, presas de la crisis, la depresión, la dictadura, sino por el fracaso del proyecto reformista-conservador de Eduardo Frei, el más ambicioso e ilusorio en la historia de los dirigentes políticos reformistas apoyados por las clases dominantes.

Aun antes del triunfo electoral de Salvador Allende, y de su toma de posesión, el gobierno de Estados Unidos y los grupos empresariales más poderosos empezaron a forjar una solución de violencia con alternativas a corto y largo plazo. Cuando fallaron las primeras, utilizaron las contradicciones propias de todo gobierno popular e incluso las acentuaron buscando debilitarlo y preparar un golpe en que contaran con una parte importante de la población mientras neutralizaban o desconcertaban a la otra. Los actos de intervención del imperialismo fueron múltiples y combinados. Enfrentado a la tremenda ofensiva, el gobierno de la Unidad Popular alcanzó sin embargo importantes éxitos en el terreno económico y social al nacionalizar gran parte de las riquezas, al entregar vastas extensiones de tierra a los campesinos, al lograr una distribución más equitativa del ingreso y un notable incremento en los niveles de empleo, de consumo y de servicios sociales. Todo ello y una vasta educación política e ideológica de las clases trabajadoras le permitieron mantener un fuerte apoyo. En las elecciones parlamentarias de 1973, el gobierno alcanzó una votación mayor que en las anteriores, hecho sin precedente en la historia de los procesos electorales chilenos. Al mismo tiempo el gobierno de la Unidad Popular resintió fuertes diferencias internas de todo tipo. Sus éxitos económicos y políticos revelaron ser insuficientes y vulnerables. Acosado por el asedio financiero, económico, político y paramilitar del imperialismo y la reacción —llevados al extremo— y debilitado por la agudeza de las luchas internas, al fin fue derrocado por la traición de los generales, que dieron término a un proyecto histórico pacífico de la clase obrera chilena y subyugaron al pueblo mediante el recurso de la más brutal violencia. Los hábitos prácticos de la clase obrera chilena, su cultura sindical y parlamentaria predominantes, su ideología de la resistencia —de política y protesta— sin una tradición ni una práctica de responder a la violencia reaccionaria con la violencia revolucionaria hicieron imposible desde el principio hasta el fin —en la mayoría de sus líderes y en sus masas— la implantación de una política que diera mayor peso al manejo revolucionario de las fuerzas militares, o que previera más allá de la teoría y la palabra la necesidad de enfrentarse o adelantarse a la contrarrevolución violenta para llevar a cabo el programa popular. En ningún momento se dio esa alternativa ni entre las masas ni entre los líderes. Cuando Salvador Allende defendió durante seis horas el Palacio de gobierno —con las armas en la mano— por una razón u otra los grupos partidarios de la lucha armada no pudieron lanzar una orden de resistencia general. El pueblo y los trabajadores lucharon en puntos aislados —a veces heroicamente—, aunque de antemano condenados a la derrota.

Toda la historia sindical y parlamentaria de la clase obrera chilena pesó durante los tres años de la Unidad Popular sobre sus líderes y masas. Unos y otras no alcanzaron a idear y practicar la revolución frente a la contrarrevolución. Si la lucha sindical y parlamentaria de los partidos de la clase obrera chilena les había permitido alcanzar una autonomía sindical y política innegable y forjar una conciencia muy avanzada en la clase trabajadora, esa lucha no había forjado una verdadera autonomía ideológica y práctica frente al estado chileno y su potencial represivo: económico, social y militar.

El pueblo entero estaba desarmado en la teoría, en la organización, en la práctica cotidiana y en las consignas frente a un bien armado proyecto contrarrevolucionario. El mito del profesionalismo militar, el mito de un valor esencialmente cívico, el mito de un coraje contra la represión oligárquica que consistía en abrir el pecho para recibir las balas —como en la canción de Santa María de Iquique—, el prejuicio enceguecedor de un razonamiento legal que pretendía absorber muchas áreas inexistentes en la teoría y la práctica; el hábito de las asambleas y la discusión como esencia última de la lucha; las organizaciones sindicales parlamentarias y partidistas, fundamentalmente habituadas a las demandas al gobierno más que al ejercicio del poder; la heterogeneidad, la desunión y el "muñequeo" en la dirección misma de los partidos que formaban la Unidad Popular; la tradición histórica de lucha contra la ilegalidad que consistió siempre en exigir la vuelta a la legalidad, y no en el enfrentamiento en la ilegalidad por una legalidad nueva, como ocurrió en la historia de Cuba y de otros países latinoamericanos; las consignas espléndidas y verbales que no eran llevadas a la práctica, como "El pueblo unido jamás será vencido"; o las consignas que lo desarmaban, como "No a la guerra civil", todos esos fueron factores que impidieron la reconversión conjunta de fuerzas, de masas, clase trabajadora y líderes.

Al morir Allende en el Palacio de gobierno, antes que renunciar o escapar, el pueblo estaba desmovilizado por la cultura de los comentarios, de las críticas severas, de las opiniones espectadoras y por la desinformación contrarrevolucionaria que no enfrentó una teoría, una organización y una práctica de lo que ese golpe de estado significaba y de la necesidad de impedirlo en ese mismo momento, si antes no se había impedido, con una acción conjunta, multicelular, invasora de todas las redes del poder, dentro de los cuarteles y fuera de ellos. Los propios militares revolucionarios siguieron siendo aprisionados, fusilados y asesinados. Y, lo más grave, los grupos de izquierda que habían previsto el desarrollo de los acontecimientos quedaron presos en el pensar de ultraizquierda, en ese antiguo y acendrado pensar anarquista que se ostentó como una "nueva izquierda" —bien vieja por cierto— frente a los partidos de la UP. Esa izquierda a veces real, —con hombres que habían mostrado y más tarde mostrarían también su valor—, a veces ilusoria y penetrada había padecido todo el problema de un pensamiento que más que ver fuerzas ve seres, que califica fuerzas como seres, que cae en las analogías y el sincretismo de otras luchas para explicar la propia; que enfrentó al gobierno de la UP —con excepciones— como si fuera el de un Kerenski; que lo insultó y privó de confianza entre masas potencialmente muy valiosas si todo el ardor hubiese estado dirigido contra las fuerzas del imperialismo y la burguesía. Esa izquierda y esa ultraizquierda encabezaron un proceso de toma de tierras, fundos y apartamientos, que obedecía en parte al impulso natural de las masas durante las etapas prerrevolucionarias. No supieron sin embargo dirigir el proceso de la lucha contra la burguesía sino contra el gobierno popular. Otra herencia del anarquismo: como los viejos anarquistas de medio siglo atrás encauzaron la cólera y el ascenso de las masas más contra el gobierno popular que contra la clase gobernante, que estaba en su contra y que buscaba destruir a ambos. Con una irresponsabilidad notable calificaron al gobierno de reformista, pidiéndole que fuera revolucionario, sin que muchos de los más severos críticos lo fueran en el sentido de que se plantearan, efectivamente, la toma del poder. Su estrategia y táctica sobre el poder se limitó a apoyar la toma de algunas unidades aisladas de la producción agraria e industrial. En ellas ciertamente empezaron a aparecer los elementos de un poder popular parcelado, pero éste nunca tuvo un correspondiente estratégico global que planteara el problema del poder, como el problema del estado. Es posible que todo fuera una fatalidad por la historia de la clase. No es posible que todo hayan sido errores o flaquezas propios de las capas medias o de la propia clase obrera. En otras condiciones históricas ésta habría seleccionado otros líderes o habría seguido a otros líderes. También es posible que se haya tratado de un problema de fuerzas. Las del pueblo eran muy grandes en el terreno cívico, al grado que las clases dominantes se vieron obligadas a entregar en 1970 una parte del aparato de gobierno al pueblo y sus representantes. Entregado, buscaron dividirlo. Dividido, buscaron recuperarlo. Desde antes de que Allende tomara posesión de su cargo se hizo notoria la intención del golpe e incluso su preparación. Y mientras el pueblo y sus representantes respetaron la legalidad, las clases gobernantes la violaron antes y después del golpe hasta acabar con ella. Al término del plan reaccionario y en el curso del mismo no existió nunca milicia popular alguna ni regimiento comprometido con el proyecto revolucionario. Y si el partido en el gobierno no se hallaba en la posibilidad ideológica y práctica de contestar a la violencia contrarrevolucionaria con la violencia revolucionaria, los demás partidos de izquierda tampoco lo estaban y no mostraron en ningún momento ni la formación ideológica ni la organización práctica ni la base de masas necesaria, que pudiesen apuntar siquiera un relevo de mando. El pueblo fue desunido, desarmado y vencido para dar pie a un sistema de represión general, cuyo cálculo de sangre constituyó un proyecto de esclavitud y explotación que pudo rendirle frutos al imperialismo durante tiempo limitado. Pronto la represión neofascista y neocolonialista se volvió contra las propias fuerzas de las capas medias y la burguesía local que habían prestado su apoyo al golpe. El capital monopólico, auxiliado por el aparato militar llamado "chileno", hizo que los trabajadores redujeran su poder de compra a un 10% de lo que ganaban antes del golpe, privatizó y desnacionalizó la economía con una política "liberal" al servicio de las trasnacionales y llevó al conjunto de la economía y la sociedad a una crisis económica y social en que sólo algunas de las grandes empresas obtuvieron grandes utilidades, mientras el resto de compañías, colectividades y personas era sometido con la mayor violencia.

Otro fracaso popular fue el del Frente Amplio en Uruguay. Integrado por la casi totalidad de las fuerzas de izquierda y progresistas, el Frente Amplio logró en 1971 que los Tupamaros hicieran "una pausa en sus acciones ofensivas", aunque con la advertencia de que ellos no creían que la lucha electoral permitiera alcanzar cambios fundamentales. El Frente Amplio obtuvo el 20% de los votos. A su derrota electoral sucedió una crisis creciente económica y política. El Movimiento de Liberación Nacional intentó el asalto armado al poder. Los sindicatos desarrollaron un plan de huelgas masivas destinadas a luchar por aumentos en los salarios de los trabajadores y contra las "medidas de seguridad" implantadas desde 1968. Nunca se propusieron la toma del poder. El Parlamento votó un "estado de guerra interna". Las medidas represivas se sucedieron en *crescendo*. En junio de 1973 las fuerzas armadas impusieron la disolución del Parlamento, de los partidos políticos de izquierda y de la Confederación Nacional de Trabajadores. A fines de 1973 el fascismo reinaba abiertamente en los dos países de América Latina que habían alcanzado más altos niveles democráticos dentro de un sistema de partidos y parlamentario.

En Chile y Uruguay las luchas sindicales y parlamentarias habían forjado una clase obrera que luchaba para sí en el campo político. El imperialismo, la oligarquía y los militares traidores buscaron someterla con una despiadada "guerra interna".

La experiencia de Bolivia durante el gobierno del general Juan José Torres constituyó, por su parte, uno de los episodios más importantes en la historia de las luchas de la clase obrera latinoamericana por el poder. Habiendo derrocado a la facción "gorila" del ejército, con el apoyo de las masas, Torres de un lado y los trabajadores bolivianos de otro intentaron poner en práctica dos proyectos de gobierno que chocaron entre sí, sin que uno lograra dominar o encauzar el movimiento. El general Torres pretendió construir un estado democrático y nacionalista con el apoyo de los trabajadores; pero los trabajadores no quisieron repetir la experiencia del 52. En vez de arriesgarse a una lucha que los llevara a las contradicciones de un gobierno reformista con secuencias contrarrevolucionarias bien conocidas, optaron por asumir el riesgo de un pro-

yecto propio. Los trabajadores bolivianos trataron de
forjar bajo su control directo un capitalismo de estado,
en el que muchos veían un modo de transición al socialismo. Carente de respaldo campesino, de milicias
o de fuerzas armadas populares comprometidas con el
plan revolucionario y sin un partido realmente hege-
mónico de la clase obrera, la Asamblea Popular que
pretendió dirigir el proceso no pudo vencer a la oligarquía y el imperialismo. Se redujo en la práctica
a un poder popular que dirigía el grueso de sus saetas
contra un gobierno que ni estaba dispuesto a seguir sus
dictados ni podía sostenerse por su cuenta frente a los
embates populares y del enemigo común. Ocurrió así
en Bolivia la más dramática experiencia en la historia
de la "dualidad de poderes". El proyecto nacionalista
ya no fue viable y el proyecto socialista todavía no logró triunfar.

Las limitaciones de la lucha por el poder en Bolivia,
como las de la lucha parlamentaria en Chile o Uruguay, expresaron el carácter embrionario de la dirección y las masas para los distintos proyectos de una
política de clase, que tal vez rebase en sus nuevas mo-
dalidades las fronteras políticas de naciones aparentes,
igualmente subyugadas por un "estado de excepción"
neocolonial.

Durante todo el período, el estado perdió autoridad
en todos los países donde el capitalismo dependiente entró en una crisis prolongada. Entre tanto los líderes de la liberación sustentaron ideas y símbolos socialistas en forma creciente. De manera cada vez más
clara —para partidarios y enemigos— la liberación se
fue identificando con el socialismo, aun cuando algunas organizaciones populares siguieron planteando la
lucha en términos de una defensa e impulso de los
derechos democráticos que permitiera acumular fuerzas
para nuevas y ulteriores batallas, mientras otras pugnaban por recuperar los derechos democráticos perdidos, dentro de un proyecto de gobierno popular, y

otras más planteaban la necesidad de luchar directamente —con las armas en la mano— por la acumulación de fuerzas para una revolución socialista.

En los años setenta se acentuó aún más el proceso de "igualación" de los trabajadores. En varios países, los trabajadores diferenciados y relativamente privilegiados empezaron a perder los derechos que habían alcanzado. Y aunque las clases dominantes procuraron mantener en todos ellos las diferencias que dividían a la clase obrera, tan útiles a su sistema de dominio, los golpes de estado, los "estados de excepción", la desnacionalización y privatización de empresas, la política de congelación de salarios, el desempleo creciente, la inflación continuaron golpeando con dureza a toda la población, incluidas las acosadas "aristocracias obreras" o los trabajadores mejor organizados y las capas medias.

Los procesos de "igualación", de inflación y crisis económica permanente, por un lado, y por otro la efervescencia contestataria y revolucionaria parecieron anunciar la forja de una nueva etapa histórica en que a la vez se irían erosionando los sistemas de dominación hegemónica y de control en la "sociedad civil" y se irían alejando las ideologías de la liberación de los remanentes de una cultura reformista o anarquista, en que todavía muchos miembros y organizaciones se habían venido moviendo, como otro círculo hasta entonces irrompible.

A partir de 1973 tal vez se inició un nuevo período en la historia de las masas, que tiende a vincular cada vez más estrechamente la lucha contra el fascismo, contra el imperialismo, contra las burguesías asociadas y por el socialismo.

La comprensión de la toma del poder por la masa-práctica y sus organizaciones de combate tendieron a ocupar el centro de la reflexión. El estado se volvió la obsesión de la voluntad y la inteligencia del partido, los líderes, los ideólogos y los intelectuales. La lucha antifascista, política y violenta, democrática y

socialista se cargó de un contenido de clase cada vez
más sólidamente fincado en la clase obrera como realidad posible, conciencia, organización y práctica de un
proyecto de masas también reales. Toda pregunta de
táctica, alianzas, lucha, transición, estado, tendió a pen-
sarse en función de una clase hecha y por hacer, de
un proletariado organizado y por organizar hasta la acción multitudinaria, dirigida y espontánea, capaz de
adueñarse del sistema productivo y represivo, para intentar otro, popular y socialista.

La lucha se entendió como proceso, como acumulación de fuerzas anteriores y por venir. Los fracasos
de las guerrillas y el "foquismo", en los años sesenta,
o los de la "vía pacífica", más recientes, no sólo se
analizaron como errores tácticos, sino como inmensa
acumulación de fuerzas en campos y ciudades. El campesino nunca alcanzó iguales niveles de conciencia en
muchos puntos importantes de cada país latinoamericano. Los trabajadores y las clases medias de América
Latina que vivieron como propia la experiencia chilena conservaron el acervo político de la lucha partidaria y aprendieron a enfrentar el terror. En medio
de una retracción de las masas por todos reconocida,
se prepararon para luchar en una crisis ineluctable del
sistema económico y político dominante, a ocurrir en
dos, tres o más años, en períodos indefinibles, que pueden ser también largos.

Dentro de ese proceso los actores de las masas —la
clase obrera, los campesinos y los sectores revolucionarios que siempre se han desprendido de las clases
medias para sumarse a los movimientos de liberación—
parecen luchar hoy en sus organizaciones más representativas contra la implantación de regímenes fascistas,
donde aún subsisten regímenes de democracia liberal
o formal, y por alcanzar la democracia, la justicia, la
libertad y el desarrollo, dentro de gobiernos de democracia popular o socialista, ahí donde el fascismo ha
hecho presa de los pueblos. Para todas, el socialismo

aparece cada vez más como la única alternativa permanente al fascismo y al imperialismo.

Si la primera independencia de América se hizo con ideologías liberales, la segunda se hace con ideologías socialistas. Es éste un hecho innegable al que se añade otro no menos significativo: las masas de la primera independencia conocían menos las ideologías liberales de lo que las masas que harán la segunda independencia conocen las socialistas.

impreso en editorial andrómeda, s.a.
av. año de juárez 226 local c - col. granjas san antonio
del. iztapalapa - 09070 méxico, d.f.
un mil ejemplares y sobrantes para reposición
14 de noviembre de 1991

AMÉRICA LATINA:
HISTORIA DE MEDIO SIGLO

coordinación:
PABLO GONZÁLEZ CASANOVA

Aunque América Latina, tenga un pasado parecido y muchos rasgos comunes de lengua, religión, sistemas de dominación social y nacional, aunque todos los países que la integran hayan luchado contra enemigos comunes desde el colonialismo ibérico hasta el imperialismo norteamericano, la estructura de la sociedad y el estado en cada país presenta características y especificidades que justifican plenamente el análisis histórico de cada uno de ellos. Incluso en regiones relativamente más homogéneas, como el "cono sur" o el "Caribe" se advierten, de un país a otro, diferencias significativas en la configuración del estado y la sociedad. Estas diferencias son las que precisamente dificultan la realización de un proyecto latinoamericano conjunto en la lucha por la liberación.

En todo caso, afinidades y diferencias exigen un estudio a la vez general y específico de las características de cada estado. Las variedades de América Latina no sólo cuentan para comprender y actuar en la escena política de cada país. Constituyen la base de una historia que siendo nacional, conforme se desarrolle será, cada vez más, latinoamericana e internacional.

La obra que hoy publicamos parte de la necesidad de conocer la historia de cada país para actuar en cada país. Y une a todos los países en un esfuerzo conjunto con la certeza de que en medio de sus diferencias más significativas nuestros pueblos encontrarán los rasgos comunes que les permitan actuar en forma cada vez más unitaria.

VOLUMEN 1: AMÉRICA DEL SUR

ARGENTINA: MARCOS KAPLAN

BOLIVIA: RENÉ ZAVALETA MERCADO

BRASIL: VANIA BAMBIRRA Y THEOTONIO DOS SANTOS

COLOMBIA: ANTONIO GARCÍA

CHILE: BELARMINO ELGUETA B. Y ALEJANDRO CHELÉN R.

ECUADOR: AGUSTÍN CUEVA

PARAGUAY: OMAR DÍAZ DE ARCE

PERÚ: JULIO COTLER

URUGUAY: GERÓNIMO DE SIERRA

VENEZUELA: D.F. MAZA ZAVALA

VOLUMEN 2: AMÉRICA DEL NORTE Y ANTILLAS

COSTA RICA: JOSÉ LUIS VEGA CARBALLO

CUBA: JULIO LE RIVEREND

DOMINICANA: JOSÉ ISRAEL CUELLO, ROBERTO CASSÁ Y RUBÉN SILIÉ

EL SALVADOR: MARIO SALAZAR VALIENTE

GUATEMALA: EDELBERTO TORRES-RIVAS

HAITÍ: GÉRARD PIERRE-CHARLES

HONDURAS: GUILLERMO MOLINA CHOCANO

MÉXICO: JULIO LABASTIDA MARTÍN DEL CAMPO Y RICARDO POZAS HORCASITAS

NICARAGUA: AMARU BARAHONA PORTOCARRERO

PANAMÁ: RICAURTE SOLER

PUERTO RICO: MANUEL MALDONADO-DENIS

*9 789682 300639 *